普通高等学校教材

中國文化教程

黄高才 余雪梅 著

西安交通大学出版社
XI'AN JIAOTONG UNIVERSITY PRESS

内容提要

本书以通俗易懂的语言对中国文化的基本问题进行了深入浅出的阐述。既反映了中国文化的全貌，又凸显了中国文化的诸多亮点。在内容方面，本书以"拓宽读者的文化视野，丰富读者的人文知识，提高读者的人文素养，陶冶读者的情操，塑造读者的民族精神和增强读者的民族自豪感"为取舍原则，紧紧围绕中国文化精神展开，全方位地展示中国文化优秀和卓越的一面，力求使读者深刻、全面、正确地认识中国文化，继而以中国文化精神丰富自己的内心世界。与此同时，在体例安排上，力求知识性、思想性、审美性和启示性高度统一，以期达到增人之识、益人之智、启人之思、壮人之气的目的。

本书既可作为高等院校中国文化课的教材，也可作为具有中等以上文化程度的读者研习中国文化的基础读本，还可以作为各类干部培训的教材。

图书在版编目(CIP)数据

中国文化教程/黄高才，余雪梅著. —西安：西安交通大学出版社，2015.6(2019.6 重印)
ISBN 978-7-5605-7530-8

Ⅰ.①中… Ⅱ.①黄… ②余… Ⅲ.①中华文化-高等学校-教材 Ⅳ.①K203

中国版本图书馆 CIP 数据核字(2015)第 142381 号

书　　名	中国文化教程
著　　者	黄高才　余雪梅
策　　划	雒海宁
责任编辑	贺彦峰
出版发行	西安交通大学出版社
	（西安市兴庆南路1号　邮政编码710048）
网　　址	http://www.xjtupress.com
电　　话	(029)82668357　82667874(发行中心)
	(029)82668315(总编办)
传　　真	(029)82668280
印　　刷	西安日报社印务中心
开　　本	727 mm×960 mm　1/16　印张 17.75　字数 327 千字
版次印次	2015 年 8 月第 1 版　2019 年 6 月第 4 次印刷
书　　号	ISBN 978-7-5605-7530-8
定　　价	36.00 元

读者购书、书店添货、如发现印装质量问题，请与本社发行中心联系、调换。
订购热线：(029)82665248　(029)82665249
投稿热线：(029)82668525
读者信箱：xjtu_hotreading@126.com

版权所有　侵权必究

前　言

　　文化既是人的精神食粮，也是人智识的一种生长素。对于一个人来讲，文化不仅可以涵养思想，塑造精神，净化灵魂，优化心性，而且可以开阔人的视野，提升人的心智水平，增强人的创造力，全面提高人的人生质量。对于一个生活在中国这块土地上的人来讲，要想生存和生活得更好，首先必须学习中国文化。

　　2014年3月26日，教育部印发了《完善中华优秀传统文化教育指导纲要》，要求各级各类学校开设中国文化课，切实加强中国文化教育。本书就是根据这一指导纲要的基本精神，为了满足高等学校中国文化课教学的需要而编写的。

　　本书的编写，紧紧围绕中国文化精神展开，着力凸显两点：一是全方位地展示中国文化优秀和卓越的一面，以期唤起读者的民族自豪感，培养其自尊意识。二是着意于读者人文素养的提高和精神塑造。与目前国内出版的同类教材相比，本书具有以下几个特点：

　　一、精心取舍　巧妙处理

　　在既反映中国文化的全貌，又凸显中国文化亮点的前提下，本书力求在有限的篇幅内给读者提供尽可能多的知识信息和全方位的思想启示。例如，在"中国古代的科技成就"一章中，我们把天文、数学、中医、农学四科的内容单列讲述，而把建筑、制陶等分解开来作为"通论"性部分的例证。这样，可以使读者在有限的篇幅内获得有关中国古代科技的更多信息，了解中国古代科技发展的全貌。

　　二、观点新颖　例证充分

　　在本书的编写过程中，笔者以近几十年来的考古发现和发掘取得的成果为依据，以审慎和实事求是的态度，提出了一些新颖、独到的观点，希望借此给读者以更大的启示。如根据河南贾湖新石器时代文化遗址出土的距今8700年以前的骨笛和与甲骨文字极其相似的距今8000年前的记事符号等，提出了"中国的文明史至少可以上溯到八千年以前"的观点。其目的在于树立读者的自信心，激励读者的创造精神，使读者敢于突破，敢于发表自己的观点。因为只有这样，才有利于创造型人才的培养。

　　在每提出一个观点的同时，本书都要用不可辩驳的事实对其进行证明。其目的不仅仅在于使观点坚实地树立起来，而且更重要的是给读者以启示，使读者具有实事求是的精神和做学问的正确态度。

三、独特的文化视角

科学教育利在当前,人文教育功在长远。作为人文教育重要内容的中国文化课,不仅要让学生认识到中国文化的优秀和卓越,树立学生的民族自豪感和自尊意识,而且要培养他们敏锐的眼光、塑造他们的灵魂和精神,增强他们应对各种挫折的能力。为此,本书在编写过程中特别注意了这几点:一是引导学生以透视的眼光看历史遗存,使其从有形的文物看到无形的文化思想和文化精神,这是本书不同于其他同类教材的一大特点。二是注重引导学生多角度认识和分析各种文化元素,从中提炼和概括文化思想与文化精神,增加其见识,提高其文化素养。三是本书立足于大的文化视野,以敏锐的文化眼光从"细节"中提炼"大思想",发掘"大精神",使读者有耳目一新之感。四是纵横联系,有形与无形相互印证,使读者真切地感受到中国文化博大的内涵和引人入胜的魅力,最终达到增人之识、益人之智、启人之思、壮人之气的目的。

四、崇善尚德的笔法

文化的首要作用是让人看到事物"善"的一面,继而使人存善念、树善德、立善言、行善举,最终促成人与自然的和谐、人与人的和谐和社会发展的和谐。因此,本书在编写的过程中,把培养人的善眼、塑造人的善心、激励人的善行、弘扬人的善德作为出发点和落脚点,以崇善尚德的笔法,着力引导读者看到中国文化真、善、美的一面,以陶冶其情操,美化其人格。

五、图文并茂 通俗易懂

本书的编写力求语言质朴,深入浅出,通俗易懂,确保具有中等文化程度的读者人人看得懂,看了有收获。为此,本书除了以浅显的语言、大众化的笔调叙事论理外,尽可能减少"子乎者也"的引文。与此同时,能够使用图片更好地说明问题的地方,插入了一些图片。这样,既保证了全书的知识性和思想性,又增加了可读性和启示性。

本书由黄高才和余雪梅合作完成,黄高才编写了本书的第一章、第二章、第三章和第六章,余雪梅编写了本书的第四章、第五章、第七章和第八章。本书扉页书名由著名学者、书法家刘会芹教授题写。由于编者学识所限,书中难免存在这样或那样的不足。欢迎广大读者和同仁批评指正。有关本书的意见和修订建议请发送至本书作者的电子邮箱:gchuang1962@163.com。笔者在修订本书时将尽量采纳各位老师的意见并邀请各位老师参加本书的修订工作。

黄高才
2015 年 5 月 2 日于帝都咸阳

目录

第一章　文化与中国文化概述

第一节	什么是文化	(001)
第二节	非文化和反文化	(009)
第三节	中国文化	(013)
第四节	文化修养对人生的影响	(017)

第二章　中国文化的基本精神

第一节	中国文化精神的几个亮点	(022)
第二节	中国文化精神的几个主题	(024)
第三节	中国文化精神的价值及作用	(031)

第三章　中国的语言文字

第一节	世界上最古老的文字	(033)
第二节	汉字形体的发展和演变	(037)
第三节	汉字的特点	(047)
第四节	汉字的优越性	(049)
第五节	汉字是中华智慧的标志	(054)
第六节	汉字的益智功能	(057)
第七节	汉语——人类思维的利器	(060)
第八节	汉语的魅力	(062)
第九节	汉语是人类语言的未来	(064)

第四章　中华美德与中国精神

- 第一节　中国传统伦理道德思想概述 ………………………………（068）
- 第二节　中华传统美德 …………………………………………………（074）
- 第三节　中华民族精神 …………………………………………………（079）
- 第四节　《论语》和《孟子》 …………………………………………（086）

第五章　中国古代艺术管窥

- 第一节　中国古代雕塑 …………………………………………………（090）
- 第二节　中国古代音乐艺术 ……………………………………………（117）
- 第三节　中国传统戏曲 …………………………………………………（124）
- 第四节　中国古代舞蹈 …………………………………………………（129）
- 第五节　中国古代艺术的基本精神 ……………………………………（134）

第六章　汉字书法与中国画

- 第一节　正确认识书法和中国画 ………………………………………（138）
- 第二节　汉字书法的基本要素 …………………………………………（144）
- 第三节　汉字书法的书体及典范 ………………………………………（162）
- 第四节　中国画的特点 …………………………………………………（175）
- 第五节　中国画的分类及名作举例 ……………………………………（185）

第七章　中国古代人文成就管窥

- 第一节　中国古代文学 …………………………………………………（196）
- 第二节　中国古代史学 …………………………………………………（206）
- 第三节　中国古代哲学 …………………………………………………（219）
- 第四节　中国古代教育 …………………………………………………（233）

第八章　中国古代科技成就

- 第一节　从出土文物看中国古代的科技水平 …………………（243）
- 第二节　中国科技创造的文化精神 ……………………………（247）
- 第三节　中国古代科技亮点扫视 ………………………………（252）
- 第四节　四大发明及其对人类进步的意义 ……………………（270）

主要参考文献 ……………………………………………………（275）

第一章 文化与中国文化概述

文化是人类精神的支撑与原动力。作为一种精神力量,对于个人来讲,文化不仅可以成为人的精神动力,而且可以改变一个人的命运;对于一个国家或民族来讲,文化具有一种牵引力量,可以在经济建设中起先导作用,在思想建设中起感召作用;在社会环境建设中具有昭示的作用,在国民素质的整体提高方面具有熏陶、感染和同化作用。一个国家,或者一个民族,要想又好又快地发展,必须依靠国民素质的提升,而国民素质的提升必须依靠文化。

第一节 什么是文化

什么是文化?这是一个似乎人人都知道,但谁也说不清楚的问题。自20世纪初以来,世界各国众多的哲学家、社会学家、人类学家、历史学家和语言学家都一直在努力,试图从各自学科的角度来界定文化的概念。然而,迄今为止仍没有一个获得普遍认同的结论。据统计,目前关于"文化"的各种不同的定义至少有二百多种。这么多的定义似乎说的都有点道理,但似乎都没有说清楚。

对"文化"这一概念的内涵揭示不准确,其外延就界定不清,文化元素就具有不确定性,甚至可以说具有不可知性。在这样一种状况之下,要谈文化问题显然是比较荒诞的。因此,对于文化的了解也好,研习也罢,首先必须弄清楚什么是文化。

推究以往关于文化的诸多定义,之所以没有一个定义能够得到人们的普遍认同,主要原因有二:一是定义过于宽泛,致使其外延界定不清;二是对文化的本质理解偏颇,错误地将文化载体误认为文化本身——很多人从文化无处不在的现象提出所谓的大文化概念,认为人类的一切物质财富和精神财富都是文化,如《现代汉语词典》中关于文化的解释:"人类在社会历史发展过程中所创造的物质财富和精神财富的总和,特指精神财富"。这一解释的前一句显然是失之偏颇的,按照这一解释,人们饮食起居所用的一切东西都是文化,包括厕所在内。如此看来,文化的真正意义何在?

一、文化的概念

笔者认为,要正确地认识文化,必须立足于两点:一是要将文化现象与文化的本质加以严格区分；二是要对文化载体与文化本身进行严格地区分。弄清了文化现象与文化本质的区别，就会明白：虽然文化无处不在，但不是什么东西都能够算作文化。如，在厕所的墙壁上写上诸如"向前一小步，文明一大步"的提示语，只能说是赋予了厕所这一特定的载体一点文化色彩，并没有使厕所这一物体成为一种文化。又如，果农在生产桃子的过程中会采取一些办法，让桃子上"长出"一些吉祥文字来（图1-1-1、图1-1-2）。这样，桃子就有了一点文化价值。但是，不能说这样的桃子就是文化，而只是文化的载体而已。弄清楚了文化载体与文化本身的区别，就会明白：人类所创造的一切物质财富都可以成为文化的载体，但却不能都称作文化。认识至此，就能够比较容易地把握文化的本质内涵，给文化一个恰当的定义。如，一个地方的民居形式在一定程度上表现了地方文化色彩，但不是这一地方的所有民居都可以称作文化，只有其中具有典范性、代表性的，最能体现这个地方人们的生活观、审美观和创造智慧的才可以称作"文化"。这也就是说，<u>作为物质形态存在的文化，是指人们在改造自然、优化自身生存环境过程中所创造的，能够代表一个时期人们最高创造水平，且对同类创造具有启示性、参考性和借鉴性的东西</u>。

图1-1-1　普通桃子　　　　　　　　图1-1-2　作为文化载体的桃子

　　定义文化的概念，最好的办法是从人们已经公认的文化元素入手，从中概括出他们的共性本质特征，这样可以比较容易地揭示出文化的本质内涵，从而给文化下一个准确的定义。

　　首先，从人们普遍公认的物质文化遗产来看。诸如中国的长城、都江堰、大运河、故宫、秦始皇兵马俑（图1-1-3）等，这些都是人们公认的物质文化遗产。这些东西所具有的共同特征是，它们都可以作为人类改造自然、优化自身生存环境的见证，既体现了人类的智慧和创造精神，又表现了人类对于美好生活的无止境的向往与追求。这些东西作为文化象征，可以使人们感知一个民族的聪明才智和创造精神，增强人们的民族自豪感，培养其民族自尊、自重意识，唤起人们的创造意识。除此之外,还有一部分物质文化遗产如武侯祠、关帝庙等,是人类的一种精神象征。武侯祠象征着"忠"和"智",关帝庙象征着"义"。

图 1-1-3 秦兵马俑

其次,从人们普遍认同的非物质文化遗产来看。诸如民族舞蹈、地方戏曲、木偶、皮影等民间艺术,这些东西不仅具有愉悦人们身心,振奋其精神的作用,而且宣传真善美的东西,可以使人的内心更加纯洁,精神更加充实,意志更加坚定。与此同时,非物质文化遗产也是人们不断完善自我,追求美好生活的见证。

再次,从现实存在的各种文化元素来看。诸如音乐、舞蹈、电影、电视剧、戏曲等文化样式的存在,旨在使人们获得审美体验,唤起人们对美好生活的向往与追求;净化人们的心灵,使人们更加真诚、宽容、友善,使人与人相处更加和谐;振奋人的精神,使人发奋努力……书籍作为一种文化载体,使人们通过阅读精神更加充实,视野更加开阔,心地更加良善。以物态形式存在的当代文化景象,或给人以精神的支撑、感召与鼓舞,或使人感受到生活的美好,大都具有一定的精神内涵。由此可见,文化的要义是使人获得美的享受与精神涵养,令人产生美好的追求与向往。

纵观人类的各种文化现象,不难发现:一切可以称得上文化的东西,能够体现出人的创造性,给人以满足和快慰;能激发人的创造欲,催人奋发向上;能凝聚人心,使人团结、协作;能够美化人的生活,使人的精神状态发生变化,或者使人产生向往和追求;能够增加人的心智,开阔人的视野,振奋人的精神,坚韧人的意志品质。此外,纵观人类文化发展的轨迹,从原始人的载歌载舞,到烧火做饭,再到穿上衣服,文化是人类脱离兽性,知耻知辱的东西;使人由野蛮走向文明的东西。

从以上的分析我们可以看到,人们所普遍认同的文化元素不论是以物态形式存在,还是以非物态形式存在,都是与人类的精神联系在一起的。因此,我们对文化可以做这样的描述:<u>文化是人们在改造自然、优化自身生存环境过程中所创造的能够见证人类的成长过程,体现人类的智慧和创造精神,表现人类对美好生活的向往与追求,或者能够增加人的心智,使人类懂得美丑与善恶,促使人类自身不断完善,或者能够净化人们的心灵,振奋人的精神,坚韧人的意志品质,激发人的创造意识,催人奋发向上,或者能够凝聚人心,使人相互关爱,和谐相处的一切劳动成果。</u>

将以上描述进行归纳和概括,我们可以对文化下这么一个定义:<u>文化一方面是指人类在改造自然、优化自身生存环境过程中所创造的,能够见证人类社会的发展历史,体现人类智慧和创造精神的历史遗迹、文物、语言文字和符号象征等;另一方面是指人类所创造的各种精神财富,其中主要包括文学、艺术、教育、科学和人们普遍认同的公共道德准则等。</u>用一句话来概括:文化是引导人积极向上的各种物质的或非物质的存在形式。

以上这一个定义,比较全面地揭示了文化的本质内涵。以此来衡量,文化的外延将是十分清晰的。

二、文化的特点

在早期的汉字中,"文"字实际上代表一类人。什么样的人呢?如图1-1-4是"文"字甲骨文和金文的几种写法,左起第一个字,形如一个站得端端正正、光明磊落的人,第二个字胸中有一个"心"形的符号,第三个字和第四个字胸中都是一个"心"字——在上古人们的心中,"心"就是灵魂。因此,早期汉字中的"文"字指的是行为端正、有灵魂的人,用现在的话说,也就是品行端正、道德高尚的人。

图1-1-4 "文"字的几种写法

图1-1-5 甲骨文"化"字

图 1-1-5 是"化"字的甲骨文形态。构成这个字的左右两部分是形态不同的两个"人"字,其形体浅表义十分明显——人体姿态的变化,"会意"而成的基本义为变化、转化、改变等。例如,《庄子·逍遥游》:"化而为鸟,其名曰鹏"。《易·系辞下》:"男女构精,万物化生"。《礼记·中庸》:"可以赞天地之化育"等等。由这几个例子可知,"化"指事物形态或性质的改变。

在古代汉语中,"文""化"二字组合在一起作为一个动词性的词组,其基本意思是促使人行为和道德的完善。在现代汉语中,文化二字作为一个名词,继承了其在古汉语中作为一个词组的基本意思,其义是指能够促使人的人格和道德走向完善的一切事物。由此来看,文化的特点可以概括为以下几点:

1. 积极有益性

文化是人类的精神食粮,其基本作用是为人们提供有益的思想养分,以涵养人的精神、坚定人的信念、美化人的心境等,因此,积极有益是文化首要的一个特点。换句话说,积极有益是构成文化的先决条件,只有能够使人积极向上、有益于人素质提升和人格完善的事物才算得上文化。

2. 启示引导性

文化的作用主要通过影响人的思想和思维发挥出来的,因此,启示和引导性是文化的一个重要特点。从本质上讲,不论是人道德的提升和完善,还是人行为的变化,都是由思想修养所决定的,文化对人的作用正是通过涵养和改变人的思想来实现的,其作用方式主要是启示和引导。

从人的做事能力和创造能力来看,思维品质是其关键性的决定因素。文化对于思维品质的影响主要是启示和引导。例如,《曹冲称象》《田忌赛马》和《草船借箭》等这类故事首先给人的是启示,通过启示,开阔人的视野,活跃人的思想,从而优化人的思维品质。

3. 激励鼓舞性

文化不仅可以影响人的思想,而且在很多时候可以直接影响人的精神,通过影响人的精神,激发人的热情,强化人的意志,坚定人的信念,增强人的勇气,从而使人不怕困难和勇于战胜困难,从而取得成功。

4. 潜移默化性

文化对人的影响还有一个十分重要的途径是通过影响人的情感而改变人的心境、引发人的思考,从而促使人道德的完善和心性的优化。值得注意的是,文化对人的影响常常是人们乐于接受的,因此,其影响是深刻的。

5. 地域公众性

文化的产生和形成受人们生活环境、生存方式、人生观、价值观和审美观等多种因素的影响,这就使其具备了地域公众性,具体体现为地域文化特色或民族文化特点。例如,陕西关中地区人们的生活习惯是以面食为主,这样的文化背景决定了这一地区饮食文化的特点,有了"面条像裤带""锅盔像锅盖"一类奇特的文化现象,以及岐山面、蘸水面、凉皮等一批地方特色饮食。

值得注意的是,文化的特点实际上也是判断事物是否为文化的基本条件。其中,积极有益性是必备的一个条件,不具备这一条件的事物就不是文化。在具备了积极有益性这个条件的基础上,或对人具有启示引导性,或具有激励鼓舞性,或具有潜移默化性,都可以判定为文化。

三、文化的作用

作为人类社会特有的现象,文化对人类的进化和人类社会的发展都具有极其重要的作用:首先,文化促进了人类社会的发展。以物质形态存在的历史遗迹和文物足以证明文化的发展历程实际上就是人类改造自然、优化自身生存环境的过程。文化的发展不仅使人类改造自然的能力增强,使人类社会发展的步伐加快,而且促使了人们行为方式的改变,使人类由野蛮走向文明。其次,文化的发展促进了人类的生物进化。文化的发展使人类的知识不断丰富,认识自然、改造的能力不断增强,使人脑越来越发达,人手越来越灵活。再次,文化使人类认识自我、适应环境的能力不断增强,使人类的精神世界越来越丰富,使人类迅速脱离兽性,更加富于人性。

从另一个角度讲,文化对于一个民族的振兴、一个国家的发展,也有着不可忽视的作用。主要表现在以下几个方面:

(一)凝聚作用

文化是综合国力的重要标志。文化对社会发展所起的作用,主要是通过它的凝聚力来体现的。一定的文化背景能够唤起人们的理想追求,提炼出民族思维的精华,引导整体向上的价值取向,激发人们自强不息,自立于世界之林的精神。在这种文化背景下,新的生产力才能产生,并得以发展壮大。

文化凝聚力既是精神的,也是物质的,它是社会发展的潜在推动力,它可以保证社会的可持续发展。一个国家的经济、政治、军事、科技、教育等因素都是客体,这些因素都要通过主体——人来进行管理、操作、生产和发展。人在国家中所处的地位,所能发挥的作用,除了人自身的因素之外,就靠文化环境。具有凝聚力的文化环境,可以团结人、吸引人,最大限度地发挥人的主观能动作用。在同样的客观条件下,创造出最大的精神财富和物质财富。如果缺少文化凝聚力,整个民族、整个国家就会成为一盘散沙,社会发展速度就会减缓,甚至会造成民族和国家的消亡。

先哲们有一句话说得很精辟——人以群分。作为一种群居动物,绝大多数的人都喜欢和自己的同伴生活在一起。于是,就形成了部落,进而形成了民族和国家。那么,人类是依据什么来认同和结成伙伴的?相同的文化背景,包括语言、文字、宗教信仰、风俗、节日、历史等等。这些方面相似越多,人们的认同感就越强。由此可见,对于一个民族和国家,文化就是它的凝聚力。中华民族能够历经数千年的天灾人祸、征伐战乱依然保持统一,主要取决于中华文化强大的凝聚力。

中国自有文明以来就是多民族的国家,在近代之前,以汉族为代表的语言、文字、建筑、农业、手工业、教育、医疗等方面一直领先于世界。一些少数民族自发学习和使用汉族的文化,慢慢地融入到了汉族之中,成为汉族的一份子,这种民族融合好坏姑且不论,但从事实上看,这种文化上的征服远比任何军事或经济力量的征服更为有效。因此,强大的国家必须拥有强大的文化,通过文化传承维护本国国民对国家的认同感,一个国家才得以长治久安,永远屹立于世界——文化凝聚力是一个国家或一个民族所具有的聚集、吸引、团结和组织全体民族成员的向心力,是一个国家或一个民族保持统一、内部稳定和发达的内聚力。

(二)先导作用

文化的发展是社会发展的先导,每次社会的大发展都以文化的大发展为开端。从历史上看,中国之所以能够走在世界前列,就因为中国古代的科技在很长的时间里一直领先于世界,这归根结底在于文化,在于文化力使它具有了创造力,中国的文化力的提升,才对人类做出了巨大的贡献。这么多年过去了,中国、美国、日本的发展进程告诉我们,文化力特别重要,文化的复兴,可以推动经济、科学的整个振兴和繁荣。最有说服力是欧洲的文艺复兴,那就是文化先导力。有了文艺复兴,就带动、促进了欧洲的整个繁荣,而且,它的影响力不仅仅在欧洲。

(三)推动作用

良好的文化氛围可以推动社会进步和经济发展。对于一个民族和一定区域的文化来讲,其核心是本民族或本地区人们普遍认同的公共道德准则。人们依靠这样的道德准则来维系自己的生存和生活秩序——人际关系和谐,社会秩序井然,人们生活和工作心情舒畅,社会就安定、和谐,经济必然会健康发展;人们勾心斗角,诚信缺失,社会秩序一片混乱,冲突不断加剧,人们不能安居乐业,政治和经济必然会受到严重的影响。

四、文化的分类

关于文化的分类,长时间以来一直比较混乱,并且人为地复杂化,造成这一现象的原因主要是对文化的内涵定义不准确,随意扩大文化的外延。笔者认为,对文化进行分类,首先必须搞清楚文化的本质内涵,在此基础上准确界定其外延。与此同时,分类要简洁明了。

从内涵方面来讲,文化是能够改变人的精神状态——或审美愉悦,或情感触动,或思想震撼,或人生启迪……使人产生美好的向往与追求,奋发向上,努力实现自我完善的东西。从外延方面来看,文化主要由三部分内容构成:一是人类在改造自然、优化自身生存环境过程中所创造的,能够见证人类社会的发展历史,体现人类智慧和创造精神的历史遗迹和文物;二是人类所创造的各种精神财富,其中主要包括文学、艺术、教育、科学和人们普遍认同的公共道德准则等;三是语言文字和符号象征等。

对文化的内涵和外延有了清楚的认识,再来探讨文化的分类问题就比较容易了。下面,我们从三个方面对文化作一基本的分类。

(一)按照文化存在的形式来分,文化分为物质文化和精神文化两大类。物质文化是指以物质实体的形态存在,具有一定文化内涵的事物,如人类历史遗迹、文物,现当代的各种标志性实物等。精神文化是指借助于一定的媒介存在,通过作用于人的思想、情感或精神而发挥积极作用的一种文化类型。例如,哲学、文学、艺术和宗教都属于精神文化的范畴。

(二)按照文化对人们的作用方式和作用力来分,文化可以分为思想文化、行为文化、认知文化和制度文化。思想文化是指直接作用于人的思想,影响人的人生观、价值观和审美观等思想观念的文化。行为文化是指人们在人际交往中约定俗成的以礼节、礼仪、民俗、风俗等形态表现出来的行为规范。认知文化是指人们认识世界、增广见识、增加智慧和提升创作力的文化,其中包括语言、文字等符号系统。制度文化是指能够和谐各种社会关系的文化,其中包括法律制度、政治制度、经济制度以及人与人之间的各种关系准则等。

(三)按照人们对文化的认同情况来分,文化可以分为主流文化、地域文化、民族文化和组织团体文化等。主流文化是指在社会上占主导地位的,为社会上多数人所接受的文化。主流文化对社会上大多数成员的价值观、行为方式、思维方式影响很大,对社会秩序起维护、支持的作用。例如,中国的儒家文化,西方的宗教信仰等。地域文化,也叫地方文化,是指一定区域内的人们普遍认同的文化,例如,陕甘宁地区人们所喜爱的秦腔戏就属于地域文化的范畴。民族文化是指各个民族在其历史发展过程中创造和发展起来的具有鲜明的民族特点的文化,其民族特点与本民族的宗教信仰、生活方式和生活习惯等密切相关。组织团体文化是指一个组织或者团体为了和谐成员间的相互关系、凝聚力量、鼓舞精神、强化责任心或树立形象等而建立的具有一定的区分性和识别性的文化,如企业文化、校园文化等。

第二节 非文化和反文化

在自然界中有两种现象,一种是长在花园里的杂草,虽然不能成为审美主体,不能使人赏心悦目,但与人无害,有时候还能多少增添一点意趣,另一种是长在菜园里的毒草,常常被人误食,致人中毒,直接危害人的健康。在文化生长的社会土壤上,也有着与这两种现象极其相似的情况,很多貌似文化的东西有一部分是对人无大益但也无害的非文化,还有一部分是对人直接有害的反文化。正确识别文化、非文化和反文化,不论是对于维护社会文化环境,还是加强个人的文化修养都具有十分重要的意义。

一、什么是非文化

前面我们讲过,文化是能给对人产生积极有益作用的事物,其积极有益性主要表现在几个方面:或是丰富和提升人的思想,或是增加人的心智,或是激励和鼓舞人的精神,或是优化人的性格,或是完善人的道德,或是坚定人的信念,或是增强人的意志,或是激发人的生活热情等。总之,不论是从哪个方面表现出来,都能够对人产生积极有益的作用。

所谓非文化,是指那些虽有文化的一般表现形式或搭载于文化的常用媒介,但不具备文化的基本特点,不能够对人们产生积极作用,同时也不会对人们造成危害的事物。如图1-2-1和图1-2-2。图1-2-1虽然构图元素比较简单,但是图中的每一个元素都表现着奋发向上、自强不息的精神,画作"不论身在何地,都要长成风景"的主题十分突出,对人思想的启示性和精神的激励性都十分强烈,其文化性十分突出。图1-2-2这幅图画尽管用的笔墨不少,但笔法粗放,枝叶零乱,构图缺乏和谐美,不具备中国花鸟画清、新、净、雅的特点,视觉上不能使人赏心悦目,同时没有明确的思想主题,整体上看文化性很微弱,因此可以判定为非文化。

在判定文化与非文化的时候,有一个问题值得注意:真善美是构成文化的必要条件,但不是构成文化的充分条件,也就是说,具备真善美属性的事物不一定就是文化。例如,春天来了,百花盛开,每一种花都可以使人赏心悦目,但自然的鲜花不是文化;秋天来了,枝头的果实沁人心脾,但自然生长的果实不是文化。小孩子学走路,像小鸭子似的,大人们觉得好玩,其中有乐,但那不是文化。

就社会事物来看,有一些人们创造出来的东西,虽然也有一定的趣味,能够给人们带来一定的乐趣,但却不能触动人的思想或涵养人的精神,这些东西也不是文化。例如,一些逗乐的笑话、纯粹娱乐性的电视小品、口技、魔术和模仿秀等。

图1-2-1 黄高才国画　　　　图1-2-2 非文化的图画

二、什么是反文化

与自然界中生有毒草一样,社会事物中也存在着一些危害人们思想和精神健康的东西,这些东西与文化对人们的作用截然相反,因此,笔者将其定义为反文化。所谓反文化,是指那些危害人们的思想和精神健康,弱化人的道德心,以及容易使人的行为出现偏差的社会事物。例如,那些拿人的"口吃"取乐,拿人的贫穷作为笑料的小品,不仅会弱化人们的同情心和关爱心,而且会给对应的人群造成精神伤害,这样的作品就是反文化。

反文化对人们的影响是消极的,其消极性可以从各个方面表现出来:一是玷污或腐蚀人们的思想,使人们的人生观、价值观和审美观等出现倾斜;二是腐化人的精神,动摇人的信念,削弱人的进取心,消磨人的意志等;三是侵蚀人的心灵,使人丧失仁爱心、同情心、宽容心等;四是刺激人的本能和欲望,使人的行为失控……总之,反文化的作用不论是从哪个方面表现出来,都会对人们和社会造成危害。

反文化存在的形式复杂多样,有相当一部分是披着文化的外衣而存在的,这类反文化常常被人们误认作文化,不知不觉中受到其危害。如图1-2-3和图1-2-4。图1-2-3这幅书法作品立字端正,笔画清新爽利,笔力劲健,观之可以使人神清气静,有利于人性情的优化和道德的完善,是一件优秀的文化作品。图1-2-4这一堆墨痕用笔轻浮,笔画狂怪,字形扭曲,不论是单个字拿出来看,还是整体上看,不仅找不到一点真善美的痕迹,而且严重违背了中国文化的道德精神,这样的东西看多了,不仅会使人心浮气躁,而且会使人审美观和道德观出现偏差。与此同时,把汉字写成这样,本身就是对民族文化的一种亵渎与背叛。因此,这样的东西就是披着文化外衣的反文化。

 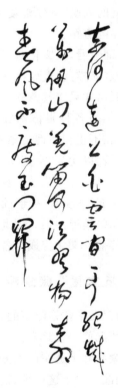

图1-2-3 启功书法　　　　图1-2-4 反文化的墨迹

值得注意的是,反文化有时并不是独立存在的,而是作为一种元素隐含在一些文化或非文化的事物之中的。例如,一个五音不全的人,梦想着成为一个歌唱家,整天弹着琵琶街头卖唱,这件事本身对年轻一代来讲就是一个反面教材——因为对一个人来讲,要想有所作为,首先必须从自身的实际出发,空想、幻想都可能自误。如果我们把这一个反面教材当作一个正面典型来搬上荧屏,实际上就是把一种非文化催化成一种反文化。为什么要这样讲?因为你这样做,实际上是对空想、幻想等错误行为的一种鼓励,是一种误人的行为。当一个人迷失于幻想中的时候,即使你不去惊醒他,他也可能会自我惊醒,但是你鼓励他去幻想和空想,就会使他迷失得更远。

反文化的危害性虽然在很多时候是潜在的,但其对于人们和社会造成的影响是不可忽视的。从对个人的影响来看,反文化不仅可以腐化人的思想,扭曲人的灵魂,摧毁人的精神,泯灭人的道德意识等,而且可以直接使人的行为出现偏差,甚至违法犯罪。例如,一些人看完反文化的淫秽录像后,淫欲冲昏头脑,失足于强奸犯罪的泥潭;还有的人受"有钱能使鬼推磨"反文化思想的影响,物欲膨胀,走上了抢劫、偷盗等犯罪的道路。

从社会层面上看,反文化对于整个社会文化环境的破坏常常就像一滴墨水可以污染一缸净水那样,会造成极其严重的危害。例如,不正当的两性关系本来就是违背社会道德的,如果将其拿来作为"看点"吸引读者的眼球就是制造反文化。正是因为近二十年来各种媒体都在制造和贩卖这一类反文化,致使很多人道德沦丧——这些人在不正当两性关系方面的羞耻心没了,罪恶感没了,不但不以乱搞男女关系为耻,反而以此为"自豪",甚至拿来炫耀,其结果是社会风气被严重败坏。

对于个人来讲,反文化是一种精神毒品,它可以腐蚀人的思想和灵魂,摧垮人的精神,消磨人的意志等;对于社会来讲,反文化犹如毒气,可以严重败坏社会风气,造成大面积的精神污染。因此,拒绝反文化应该成为每一个人的自觉行为,查禁反文化、不传播反文化应成为各种社会组织的责任。

三、"反文化"概念建立的意义

反文化的存在常常是隐蔽的,用现有的反动、淫秽等名词去定义和衡量又不在其列,这样的情况使得查禁常常显得被动和尴尬。例如,一部电视剧中的女演员全部穿着低胸、紧身和半透明的衣服,大秀身材曲线和乳沟,在播了几集后被有关部门紧急叫停删改。对于这件事,很多观众提出质疑。质疑的一种主要声音是非黄、非淫、非反动,为什么要叫停?原因很简单,因为这样的东西直接刺激人们的欲望,消磨人的意志,危害人的身心健康,并且极易导致一些人的行为出现偏差,反文化性十分明显。由这件事展开联想来看,在各种文艺作品中和各种媒体上都存在着很多反文化的东西,对这些东西给予一个明确的界定,不仅可以提高人们的识别和抵御能力,而且可以使一些管理难题轻松化解——这就是反文化概念建立的必要性。反文化概念的建立,至少具有以下几个方面的意义。

第一,便于法律法规的制定。以往,由于对反文化没有明确的定义,很多反文化的东西没有列入法律明令禁止之列,致使其在文艺作品和媒体上泛滥成灾,颠覆了一些人的人生观、价值观和道德观,严重地败坏了社会风气。在建立了反文化的概念之后,可以像禁毒那样,将一切反文化的东西列入明令禁止之列,这样可以从根本上杜绝反文化的传播,净化社会风气,促进社会的和谐与稳定。

第二,利于社会文化环境的治理和维护。反文化概念建立后,不仅可以使文艺工作者和各类媒体从业人员明确自己的行为界限,不制造和传播反文化,而且可以使相关部门对于文艺作品的审查和对于媒体的监督有了依据,可以从源头上堵截反文化,从而有效维护社会文化环境的健康。

第三,利于增强人们的自觉防范意识。反文化是一种精神毒品,常常像真正的毒品那样,也能够给人带来一些快感,容易使人不自觉地接受它,在不知不觉中受其毒害。建立反文化的概念,使人们清楚认识反文化事物的严重危害性,自觉地抵御反文化,切实维护自身的身心健康。

第三节 中国文化

中国文化是指历代中国人民于各个时期在中华大地上所创造的能够代表中华民族的创造智慧和创造精神、能够见证中华文明脚步的典型性的物质遗存和中华民族在长期的实践中创造和积累下来的精神财富。

中国文化是中华民族智慧的结晶,其中不仅融入了中华民族的美德和精神,闪耀着中华文明的光辉,而且见证着中华民族的伟大创造力。在几千年的人类历史上,中国文化不仅涵养了中国人的思想和精神、丰富着中国人的创造力、美化着中国人的人格等,而且对世界各国人民都产生了积极的影响。

一、中国文化的基本内容

人们常讲一句话:"中国文化博大精深"。这句话中的"博大"二字说得一点没错,中国文化的内涵极其丰富,物质遗存数量巨大,非物质文化洋洋大观且独树一帜。概括起来讲,中国文化的基本内容主要包括这几个部分:一是直接影响中国人思维能力和思维方式,信息承载力极强的汉语言文字。二是见证中华文明脚步和发展进程的各种物质文化遗存,其中包括各类出土文物、古代工程、历史建筑等。三是优化人格、提高人生价值的中华美德与中国精神。四是数量可观、思想博大的文化典籍,以及承载于其中的诸子百家思想。五是形式多样、极具魅力的中国艺术。六是思想内含丰富,能够涵养性情的汉字书法与中国画。七是具有启迪思想、提升智慧和激励精神等多方面作用的中国文学和史学。八是历代圣贤们总结出来的具有中国特色的治学经验。

从文化体系的基本构成来看,由于地域辽阔、民族众多,中国文化体系博大,脉络清晰。从地域的角度讲,中国文化以黄河与长江两大区域文化为主体,黑龙江流域和珠江流域文化为两翼,不仅历史遗迹众多、文物丰富,而且形成了中原文化、齐鲁文化、三晋文化、吴越文化、巴渝文化、荆楚文化、燕赵文化、三秦文化、岭南文化等地域文化圈。地域文化的魅力,在祖国辽阔的土地上,绽开了千年文明的绚丽花朵。例如,宁夏和甘肃以伊斯兰文化为亮点,历史文化名城西安以周秦汉唐文化独具魅力,而西藏高原则以1700多座古建寺庙文化和壁画、唐卡画、岩画、碑铭石刻等人文景观,强烈地吸引着国内外越来越多游客的目光。

从民族的角度讲,中国文化是以汉民族文化为主体,各民族文化多元共存的一个文化体系。在长期的历史发展过程中,各族人民以自己的智慧和劳动创造了各自的文化,这些各具民族特色的文化相互交流,相互借鉴,不断丰富和完善,最终融入中华文化的主流之中,形成了中华文化大河奔流般的气势。

二、中国传统文化的含义

中国传统文化是指历代中国人民在长期的社会与人生实践中所创造的,经过千百年的历史检验,能够涵养人的思想与精神,完善人的人格,提升人的创造力等,从而更好地促使社会和谐和促进社会发展的精神文化体系。换句话说,中国传统文化是指中国文化中经过长期实践检验的精神文化部分。

中国传统文化的基本内容,主要由五个部分构成:一是指中国文化的基本精神;二是影响中国人人生观、价值观、道德观和审美观等的诸子百家思想;三是千百年来,中华各族人民在奉献、担当和进取等实践中确立的中华传统美德和塑造的中国精神;四是中华各民族独有的各种传统文化艺术形式,其中包括诗、词、曲、赋、戏曲艺术、中国画、汉字书法、对联、灯谜、歇后语等;五是指中国特有的民俗文化。

三、中国文化的基本特点

大量的考古发现证实:早在八千多年以前,中华先民就对自然有了很多深刻的认识,应用浮力原理发明了独木舟,应用三角形的稳定性原理发明了三足陶器,应用重力原理发明了尖底瓶,例如跨湖桥文化遗址发现的独木舟、大地湾发现的三足陶钵等;艺术方面,八千年前,中华先民就发明了骨笛,就开始制作陶塑小动物,例如贾湖骨笛和兴隆洼骨笛;在精神创造方面,早在八千年以前,中华先民们就开始互帮互助,和谐共处,共建美好家园,例如兴隆洼大型村落的见证。

经历了至少八千多年的发展,中国文化就像一块经过无数次精细打磨的玉器,又如经过无数次提炼的纯金,完美中投射着耀眼的光辉。从整体上来看,中国文化具有以下几个鲜明的特点:

(一)强大的生命力

经过了长达八千年以上的时间检验,中华文化表现出了极其强大的生命力。中国文化的强大生命力具体表现在它的同化力、融合力、延续力和凝聚力等方面。就同化力来讲,中国文化对一切外来文化都具有很强的"改造"作用,使其具有中华民族文化的基因,继而成为中国文化的一部分。在这方面,最有代表性的例子是佛教文化的传入和中国化。佛教最初流传于尼泊尔、印度、巴基斯坦一带,在两汉之际开始传入中国,经过魏晋、隋唐几百年间佛教高僧的东渡,佛教经典的翻译,以及中国僧人西行求法,佛教文化以蓬勃之势进入华夏大地。但最终的结果是一部分被中国文化同化后变为中国式的佛教,一部分消融于宋明理学之中,成为中国文化的一部分。就融合力来讲,以汉民族文化为基础的中国文化广泛吸收华夏大地各民族及不同地域的文化——如楚文化、吴文化、巴渝文化、西域文化等,成就了自己博大的体系和丰富的内涵。就凝聚力来讲,自古以来,中华儿女对祖国的热爱,海外华人对中华文明的认同与执着都是有目共睹的。就影响力来看,中华文明对周围地区,对世界的影响是巨大的。

从比较的角度来看,人类历史上因为异族入侵而导致文化断绝的悲剧时有发生,如埃及文化因亚历山大大帝的入侵而希腊化,因恺撒的占领而罗马化,因阿拉伯人移入而伊斯兰化。但是,中华文化虽屡遭冲击,但历经几千年不曾中断,这在世界上是绝无仅有的。不仅如此,其生命力愈来愈强。从春秋以前的"南蛮与北夷交侵",十六国时期的"五胡乱华",到宋元时期契丹、女真、蒙古人接连南下,再到明末满族入关。入侵者虽然在军事上大占上风,甚至多次建立起强有力的统治政权,但在文化方面,却总是自觉不自觉地被以华夏农耕文化为代表的先进的中原文化所同化。

(二)朴素的思想基础

中国文化植根于农耕文明,其思想基础十分朴素。因为"一分辛劳一分收获"的道理在农耕实践中体现得更为直接和明显,因而使得人们领悟到一个真理:利无幸至,力无虚掷,说空话无补于事,实心做事必有所获。正是这样的思想基础,使得中华民族将勤劳视为美德,以不劳而获为耻。孔子在《述而篇》中说:"富而可求也,虽执鞭之事,吾亦为之。"这一段话很朴素、很实在,可以看作是中国文化朴素的思想基础的见证。

(三)熠熠生辉的人本精神

相对于世界上其他民族来说,中华民族是摆脱神学的束缚最早的民族。因此,中国文化闪耀着熠熠生辉的人文精神。虽然,中国的远古时期先民们对天命鬼神也十分崇拜,直到殷商,在意识形态上仍有"尊天事鬼"的特点,但是西周之后就发生了很大的变化——宗法道德观念的确立,使人们摆脱了神学观念。这是中国传统文化与西方文化、印度文化等相区别的一个突出特点。

在欧洲以及印度,宗教的神或上帝、佛,是最高的信仰,是精神的寄托。在西方以及印度文化中,道德来源于宗教神祇,宗教的神是神圣不可侵犯的。中国文化以"人"为核心,以人与人之间的关系为基础确立人的道德规范与行为准则,追求人的完善,追求人的理想,追求人与自然的和谐,体现了人本精神。以文学作品为例,西方神话大多以神为主人公,着力于神力的宣扬,把战胜灾难、惩恶扬善的使命交给神去完成;中国神话大多以人为主人公,宣扬人定胜天的力量,这一点,从《夸父逐日》和《后羿射日》等神话中都可以看到。

(四)以伦理道德为亮点

伦理道德思想是中国文化的一大亮点,也是中国文化优于其他各国文化的地方之一。伦理道德是指人们在社会生活中的行为规范,它在调解人与人之间的关系,实现人的价值方面具有极其重要的作用。人类社会要和谐,各民族要和睦相处,无一不需要道德的力量来支持。

中国文化关于道德的论述涵盖人类生活的方方面面,全面而透彻。现举隅如下:

1. 强调做人要谦虚。老子说:"江海之所以能为百谷王者,以其善下之,故能为百谷王。"庄子的《秋水》更是教人谦虚的经典之作。

2. 强调做人要有骨气、有志向。孔子说:"三军可夺帅也,匹夫不可夺志也。"孟子讲:"富贵不能淫,贫贱不能移,威武不能屈,此之谓大丈夫。"

3. 强调言行一致、身体力行。孔子说:"先行其言,而后从之。"强调做人要言行一致,言而有信。

4. 强调宽容与忍让。在古代先哲们看来,能忍是有涵养的表现。孔子说:"小不忍则乱大谋。"

5. 强调克己内省。中国古代先哲们认为,在如何对待自己和如何对待别人的问题上,首先要严格要求自己,约束和克制自己的言行,让自己的言行符合社会的道德规范;要善于开展自我批评。孔子说:"君子求诸己,小人求诸人。不怨天,不尤人。"曾子曰:"吾日三省吾身",将时刻反思自己、加强自身的道德修养作为一条重要的做人准则。

6. 倡导做人要重道义。义利关系是中国思想文化史上的一个重要问题。孔子讲:"君子喻于义,小人喻于利。"孟子讲:"舍生而取义者也。"把义看得高于生命,更高于世俗的物质利益,充分体现了占中国传统文化主体地位的儒家重义轻利的价值取向和人生态度。宋明理学所主张的"存天理,灭人欲",更是将重义轻利的文化观念推向极致。

总起来讲,中国文化关于伦理道德的论述是十分系统和完备的,在其中尤以"仁、义、礼、智、信"五种最基本的道德规范影响最为深远,备受世界各国道德学家所推崇。

以上四点只是中国文化的主要特点,除此而外,中国文化还有追求和谐,倡导自强不息的奋斗精神,推崇求真务实精神和辨证的思维方式等特点。这些,在后面将作详细介绍。

第四节　文化修养对人生的影响

一个人能不能成大器,能不能取得大的成就,关键并不在于他学了多少知识,也不在于他有没有高超的技能,而在于他有没有过人的思想、超人的毅力、非凡的精神、坚定的信念和良好的心性等,这些都是文化素养。一个人文化修养的好坏直接决定其人生的成败。

一、什么是文化修养

所谓文化修养是指一个人通过自觉地接受积极的文化影响,以及在社会文化环境中不自觉的受到各种文化潜移默化的影响而形成的良好品德。文化修养既包括一个人的道德素质和对自身行为的约束能力,也包括一个人对他人和社会的奉献能力和奉献精神等。概括起来讲,良好的文化修养主要表现在以下几个方面。

1. **思想丰富**

一个人能不能成大器、有作为,关键在于他有没有广博的见识和有没有丰富的思想。一个有见识、有思想的人,做人会更加的睿智、大气和沉稳,做事会更有思路和创意,同时做事也更有魄力,这样才更容易成事。

2. **道德高尚**

道德既是确保社会和谐有序的一种力量,也是决定人生成败的关键因素。一个人道德品质良好,即使知识欠缺一些、技能稍差一些,他的人生也会很精彩。例如:

诚信是每一个人都必须具备的一种美德，是为人之道，立身处事之本。一个人具备了诚信的美德，就能赢得他人的尊重和爱戴，得到他人的信任和支持，在事业上就会左右逢源，顺利地走向成功。

在人与人的相互交往与合作中，言行一致，信守诺言，讲究信誉，不仅能建立和谐、融洽的人际关系，而且能够建立相互信任、相互支持的合作关系，有利于事业的快速发展。

3．精神顽强

一个人的人生很难是一帆风顺的，尤其是想有一番大的作为的人，所要面对的困难比一般人更多。在这种情况下，只有敢于直面困难、不怕困难和勇于克服困难，才可能战胜困难，最终取得成功。

自然有四季，人生也难免有风雨坎坷，在风雨里、坎坷中，如果能有一种乐观的精神，从苦涩的雨水中品出甘露的味道，在寒冷的凄风中体会出清爽的感觉，将坎坷当作训练脚力设障训练，人生的路怎么走都是轻快的。

在很多时候，做事的失败不是因为能力不够，而是因为缺乏胆识，放不开手脚，人生在很多时候只有无畏无惧，首先战胜自我，才能最终战胜一切。总之，一个人人生的成败，在很多时候取决于有没有敢作敢为的胆识和顽强的精神。

4．心性平和

一个人的心性不仅决定着他与人相处的亲和力、融洽度等，而且决定他在面对问题、处理问题时的情绪表现、处理方式等。心性平和的人，与人相处和善友好，遇事不焦不躁，这样的人很少与人有冲突和摩擦，自然树敌很少，有良好的人际圈子，不论做什么事，帮忙的多，拆台的少，容易取得成功。与此同时，心性平和的人，遇事不急躁，处理问题冷静，容易把问题解决得更好。

5．意志坚定

汉语词汇中有一个词"百折不挠"，意思是不论受到多少挫折都不退缩，形容意志坚定。意志坚定是有思想、有主见、有信心的表现，其中不仅体现着一种顽强的精神，而且包含着坚定的信念。信念是一种精神支撑，有了这个精神支撑，人就会乐观向上，会更加的顽强和坚韧。例如，相信明天会更好，我们的脚下就会更加有力，心中就一片光明。

6．智慧高超

一个人要立足于社会，必须有才智，有创造性的做事能力。对于一个四肢健全的人来讲，最基本的道德主要体现在他为他人、为社会都能做些什么，即使不能为他人、为社会有所奉献，但起码不能成为他人的祸害和社会的负担，道理很简单，一个"寄生虫"是无道德可言的。因此，才智是一个人十分重要的修养。关于这一点，《礼记·大学》中的一段话讲得很明白："欲修其身者，先正其心；欲正其心者，先诚其意;欲诚其意者,先致其知;致知在格物。"这段话将修身、正心、诚意的源头都归结到格物致知上面,也就是说,才智的增长是修身、正心和诚意的根本。

总起来看,文化修养不仅决定着一个人的生存质量,而且直接影响着一个人的生命价值,因此,每一个人都应该加强自身的文化修养。

二、文化对人生的修养作用

文化总是紧紧地与人的精神连在一起的。人创造了文化,文化反过来又影响人,甚至改变人。概括起来讲,文化对人生的修养作用主要表现在以下几个方面:

1. 陶冶人的性情

不论是棋、琴、书、画,还是音乐、舞蹈,这些文化样式对人的作用首先表现为陶冶人的性情,使人心性平和,温文尔雅,为人宽容、仁厚、友善;培养人的志趣和乐观向上的生活态度,使人始终保持生活的热情。因为热爱生活,便会更懂得生活,生活得更好。

不论是直接的文化体验,还是间接的文化活动,在陶冶性情方面都具有重要的作用。

就直接的文化体验来讲,以听音乐和读书为例。音乐对人的性情有极大的陶冶作用,会使人成为一个感情丰富的人,一个有格调和品位的人,一个富有同情心的人。工作之暇,茶余饭后,静下心来听一首歌,进入歌词的意境,不仅能陶冶我们的性情,而且能释放工作和生活压力,使我们身心清爽,感受到生活的美好。读书能够使我们对诸多的人生问题进行哲学思考,诸如生命,爱情,人生意义等。通过思考,我们就会更加热爱生活,追寻人生价值,探求生命意义,活得更加地充实。不仅如此,书读得多了,见识增加了,人们的心态将更加地平和,为人处世将更加沉稳。

就间接的文化活动来看,以郊游活动与养花种草为例。结伴郊游,亲近自然,释放天性,陶冶性情,这是一种能够有效释放精神压力的文化活动,也是体验生活、感受生活的有益活动。在庭院中养些花可以陶冶性情。花卉的自然美给人们带来愉悦、活力、美好和希望。忙完了工作、做完了家务,花几分钟时间,给花浇水、除草,欣赏一下花卉的千姿百态、吸着扑面而来的幽香,可以消除疲倦,令人神清气爽。

2. 坚定人的信念

信念既是一种精神支撑,也是一种精神动力。一个人有了坚定的信念,就会坚持不懈,勇往直前,最终走向成功。

信念既是一种支配力量,也是一种激励力量,同时也是一个人在长期的实践活动中,根据自己的生活内容和积累的知识经过深思熟虑所决定的努力方向和奋斗目标。怀有信念的人遇事不畏缩,也不恐惧。人生在世,各种困境、磨难总会在不期然之间出现,往往令我们始料不及。如果说,有什么东西能够使我们顺利地走出困境或战胜磨难,那就是坚定的人生信念!

如果说,信念是人走向成功、获得幸福的力量之源。那么,文化就是人们获得幸福的工具——人们通过对文化的交流和吸收,通过对生活意义和人生价值的思考,就会明确了个人、集体乃至人类的目标,继而树立起自己的人生理想,坚定自己的人生信念。

以物质形态存在的文化能够使人认识到人类的智慧与创造力,认识到自身的价值,激发起人创造的欲望,坚定人的信念。与此同时,文学形象的感染与召唤也能够鼓舞人的斗志,坚定人的信念,如《老人与海》中的主人公桑提亚哥这一"硬汉"形象。

3. 净化人的灵魂

道德是指人与人之间相互关系的行为准则和规范的总和,它反映整个社会的精神风貌,也反映个人的思想觉悟、精神境界、文明教养以及自我调节、自我控制的能力。人是组成社会的细胞。一个社会的风尚如何,秩序如何,与个人的道德修养有着直接的关系。道德修养是人们为实现一定的道德理想而对自己的品行进行锤炼和陶冶的功夫,也指人们经过这种长期努力所形成的道德情操。

中国文化的核心理念就是加强人的道德修养。儒家的创始人孔子强调"内省"的修养功夫,要求他的学生曾参每日"三省"自身。孟子进而指出,人们经过坚持不懈、诚心诚意的修养,就可以产生一种"至大至刚"的"浩然正气",达到"富贵不能淫、贫贱不能移、威武不能屈"的道德境界。宋明时期的理学家们继承和发展了先秦以来儒家的道德修养理论,尤其在修养方法上强调"居敬穷理"和"省察克治"。明清之际的思想家颜元等人则进一步强调"习行"在道德修养中的重要作用,认为只有在习行中才能迁善改过,达到提高人的道德品质的目的。

在西方文化体系中,道德修养也是核心的内容。古希腊的赫拉克利特认为"与心作斗争是很难的",并说"教养是有教养人的第一个太阳"。德谟克利特进一步提出一个人能在与自己思想的斗争中取得胜利,即意味着他在道德上的进步。亚里士多德更是把教育和修养看作是人们能否具有美德的重要条件。中世纪的基督教神学家们则把道德修养理解为在上帝面前对自己的罪行所作的忏悔。

4. 振奋人的精神

精神力量是人们成就事业、取得成功的关键,它可以使人克服一切困难,在艰难中崛起;它能够使人战胜一切挫折,在失败中不放弃奋斗,最终走向成功。

在构成文化的诸多元素中有相当一部分具有激励人的斗志,鼓舞人的精神的作用。如文学作品和影视作品中所塑造的一些"英雄"形象,能够给人以激励和感召,使人精神振奋。

5. 增加人的智慧

天有天道,人有人道,人与自然环境相处也有其道。文化的影响不仅能够使人深通于人道,懂得做人的艺术,为自己营造良好的人际关系氛围,使自己在茫茫人海之中如鱼得水,左右逢源。而且能够使人懂得与自然环境相处之道,做到保护与利用并举,就能够从自然中获得更多的恩泽和回报。

总起来讲,文化对人的修养作用是巨大的,既可以使人知书达礼,又可以使人更富于才能和创造力。文化修养好的人,不仅懂得怎样善待自己,做到自尊自重,而且懂得尊重别人,与人和睦相处;文化修养好的人,心地善良,心境平和,能够以积极的心态去生活,会生活得更美好。

第二章 中国文化的基本精神

所谓文化精神,是指绝大多数人所接受并尊崇的思想观念或优良传统。因为受到绝大多数人的认同,文化精神常被人们当作行为准则和思想准绳。

中国文化的基本精神主要指中华各族人民所尊崇的人生观、价值观、审美观、行为准则和思维方式等。中国文化的基本精神既是中国思想文化的精髓,也是其他各种文化样式紧紧围绕和着力体现的思想。

第一节 中国文化精神的几个亮点

中国文化基本精神是指中国文化中那些长期受到人们尊崇、影响人们的思想和行为,促使人们世界观、人生观、价值观、审美观的形成,成为人们行动指南的思想观念和道德传统。换句话说,中国文化基本精神是中国民众的行为准则和思想源泉,是形成中华民族精神的思想基础。

中国文化的基本精神是人们通过对各种中国文化元素的研究,以中国文化典籍为思想基础抽象概括出来的,是中国文化的思想精华,反映了中华民族的精神风貌,折射着中华民族的民族精神。总的来看,中国文化的基本精神主要有以下几个亮点。

一、伦理道德思想

伦理道德是中国传统文化的核心内容之一,伦理道德思想渗透于中国文化的方方面面。从中国哲学的"天命无常,唯德是辅"和中国古代史学的"寓褒贬、别善恶",到中国古代文学的"文以载道"和中国古代教育的"教之道,德为先",中国传统文化处处闪耀着伦理道德思想的光芒。

中国文化中的伦理道德思想,主要强调做人的道德修养与为人处世的行为准则,这些,对构建和谐社会具有极其重要的意义。

关于道德修养,中国文化强调"厚德载物",即以宽厚之德包容万物。中国文化是对道德问题阐述最全面、最透彻的人类文化,其思想涉及人类道德的方方面面。首先,强调做人要想成大器,必须虚怀若谷。关于这一点,孔子说:"三人行,必有我师。"老子说："江河之所以能为百谷王者,以其善下之,故能为百谷王。"庄子的《秋水》将谦虚的美德阐述得更加透彻。其次,强调立志。孔子曰："三军可夺帅也,匹夫不可夺志也。"孟子道："富贵不能淫,贫贱不能移,威武不能屈,此之谓大丈夫"。再次,倡导博爱精神。从孔子的"人不独亲其亲、不独子其子,使老有所终、壮有所用、幼有所长、矜寡孤独废疾者皆有所养"到孟子的"老吾老以及人之老,幼吾幼以及人之幼"都是这一思想的体现。第四,倡导"节欲"、"制欲",克制自己的欲望。关于人的物欲与情欲,古代先哲们有比较多、比较深透的论述。孔子说："富与贵,是人之所欲也","贫与贱,是人之所恶也"(《里仁》)。荀子认为,人性"生而好利",因为好利而不可避免地要争斗,"争则乱,乱则穷"(《礼论》)。这就需要节欲,无欲则刚。孔子提倡的安贫乐道就是典型的"节欲"思想。

关于为人处世,中国文化论述得更为深透。首先,强调人与人之间要相互关爱,即孔子所说的"仁者爱人"。在孔子看来,"人而不仁,如礼何? 人而不仁,如乐何?"(《八佾》)其次,强调换位思考,倡导设身处地地替别人着想。孔子说："己所不欲,勿施于人","己欲立而立人,己欲达而达人"。一个人如果能够做到推己及人,将心比心,就会爱己及人。"仁者爱人"是社会稳定、人际和谐的道德基础,而换位思考是实现"仁者爱人"的催化剂。

伦理道德思想是中国文化的核心与精髓,因此,人们常常以"仁义礼智信"作为中国文化的代名词。所谓"仁",就是以慈善之心对待他人。其核心是关爱、呵护与尊重。唐太宗仁德布于四海,就是对"仁"的最好阐释。所谓"义",主要是指人的行为要合乎道义。古人讲"舍生取义"是指为了道义可以献出生命。如关羽的"义薄云天"就是"义"的最好解释。所谓"礼"是指对别人的尊重,以及人的行为准则和规范。所谓"智"是指通晓天地之道、深明人世之理的才能,也就是知。所谓"信"是指人的言论应当是诚实的、真实的、不虚伪。这五个方面是对人在德才方面的基本要求。

二、忧患意识与发奋图强的精神

从孟子的"生于忧患,死于安乐",到范仲淹的"先天下之忧而忧,后天下之乐而乐",从古至今,中华民族从来不乏忧患意识。正是强烈的忧患意识,凝成了中华民族发奋图强的精神。从上古人们崇尚的愚公移山精神,到今天红旗渠精神,无一不体现出中华民族发奋图强、自强不息的精神。不论是与天地抗争,还是与外敌斗争,中国人民从来不屈服,总是顽强地抗争。

《易传》："天行健,君子以自强不息。"正是这种自强不息的奋斗精神支撑着中华民族的发展,激励着中华儿女在困境中崛起,在逆境中奋进,永不屈从于外来的压迫。自强不息还体现为一种自立和自尊的人格特征，形成中国人讲名分、重气节的民族精神。

三、重稳定，求和谐

和谐是中国文化的主旋律。在中国文化中，和谐的内涵丰富，影响深远。概括来讲，中国文化中的和谐思想可分为四个层次：以"天人合一"思想为代表，强调人与自然的和谐，指出人的行为要符合事物发展的基本规律，这是第一层次；强调人与人的和谐，营造安定团结的社会局面，这是第二层次；强调家庭和睦，其乐融融，这是第三层次；强调个人身心间的和谐，大气沉稳，宠辱不惊，这是第四层次。

就第一个层次来讲，道家的"道法自然"是正确处理人与自然的关系的行为准则。其要意在于，只有尊重自然、保护自然，才能更好地利用自然。换句话说，只有人与自然和谐相处，才能互得其利，持续发展。就第二个层次来讲，中国文化一直强调和谐的人际关系对于人们成就事业的重大意义。关于这一点，孟子的"得道多助，失道寡助"是一个最好的概括；"孟母三迁"、"千金买宅、万金买邻"、"远亲不如近邻"这些历代人们心口相传的熟语从邻里和谐融洽的角度强调了人际和谐的重要性。就第三个层次来讲，在国人的意识中"父子笃，兄弟睦，夫妇和，家之肥也。"一句话，家和万事兴。就第四个层次来讲，中国文化倡导"知足常乐"，强调"心静"，以期达到身心和谐、安泰的境界。

第二节　中国文化精神的几个主题

在人类发展的历史中，中华民族以其聪明才智，创造、积淀和形成了自己独特的文化精神，对于这些文化精神的践行，铸就了伟大的民族性格和民族精神。

一、贵和持中

贵"和"持"中"作为中国文化的基本精神，使得中国人崇尚和谐，做事不走极端；求大同而存小异，使人们相处得更为融洽。从更广泛的意义上讲，贵和持中是东方文明的精髓，它对社会秩序的和谐安定具有极其重要的意义。

"和合"是中国文化的内在精神，"和"的意识已经融入中华民族的血液，使中华民族成为一个爱好和平的民族。

"以和为贵"是中国文化所倡导的处理内外关系的行动准则。"家和万事兴"、"夫妻和而家不败"、"兄弟和而家不分"这些理念不仅为人们所津津乐道，而且成为人们维系家庭关系的准则。从历代统治者对少数民族的和亲政策，到今天中华民族"相互尊重,和平相处"的外交政策,都足以说明中华民族对"和平"与安宁的崇尚与追求。

"和合"二字可以说是中国文化的核心与精髓,源远流长。"和"指和谐、和睦、祥和;"合"指合作、融合。"和谐"是"和合"的核心,"平和"与"仁和"是其重要内涵。

在中国,以"和合"为基础追求社会和谐的思想源远流长。孔子说:"礼之用,和为贵。先王之道,斯为美,小大由之。"(《论语·学而》)这里的所谓"先王之道",主要是指以尧、舜、禹、汤、文、武、周公等为代表的圣君明主在治理国家时,十分重礼重节,追求社会和谐。孔子认为,先王们的美德就在于他们不论大小事情,都依"礼"而行,使得社会和谐,人民安居乐业。

老子说:"万物负阴而抱阳,冲气以为和"(《老子》第四十二章),认为万物都包含着阴阳两个方面,阴阳相互调和,"和"是万物存在的最佳状态和生存的基础。

"和合"思想体现于中国文化的方方面面。例如:中国传统医学所强调的"阴阳平衡"、"阴阳互补"等;中国古代的美学所强调的真善统一、情理统一、人与自然的统一等。

中庸之道是中国文化所倡导的为人处世的准则,它在儒家思想体系乃至整个中国传统文化中被视作一种人生和道德的至高境界。孔子说:"中庸之为德也,其至矣乎!民鲜久矣。"(《论语·雍也》)同时,他又说:"君子惠而不费,劳而不怨,欲而不贪,泰而不骄,威而不猛。"(《论语·尧曰》)由孔子的论述可知,所谓中庸,主要是指做事要注意尺度,不走极端。中庸之道的真谛在于坚守中正,寻求适度,不偏不倚,无过而无不及。

在"中庸"思想的指导下,中国文化中的"和合"思想有了一种独特的内涵——和而不同。其基本精神是讲究和谐相处,但不强求别人对自己的认同。正是在这一思想的影响之下,中国古代思想界一直呈现着百家争鸣的美好景象。

"君子和而不同,小人同而不和。"这句话可谓至理名言:在认识事物的问题上,允许不同的观点存在方显君子气度。即使志不同、道不合,能够和谐相处者可谓真正的君子。反过来,即使志同道合,以我为尊,对别人过分苛求,也很难和谐相处。由此可见,中国传统文化中的中庸思想主要强调这么几层意思:一是凡事追求一种至善的状态;二是寻求事物之间最和谐的关系;三是要允许处以同一群体中的不同事物保持其原有的个性,而不必苛求舍弃个性。中庸的和而不同,可贵之处就在于它保留了每一种事物的个别属性,使得世界丰富多彩。

中庸之道强调做人处世要把自己的位置摆正,不自高自大。正如老子所说,大海之所以能吸纳百川之水,具有蓬勃不息的生命,是因为处在下位的缘故。做人做事也是同理。要把握度,要中和,要讲中庸。"中庸"绝不是无原则的一团和气,中庸是合理地把握规律,掌握度,是一种处世为人的哲学。人谦则事和。要做成事,人一定要谦和。

中庸之道另一个含义是遇事心平气和——心平,则气和;气和,则人和、事和。

关于贵和持中,儒家提出的"中和"是最好的概括:"中也者,天下之大本也;和也者,天下之达道也。致中和,天地位焉,万物育焉。"(《礼记·中庸》)

受贵和持中思想的影响,"和气生财"、"家和万事兴"、"万事和为贵"等"和谐"思想早已深入人心。不仅如此,中国古代哲学、文学艺术等处处体现着"中和"精神——中国文艺作品颇多"大团圆"的结局就是很好的例证。

二、天人合一

"天人合一"思想的核心是强调人与自然的和谐相处,主要体现为尊重自然规律,顺应天时,努力做到天不违人,人不违天,即天人和谐。庄子说:"弃事则形不劳,遗生则精不亏,夫形全精复,与天为一。"(《庄子·达生》)这段话强调远离俗事困扰,不要苛求人生的轰轰烈烈,一切顺其自然,这样就会身心清爽,精神饱满,从而达到与天合为一体的境界。《周易·文言》说:"夫大人者,与天地合其德,与日月合其明,与四时合其序,与鬼神合其吉凶,先天而天弗违,后天而奉天时。"这一段话意在说明真正大智之人能够感天应地,他们不仅能借天地之气养其德,而且能掌握天变地化的规律,对天道运行规律把握得十分准确;面对着各种突如其来的自然现象,他们能从容应对。

从另一个角度讲,"天人合一"思想不仅体现了中华民族的道德理想,而且反映了中华民族的伟大智慧。中国文化中的"天"是人格化的,不仅是道德与正义的化身,而且是人们实现道德理想的强大力量。如《尚书·洪范》云:"天乃赐禹洪范九畴,彝伦攸叙。"这句话是说天把九类大法赐给禹,使禹创造了一个和谐的社会。在这里,天是具有法力的人格神,具有帮助人们实现道德理想的伟大力量。《左传·昭公二十五年》:"夫礼,天之经也,地之义也,民之行也。天地之经,而民实则之。"这段话旨在说明,天是依礼而行的,地是依义而动的,人们做事必须顺乎天理,合于地义。在这里,天是道德的化身,是人们行动的楷模,人们做事必须取法于天。

到战国时期,百家争鸣,各家学说虽不乏相异之处,但对"天人合一"思想的认同基本上是一致的。《孟子》:"尽其心者,知其性也,知其性则知天也。"这句话强调天道与人性相通,尊重人性就是顺应天道。《庄子》:"天地与我并生,而万物与我为一";"无以人灭天"。这里说,天与人本质上统一于气,均由气构成,其实质与孟子所强调的"天道与人性相通"基本上是相同的。

到宋代,"天人合一"发展为具有主导地位的文化思潮。张载《正蒙·乾称》:"儒者因明致诚,因诚致明,故天人合一,致学而可以成圣,得天而未始遗人"。"为天地立心,为生民立命,为往圣继绝学,为万世开太平。"在这两段话中,张载明确提出人性与天道相通,把天人合一看作是人们追求的最高道德境界,强调通过重人道而实现天道。

从辩证的角度看,"天人合一"思想的核心是强调人类行为与自然的和谐统一,道德理性与自然理性的一致,显示了古代思想家对于主客体之间、主观能动性与客观规律性之间关系的辩证思考。其积极意义在于:遵循"天人合一"思想能够得到自然界与人的统一,人的精神、行为与外在自然的一致,自我身心的平衡与自然环境的平衡的统一,以及由于这些统一而达到的天道与人道的统一,从而实现完满和谐的精神追求。

"天人合一"思想是中国文化中影响力巨大的一种思想。如中国医学的经典著作《黄帝内经》提出"天人相应"的命题,强调人与天地相应,与四时相副,与天地如一。天人同构,人体的小宇宙与天地的大宇宙相对应。书中列举了诸如"天圆地方,人头圆足方以应之;天有日月,人有两目;地有九州,人有九窍;天有风雨,人有喜怒"等等。

三、以人为本

以人为本是中国文化所倡导的做人做事的一个基本原则。这一原则要求人们在做事时,首先必须以人为考虑一切问题的出发点——要关爱人的生命,维护人的尊严,解放人的本能,发挥人的创造力,保护人的生存环境,积极改善人的生活条件,不断提高人的幸福指数等。这一原则不仅适用于个人行为,而且适用于国家行为。

以人为本思想是一个具有集合意义的思想,也可以说是一个小的思想体系。这一思想的基本精神主要包含四个方面:一是强调人在一切事物中居于最重要的地位,人是世界的主宰。二是强调人的作用,肯定人是一切事业成败的决定因素。三是重视人心和人生问题,以人为考虑一切问题的出发点。四是一个国家的发展,必须以安民、富民为根本原则。

1. 人是万物的主宰

自先秦时代始,中国人就已经摆脱了"神"的思想束缚,树立了人为万物主宰的思想。《荀子·王制》中说:"水火有气而无生,草木有生而无知,禽兽有知而无义,人有气、有生、有知、亦且有义,故最为天下贵也。"汉·刘向说:"天生万物,唯人为贵,吾既已得为人,是一乐也。"(《说苑·杂言》)

值得注意的是,即使中国上古时代神话传说中的"神",除在智慧和力量上具有超人的地方外,他们的情感几乎被完全性地人格化。在中国古典作品中,神和人一样,有情有义,见义勇为,是完美人格和道德的化身。如传说中的"八仙",他们不仅乐人间之乐,食人间烟火,而且行人间正义之事;人人皆知的牛郎织女故事中的七仙女完全被人格化。这些都说明:在中国传统文化中,神不是主宰一切的力量化身,而是完美人格与道德的化身。

2. 强调人的价值与尊严

中国传统文化虽然还没有人主宰一切的理念,但特别强调人的价值和尊严。老子说:"道大,天大,地大,人亦大。"《尚书·皋陶谟》有"知人则哲"的说法,强调对人的价值的重视。到了孔子时代,人的价值进一步被强调。孔子说:"天地之性人为贵"。这句话是说天地之间的生命,人是最高贵的,突出强调了人的地位。汉代大儒董仲舒说:"天地人,万物之本也。天生之,地养之,人成之。"这段话不仅强调了人是万物之"本",而且明确指出人在成就事业方面的作用要远远大于天和地的作用。在中国文化典籍中,此类论述不胜枚举。

3. 尊重人性,强调人伦

中国古代圣贤认为:"食、色,性也。"中国文化很少有西方宗教的禁欲主义色彩,摒弃了不合理的清规戒律,肯定人正常情欲的合理性,强调对它的合理引导。

在尊重人性的同时,中国文化强调人伦,即在以"人"为核心的基础上,强调人的伦理道德修养,倡导追求人的完善,追求人的理想,追求人与自然的和谐,表现了鲜明的伦理道德特色。

中国古代的知识分子,不论从事什么职业,都特别重视"经书"[1]的学习。通过经书的学习,使人具备自强不息的精神和厚德载物的品质,这样,他就有了坚实的精神支撑,做起事来就有了目标、信心和动力。如唐太宗对其大臣的要求是"一曰德性,二曰忠直,三曰博学,四曰词藻,五曰书翰"。这一点,在今天来看依然具有十分重要的借鉴意义。

4. 充分肯定人的力量

虽然中国的原始宗教也比较发达,但中国历史上从未出现过神权占统治地位的时期,特别是从周代及其以后,人们开始了对"神"的质疑与否定。《诗经·大雅·板》:"上帝板板,下民卒瘅"。这两句诗的意思是上帝冷酷无情,别指望它体恤百姓的疾苦。《左传·僖公十六年》记载,在营建周城的问题上,宋薛两国发生争端。宋人以鬼神为据,薛人以人事为据。对此,人们的看法是"薛征于人,宋征于鬼,宋罪大矣。"这里,充分肯定了人的作用。

注:[1]经书,也称作"元典",通常是指孔子所整理的古代文化典籍,即《周易》《尚书》《诗经》《礼》《乐》《春秋》。这些典籍,包容了政治、历史、哲学、文学、音乐、典章制度等丰富的内涵。

四、重礼崇德

中国文化特别重视人的精神塑造,不仅强调修心、立志,而且倡导谦和、礼让与宽容,更崇尚无私奉献。

关于人的德行,中国文化中的道家学说概括为一个"善"字,"上善若水"是中国文化中最高的道德标准。此语出自《老子》:"上善若水,水利万物而不争。"意思是说,最高境界的善行就像水的品性一样,泽被万物而不争名利。关于"善"的具体内涵,老子说:"居善地,心善渊,与善仁,言善信,政善治,事善能,动善时。夫唯不争,故无尤。"这段话的意思是说:身处卑微、与世无争是美德;胸怀博大,内心纯净是美德;以仁爱之心对人是美德;说话讲信用是美德;为官清正、廉洁是美德;做事能力强是美德;作为顺应时代潮流是美德。人有了这一系列的美德,就可以称得上"得道",即可以称得上"完人"。

关于道德修养与为人处世,道家学说有这么几个亮点:

一是做人要虚怀若谷。其典型的论述是"江海之所以能为百谷王者,以其善下之,故能为百谷王。"这段话告诉人们:江海之所以能成为"百谷王",能使百川归海,都是因为它具有肯居人下的美德。老子认为,只有始居人下,才会最终居于人上;只有肯于退居,才会最终进前;只有肯于不争,才会无人能争。

二是强调正确地认识自己,战胜自我。老子说:"知人者智,自知者明。胜人者有力,自胜者强。"常言说:"人贵有自知之明"。人最难做到的是正确地认识自己,战胜自己的情感,因此,老子在这里讲"自知者明"、"自胜者强"。也就是说,真正的强者是能够战胜自己的思想和情感的人。

三是强调知足常乐。老子说:"知足者富。"这句话旨在强调人要节欲、知足,指出知足常乐者是最富有的人。

四是强调身体力行。老子说:"强行者有志。"能够坚持力行,勤奋自勉的人是有志气的人。

五是强调做人要心性平和。老子说:"人之生也柔弱,其死也坚强。草木之生也柔脆,其死也枯槁。故坚强者死之徒,柔弱者生之徒。是以兵强则灭,木强则折。强大处下,柔弱处上。"这段话的中心意思是做人只有心性平和才能无忧无虑,健康长寿。

除了以上几点之外,道家关于道德与做人的论述还有很多,这里就不一一赘述了。

关于道德修养与为人处世,儒家推崇仁义礼智信,强调礼义廉耻。在中国文化中,"礼"的含义十分广泛,它不仅包含了忠、孝、节、义等做人准则,而且涵盖了社会生活的方方面面，被人们视为几千年来维系中华民族团结的道德基础，甚至被看作是一切社会秩序的总括，以至于中国社会的一切秩序都用"礼"来衡量。

虽然中国传统文化中的"礼"有其不尽完美的地方，如男女授受不亲，三纲五常，三从四德等内容，但是"礼"更多的包含了中国传统文化的精髓，对于今天人们为人处世具有极其重要的意义。毋容置疑，讲礼义是人的美德。它是调节人际关系的最好杠杆，有礼有节，大家彼此感到愉快，就是一种和谐。我们每个人天天都讲礼义，就增加了和谐社会的分量，就为和谐社会的建设做出了自己的贡献。

关于做人，儒家重在强调自律。自律就是讲诚信、礼义、谦和、敬业、乐群、责任、创新、兼听、宽容，"唯贤德方能服人"，并以此来约束自己的言行。

十分宝贵的是，中国文化在重礼崇德同时，关注了人的物质需要。孔子一方面赞赏颜回那种"一箪食，一瓢饮，在陋巷。"而"不改其乐"的安贫乐道的精神，一方面又肯定了对财富的追求——"富而可求也，虽执鞭之士，吾亦为之"。关于物质财富问题，孔子的论述比较多，如"贫而无怨难，富而无骄易。"（《宪问篇》第十四）

《左传》说："正德、利用、厚生，谓之三事。"这里，正德是提高精神生活，利用、厚生是提高物质生活。《左传》中还有"民生厚而德正，用利而事节"和"夫民，生厚而用利，于是乎正德以幅之。"这样的言论记录。其意是说，生活丰厚，器用便利，然后端正德行加以节制。"三事"之说兼重物质生活和精神，是比较全面的观点。

在肯定人的物质追求的同时，提倡重义轻利是中华民族"崇德"的一项重要内容，也是中国文化精神的一个闪光点。孔子说："富与贵，是人之所欲也；不以其道得之，不处也。贫与贱，是人之所恶也；不以其道得之，不去也。"（《里仁篇》第四）这段话的意思是，追求物质、渴求富贵没有错，关键是要走正道。

五、刚健有为，自强不息

中国文化在强调宽容、忍让、知足常乐的同时，积极倡导刚健有为和自强不息。中国文化中的刚健有为首先强调人生在世要有所作为。孔子极力主张有所作为并身体力行，他"为之不厌，诲人不倦"，"发愤忘食，乐以忘忧"，表现了"自强不息"的精神。承继孔子的遗训，儒家学派的后继者们，对"有为"和"自强"的学说进一步发扬光大——孟子的"吾善养吾浩然之气"，荀子的"制天命而胜之"都是关于自强不息精神的论述。《周易》云："天行健，君子以自强不息"，这里，以天凭借刚强劲健之气周而复始，恩泽万物的精神，要求人们积极有为、勇于进取。此后，刚健有为、自强不息的精神便一直作为中国传统文化的主导精神激励着中华民族。

中国文化所倡导的刚健有为，其要义在于敬业和乐业，因为只有敬业和乐业才能有所作为。敬业就是要敬重、热爱自己所从事的职业，勤勤恳恳，淡泊名利，力求做出乐趣、做出成绩。

自强不息包含着中华民族的自尊、自信、自主和自立,集中反映了中华民族奋发向上的顽强的生命力和百折不挠的开拓进取精神,使人们以积极、乐观、有为的态度对待人生,使勤劳刻苦成为中华民族的品格,从而维系着民族独立,推动着民族进步。

第三节 中国文化精神的价值及作用

中国文化的基本精神是中华民族智慧的结晶,体现了中华民族的远见与卓识。仅就中国文化的基本精神来看,中国传统文化是人类最优秀的文化,是人类赖以生存的最伟大、最坚实的思想基础。当前,人类所面临的一切问题,都可以从中国文化的基本精神中找到解决的最佳答案。

假如当初人类都坚持"天人合一"的思想,具有与自然和谐相处的意识,尊重自然,保护自然,还会出现今天全球气候变暖,人类生存环境恶化的问题吗?从这个意义上讲,"天人合一"思想的确立充分说明了中华民族的聪明才智和远见卓识。

今天世界局势动荡,冲突不断。自由竞争发展的结果不可避免地要升级为斗争,斗争的结果就是战争。不论冷战、热战,结果都是怨恨越积越深,报复一次比一次惨烈。消除冲突,促进世界和平成为各国人民的共同愿望。冲突双方需要的不是报复,而是宽恕、忍让和反省。试想,如果世界各国,尤其是世界经济和军事强国能够怀有中国文化中持和尚中的思想,具有宽容大度精神,互相尊重,和睦相处,世界不就一片和谐吗?

从另一个角度讲,处在不同社会制度下的民族应相互尊重。早在二十世纪七十年代,美国前总统尼克松在访华时发表演说,其中有这么一段话:"你们深信你们的制度,我们同样深信我们的制度。我们在这里聚会,并不是由于我们有共同的信仰,而是由于我们有共同的利益和共同的希望,我们每一方都有这样的利益,就是维护我们的独立和我们人民的安全;我们每一方都有这样的希望,就是建立一种新的世界秩序,具有不同制度和不同价值标准的国家和人民可以在其中和平相处,互有分歧但互相尊重,让历史而不是让战场对他们的不同思想做出判断。"这一段话正是中国文化精神中"和而不同"思想的最好阐释。假如世界上几个大国都能够坚持"和而不同"的思想,相互包容和尊重而不是一味地指责,世界局势必定会更加稳定,各种冲突会大大减少。

事实上,加强对国民,尤其是对青少年一代的道德教育,这一问题都会迎刃而解。

从以上所举例证我们可以看到,中国传统文化的基本精神是人类最优秀的精神财富和最博大的思想源泉。英国著名的哲学家汤恩比博士在上个世纪70年代就提出了令举世深思的论点:"挽救二十一世纪的社会问题,唯有中国的孔孟学说和大乘佛法。"这段话毫无过誉之处。

当然,产生于中华大地的中国文化对我们这个民族具有更加深远的意义和更为强大的作用。在传统文化深入人心的时代,人民身心安稳,过着夜不闭户,路不拾遗的生活。这样和谐、安宁的社会局面不正是世界各国人民都十分向往的吗?

纵观中国社会的发展历史,我们不能不惊叹于中国文化精神的伟力。从京杭大运河的开凿,到万里长城的修筑,从治理黄河,到三峡工程,中华民族一直在谱写着自强不息的壮歌;从夸父逐日的神话,到愚公移山的传说,无一不显示着中华民族自强不息的信念;从抗日战争的胜利,到战胜三年自然灾害,再到战胜汶川特大地震,无一不表现出中华民族坚强不屈的性格。谁说中国文化有软骨病?谁说中国文化缺乏抗争精神?只要想一想苏武,想一想文天祥,想一想朱自清,他就会感到汗颜。一句话,中国文化不乏斗争精神,不缺少进取意识,中国人从来就不缺少气节。中国文化中刚健自强的精神,在两千多年的历史中,一直激励着人们奋发向上,不断前进,坚持与内部的恶劣势力和外来的侵略压迫做不屈不挠的斗争。

在中国文化精神的感召下,无数优秀的中华儿女在华夏大地上写下了华章。从大禹治水三过家门而不入,到李冰父子率众修筑都江堰,中华儿女向来不乏无私奉献精神;从后稷教人稼穑,到中草药的发现与利用,中华儿女自古就有济世扶危的美德。

总之,中国文化精神是中国古圣先贤几千年经验、智慧的结晶,尊崇和倡导中国文化精神,不论是对于人际关系和谐,社会长治久安,还是人类的可持续地发展都具有极其重要的意义。

第三章 中国的语言文字

文字和各种艺术形式的出现是人类文明开启的重要标志。这一点为世界各国学者所普遍认同,如美国著名学者摩尔根在《古代社会》中说:"文字的使用是文明伊始的一个最准确的标志,……没有文字记载,就没有历史,也没有文明。"当然,摩尔根的话只能作为一个参考。事实上,社会组织及其成员劳动分工的出现,直接促使了人类生活的有序化,这是人类文明开启的最重要的标志。而社会分工的出现,必然伴随着记事符号的出现。因此,作为早期文字的记事符号的出现,是人类进入文明时代的重要标志之一。中国的考古发现和出土文物证明:汉字的源头至少可以追溯到8000年以前。

语言是社会成员相互沟通的桥梁和纽带,是表达思想的工具,在维系社会的和谐与稳定方面具有不可替代的作用。更为重要的是,任何一个民族的语言都是本民族文化的核心元素,也是一种特殊的民族情结,在增强民族的凝聚力方面具有极其重要的作用。汉语作为人类最优秀的语言之一,在承载历史、凝聚人心、传承民族精神等方面都发挥了十分重要的作用。

第一节 世界上最古老的文字

在过去很长的一段时间里,由于资料不足,中国学术界以极为谦虚和谨慎的态度,对世人宣称:汉字具有5000年的历史。而近半个多世纪以来,我国考古发现与发掘的大量文物以铁的事实证实:汉字的源头至少在距今8000多年以前。

【证据一】贾湖遗址出土了8000年前的契刻符号

河南省文物研究所从1983年起对地处河南舞阳县的贾湖遗址进行了6次考古发掘,出土了十几例距今8000年前的契刻符号。这些契刻符号比安阳殷墟甲骨文早四千年,比素称世界上产生文字最早的文明古国埃及的象形文字还早两千八百多年。这里发现的契刻符号,分别刻在龟甲、骨器和石器上,其中个别契刻符号的形体与河南安阳殷墟甲骨文的一些文字的形体完全相同或极度相近。

如图3-1-1,第一行第一个"目"字和第三个"日"字,都与甲骨文中的同一文字形体相同。而第二行的几个字,不仅与甲骨文中的同一文字相同,甚至也与今文的大写数字形体相同。这就是说,贾湖遗址发现的这批刻画符号就是早期的汉字。

对此,世界上也颇多认同的声音。如英国广播公司(BBC)中文网站发表了一则消息说:"在中国河南贾湖发现的乌龟壳上的符号,很可能是迄今为止人类所知最早的文字。"这则消息的关键点是认定了贾湖符号就是人类的文字。

图 3-1-1 贾湖遗址出土的契刻符号

为什么我们完全可以断定贾湖遗址出土的这些符号就是早期的文字,这里有一个十分重要的实物证据。在河南舞阳贾湖遗址出土的距今至少 8200 年的多例刻画符号中有一个符号是刻画在一件石器的器柄上的,如图 3-1-2。毫无疑问,这个符号是为了标示器物的归属权而刻上去的,其记录的心理语言信息是"这个东西是××人的,请你不要拿错了"——这一符号在这里已经发挥出了文字记录语言的基本作用,具备了文字的本质属性。与刻在石器柄上这一例刻画符号同时发现的其他符号,不仅其形体或与甲骨文中对应的汉字完全相同,或与甲骨文中对应的汉字极度相似,而且这些符号的形体构造完全符合早期汉字的构字规律(以汉字造字法为依据)。

图 3-1-2 贾湖刻符石器柄

【证据二】大地湾遗址出土了距今8000多年的书写符号

我国考古工作者在甘肃大地湾遗址出土的距今8000年的陶器上发现了数例书写符号,如图3-1-3。值得注意的是,这几例符号在陶器上的书写位置相同,笔画形态高度一致,记事性质毋庸置疑。从这几例符号的书写位置来看,其所记录的书写者的心理语言不外乎三种情况:一是"这件器物是××人做的",二是"这件器物是给××人做的",三是"这件器物是××时间做的"。不论是哪一种情况,这些书写符号所记录的都是书写者的一种心理语言,其已经具备了文字的本质属性,它们就是文字。特别值得关注的是,大地湾遗址发现的书写符号是书写上去的,这也就是说,早在八千年前,书写工具已经萌芽。

图3-1-3　大地湾彩陶上的书写符号

【证据三】半坡遗址的发现证明了早期文字的延续性

1954—1957年,我国考古工作者对距今6000年的西安半坡遗址进行了发掘,从中出土了一批刻符陶器和刻符陶片,发现了100多个共约32种刻画符号。如图3-1-4,值得注意的是,这些符号都刻在陶器边缘的(黑)色带上,这说明这些符号都表示有一定的意义——这些符号不论是当初作为制作工匠的身份符号刻上去的,还是作为陶器的制作批次、器物类型标志等刻上去的,它们都已经具有了记事的功能,也就是具备了文字的性质。从这一点上讲,它们就是早期的文字。

半坡刻画符号的出现,以铁的事实证明:从8000年前开始,一直到6000年前,中国早期的文字一直在使用,并且一直被延续下来。

我们在这里说半坡刻画符号就是中国早期的文字,主要有四大理由:一是这些刻画符号不管当初表达的是什么意思,毫无疑问是用来记事的,已经具备了文字的基本属性。二是相对于距今5000年左右产生的苏美尔人楔形文字和距今5100多年前产生的埃及象形文字而言,其符号化的程度更高,文字的符号特征更加明显。

如图3-1-5和图3-1-6，不论是苏美尔人的楔形文字，还是古埃及的象形文字，其图画性的色彩都很浓。既然这些都是文字，那么，比这些符号性更强、具有记事功能的半坡刻画符号无疑应该是文字。三是早期人们的社会分工比较简单，因此文字符号数量较少，也较为简单。随着人们社会化程度的不断提高，记事需要趋于复杂化，文字的需求量开始增加，这时较复杂的字才开始出现。四是刻在陶器上的符号只是一种制作工匠身份的标志或器物烧制的批次标示等，所以使用的全是简单的"字"，正如我们今天使用数字编号一样。

图3-1-4　刻符陶片

图3-1-5　苏美尔人楔形文字　　　　图3-1-6　古埃及象形文字

总之，大量的考古发现与出土的实物以无可辩驳的事实证明：汉字产生于距今8000年以前，是迄今为止所发现的人类最古老的文字。

第二节　汉字形体的发展和演变

考古发现和出土的实物资料以无可辩驳的事实证明：汉字至迟起源于8000年前的新石器时代早期，并且从那个时候开始一直延续着，不断发展着和稳步演变着。这一点，也已经被考古发掘和出土的实物资料所证实。

一、史前文字

关于中国多个史前遗址发现的刻画符号，学术界一直有两种声音：一部分学者认为，不论是西安半坡发现的刻画符号，还是贾湖遗址发现的刻画符号，都是早期文字；另一部分人则认为，那只是一种标志或者图腾。很显然，图腾学说是根本站不住脚的。

那么，这些刻画符号是不是文字呢？做出正确的判断并不难。首先，我们看一下图3-2-1这两件器物和图3-2-2这几例符号。

图3-2-1　姜寨刻符陶钵

图3-2-2　姜寨刻符陶片

仔细观察图3-2-1，综合图3-2-2来看，这些符号刻画的位置相同。很显然，刻画者在刻画这些符号时是充分考虑到了识别的方便性，这些符号极有可能是器物制作者的名字，或是器物定制者的代号，不论是哪一种情况，这些符号的记事性是毋容置疑的，从内涵上符合文字的定义。这是其一。其二，这类符号是成批出现的，是一个符号系统,从外延上符合"文字是人类用来记录语言的符号系统"这一定义。其三,这些符号笔画工整,点画搭配十分讲究,符号特征突出,文字性质十分明显。

其次,作为象形文字,汉字的产生是和事物的产生与存在密切相关的。这也就是说,这些符号是不是文字,我们还可以从其同时代的实物中寻找佐证。近年来,我国的考古发掘与发现惊喜不断,其中,浙江跨湖桥文化遗址距今八千年前的独木舟的发现、贾湖遗址距今八千年前的骨笛的发现等,使我们真切地看到了八千年前中华大地上处处辉映着人类文明的曙光。那个时候,不仅独木舟这样的生产工具都出现了,而且满足人们精神生活需要的乐器也大量出现了,那么,像弓箭那样的人们求生存必不可少又相对简单的工具自然而然就已经产生了,在这种情况下,表示弓箭这一事物的符号就有了产生的基础。请回过头看一下图3-1-1第三行的第二个符号,这个符号极有可能就是"弓"字的写实形态。我们的这一判断是否正确呢?只要看一下甲骨文中的"弓"字(如图3-2-3)和金文中的"弓"(如图3-2-4)字,根据汉字的造字法和形体演变规律——从描形到点线化的写意,不难做出判断:这个符号就是一个原始的"弓"字。此外,图3-1-1第四行倒数第二个符号是太阳的象形字是无容置疑的。

图3-2-3 "弓"字的甲骨文形体

图3-2-4 "弓"字的金文形体

第三章　中国的语言文字

再次,我们根据已知的汉字的造字法,结合汉字形体的演变规律来考量这些符号。图3-1-1第一行的第一个符号与甲骨文、金文和古陶文的"目"字的形体都极度相近,所以我们完全可以认定它就是"目"字最早的字符。再看图3-1-1第三行第一个符号,其形体构造似一个人举起右手在投掷东西,那么,这个符号是不是表示"投"的意思的文字呢?请看图3-2-5这个甲骨文的"投"字和图3-2-6这个甲骨文的"人"字,不难发现,甲骨文中的"投"字和图3-1-1第三行第一个符号的构成部件、部件含意高度吻合。这是巧合吗?绝对不是。由此可见,这里的刻画符号就是早期的文字。

图3-2-5　"投"字的甲骨文形体

图3-2-6　"人"字的甲骨文形体

一些质疑史前刻符是不是文字的人并未将史前刻符放在汉字发展演变的轨迹上来看,有的甚至将其孤立起来看——文字是用来记录语言和事物的,必须放在社会发展的背景上结合事物的存在来看,只有这样,才能得出正确的结论。还有人提出,如果说史前刻符就是早期的汉字,那么从刻符到甲骨文这中间几千年时间里的文字又在哪里呢？其形体演变为啥那么漫长呢？这两个问题都不难回答：由于时代久远，载体灭失，证据链断裂是很正常的；从汉字整个发展历程来看，汉字的形体演变是渐进的，有很多字的形体在几千年的漫长岁月中是相对稳定的，因此，我们能够从史前刻符上看到汉字的影子是正常的。

第四，从史前符号使用的普遍性和出土地域的广阔性来看。首先我们看图3-1-4右下角的一个刻画符号，这个符号与图3-2-1（姜寨刻符陶钵）右边陶钵上的刻符完全相同，它们出土于不同地方、同一时期的文化遗址，这说明，在距今六千年左右的仰韶文化时期已经有了一套记事符号在普遍地使用着。再看图3-1-4和图3-1-3，其中的几个符号形体完全相同，而它们使用的时代相距两千年，这与汉字形体的稳定性十分吻合。

总之，通过多角度的分析与研究，我们可以得出一个结论：我国考古工作者在大地湾遗址、西安半坡遗址、陕西临潼的姜寨遗址和河南舞阳贾湖遗址发现的刻画符号就是文字，是汉字早期的形态。这些文字大多是用象形和会意两种方法创造出来的。

二、甲骨文

中国商代和西周早期（约前16—前10世纪）以龟甲、兽骨为载体的文献是迄今为止所发现的汉语文献的最早形态。刻在甲骨上的文字早先曾称为契文、甲骨刻辞、卜辞、龟版文、殷墟文字等，现通称甲骨文。

甲骨文的发现以无可辩驳的事实证明：汉字不仅起源很早，而且早在3500年前已经形成了十分完备的文字系统。因为一个文字系统的形成，有一个十分漫长的过程，甲骨文汉字系统的发现表明，在甲骨文时代以前很久远的时期肯定已有文字。这也给我们提供了参照研究的思路——事实上，在将甲骨文和史前刻符进行认真仔细地比照研究之后，我们更加坚信汉字至迟产生于距今八千年以前。

从清末光绪二十五年（1899年）金石学家、学者王懿荣发现和识别甲骨文开始，至今我国境内共出土甲骨十几万片。到目前为止，在出土的甲骨上，我们共发现单字约4500个，已释读出的单字2000多个。从已识别的单字来看，甲骨文是由"象形、会意、形声、指事"等多种造字方法创造的，音义系统清晰，并且十分完善。这样一个音、形、义十分完善的文字系统是不可能在短时间内形成的。这也就是说，汉字产生的真正历史要远远长于甲骨文的历史。我们相信，随着考古技术的进一步提高和考古工作的不断深入，关于汉字起源的实物资料还会有更惊人的发现。

第三章　中国的语言文字

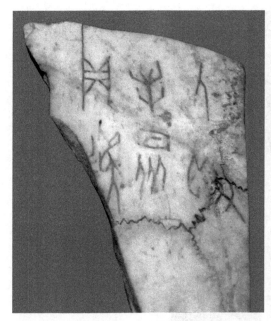
图 3-2-7　甲骨文

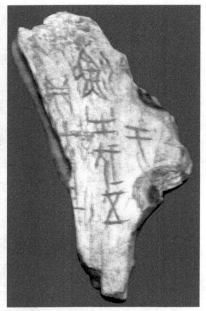
图 3-2-8　甲骨文

从图 3-2-7 和图 3-2-8 这两片甲骨（现藏安阳殷墟博物馆）所刻文字来看，甲骨文字中的相当一部分和我们在新石器时代陶器上发现的刻画符号是相同的，如图 3-2-7 中最中间的一个字和右上角的一个字与陶器上的刻划符号相同。图 3-2-8 这片甲骨上的文字一半都与已发现的史前刻画符号相同或极度相似。这说明，甲骨文和已发现的史前刻画符号存在着一种延续关系。

从图 3-2-9 这块甲骨（现藏安阳殷墟博物馆）上的文字来看，甲骨文用笔线条严整瘦劲，曲直粗细均匀，笔画多方折，已经为汉字"方块"化奠定了基础。从字的结构来看，字形虽大小不一，但比较均衡对称，显示了稳定的格局。与此同时，我们还可以看到，这些文字中既有指事字、象形字、会意字，也有形声字。这些文字和我们现在使用的文字，在外形上虽有巨大的区别，但是从构字方法来看，二者基本上是一致的。这就是说，到甲骨文时期，中国的文字已经十分成熟。

三、金文

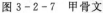

大约在距今 3300 年左右的商代中期，出现了"金文"。金文是指铸刻在青铜器上的铭文。金文是商周文献的主要记录形式。商周是青铜器的时代，青铜器的礼器以鼎为代表，乐器以钟为代表，"钟鼎"是青铜器的代名词。因此，金文也叫钟鼎文。金文应用的年代，上自商代的早期，下至秦灭六国时期，约 1200 多年。

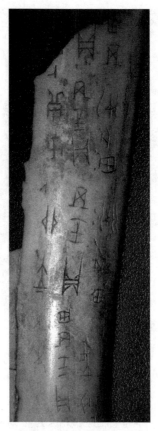

图3-2-9 甲骨文

1925年容庚编《金文编》,把商周铜器铭文中的字按照《说文解字》的顺序编为字典,从此金文成为一种字体名称。金文的字数,据容庚《金文编》记载,共计3722个,其中可以识别的字有2420个。

与甲骨文相比,金文笔道肥粗,弯笔多,团块多,整齐遒丽,古朴厚重。这一大的变化主要是由书写材料和书写手段决定的。因为甲骨文是用锋利的工具刻在坚硬的骨上的,自然笔画比较匀细。而青铜器铭文是按照墨书的原本先刻出铭文模范,再翻范铸造出来的,所以翻铸的金文一般都能够在相当程度上体现出墨书的笔意。因此,其笔画比较肥厚。

汉字进入金文时代后,形体的演变几乎是裂变式的。商代金文较少,与甲骨文形体比较接近,直线多,圆角少,锋芒外露。运笔上不讲藏锋,起笔与收笔均为尖利,用笔刚健,气势雄浑。这一特点一直延续到西周早期。如商尊铭文(图3-2-10),笔画劲健,多为单刀,夹以双刀刻画点线,呈现尖细柔润的清奇风貌。

图 3-2-10 商尊内底铭文

西周中期,金文趋向成熟,笔画讲究藏锋,结体也注意对称、整齐、虚实、呼应,布局上注意疏密整饬,错落有致。如图 3-2-11 是西周中期一件簋盖上的铭文。从这段铭文可以看到,西周中期的金文,字的大小趋于统一,笔画匀称,字形已趋于方正。

图 3-2-11 西周中期簋盖上的铭文

西周晚期的金文已达到炉火纯青,其代表作品有散氏盘和毛公鼎。散氏盘风格雅致天然,字形圆转,多用"颤笔",直曲相间,韵味十足,字体略向右倾斜,静中寓动,直如欲腾空起舞,毛公鼎铭文则雄阔刚健,蕴含飘逸灵秀,大有磅礴之势。

到春秋战国时期,金文的形体、笔画在很多地方开始出现了大的裂变,总的趋向是字体瘦长,笔画均匀飘逸,间隔疏朗,错落有致,风格表现为纤巧飘逸,瘦劲清灵,已显露出汉字今文的形体笔画风格。如图3-2-12战国时期工师纹铜罍(léi)上的铭文。

图3-2-12　战国时期工师纹铜罍上的铭文

四、石鼓文

石鼓文是我国最早的石刻文字,世称"石刻之祖"。石鼓在唐初时发现于陕西陈仓境内的陈仓山(今陕西宝鸡市石鼓山),据考证为战国时期秦国的石刻。现藏北京故宫博物院,共十只,上面刻有文字,有的已经残缺不全。石鼓文比金文规范、严整,但仍在一定程度上保留了金文的特征,它是从金文向小篆发展的一种过渡性书体。据文献记载,在石鼓文之前,周宣王太史(籀)曾经对金文进行过改造和整理,著有大篆十五篇,故大篆又称"籀文"。石鼓文是大篆留传后世,保存比较完整且字数较多的书迹之一。

图3-2-13是石鼓文拓片。从这张拓片上面的文字可以看到,石鼓文上承西周金文,下启秦代小篆,字形方正,落落大方。横竖折笔之处,圆中寓方,转折处竖

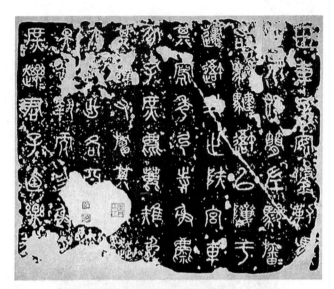

图3-2-13 石鼓文拓片

画内收而下行时逐步向下舒展。用笔起止均为藏锋,圆融浑劲,端庄凝重,笔力稳健。汉字"方块"的特征已经显现出来。

五、"书同文"与汉字形体的迅速演变

汉字从最初起源时期的史前符号,经甲骨文、金文、石鼓文几个阶段,历时六千年的发展,至秦朝建立时,已经形成了音、形、义十分完备的文字体系,兼具表意与表音文字之长,具有超强的文化承载能力。

在汉字持续稳健发展的同时,由于自春秋以来500年的诸侯割据,各地方国自行其政,表现在语言文字方面,出现了"言语异声"、"文字异形"的混乱现象。例如,根据史料研究和统计,当时"宝"字的写法至少有194种,"眉"字的写法至少有104种,"寿"字的写法至少也有百种以上。有的字体柔婉流动、疏密夸张,有的体势纵长,有的结构狂怪。更为严重的是,即使是同一个诸侯国内,其文字的形体也不统一。

文字形体的混乱、笔画多少的随意性,给汉字的识读造成了困难,这一情况的存在不仅影响书面交流,而且严重地阻碍了文化的传播。因此,具有远见卓识的秦始皇命李斯对文字进行系统地整理,以增强汉字的文化承载力,加强汉字的文化传播力。

李斯及其助手们以大篆为基础,对其进行省改、简化,同时吸收民间文字中一些简体、俗字体,加以规范,创制出了小篆(图3-2-14)体的汉字体系。小篆较之

图3-2-14 秦小篆

大篆,形体笔画均已省简,而字数增加,这顺应了时代发展的要求。最为关键的是小篆的创制,对汉字进行了历史上第一次系统地整理、规范和定型,汉字的轮廓、笔画、结构都固定下来,排除和消灭了大量的各国异体文字,使汉字的识读和记忆更加方便。与此同时,小篆的创制,为汉字的整体"隶变"创造了条件。这样一来,汉字的文化承载力大大增强,传播速度加快,为文化的大发展奠定了坚实的基础。

秦始皇在推行"书同文"的政策,命令李斯创立小篆后,很快发现了小篆书写速度受限的缺陷,于是便采纳了程邈的建议,将其整理的隶书作为官方文书的使用文字。郭沫若曾说:"秦始皇改革文字的更大功绩,是在采用了隶书。"(《奴隶制时代·古代文字之辨正的发展》)

隶书也叫"隶字"、"古书",是在篆书基础上,为适应书写便捷的需要产生的字体。将小篆加以简化,又把小篆匀圆的线条变成平直方正的笔画,便于书写。隶书的特点是结体扁平、工整、精巧。到东汉时,撇、捺等点画美化为向上挑起,轻重顿挫富有变化,具有一种书法的艺术美。隶书的出现,是汉字形体的又一次大演变。

这次演变,使汉字使用的便捷程度大大得以提高。

汉初,有一个叫王次仲的人在隶字的基础上创立楷书这一新的汉字书体。到唐代时,汉字的楷体结构已十分完善。这时的楷书形体方正、笔画平直,其书写比隶书更加方便。至此,汉字在形体上完全成熟。

第三节 汉字的特点

作为世界上现存的唯一还在使用的象形文字,汉字兼具表音文字与表意文字的双重属性,形声字占大多数,音、形、义三位一体。与此同时,其形体的演变延续性很强,形义相对稳定。概括起来讲,汉字的特点主要表现为以下几点:

一、超越时空的表现力

跟拼音文字相比,汉字具有超越时间和空间的表现力。从时间的角度讲,汉字形体的演变具有很强的延续性。虽然古今汉语字音的差别很大,但自秦代隶书出现以后,在2000多年的时间里字形相当稳定,字义的变化比较小,所以先秦时期的古书今天一般人还能看得懂。而用拼音文字写的古书,现代人就根本无法读懂了。古埃及、巴比伦的文明史被割断就是一个例子。从空间上讲,中国疆域内方言众多,语音差别也很大,不同方言区的人彼此不能交谈,可是只要写成汉字,他们就能互相沟通。连使用汉字的日语,在部分使用汉字的地方,说汉语的人都能够看明白意思。

二、形义关系十分密切

在古文字阶段,汉字的构字方法主要有四种:象形、指事、会意、形声。象形就是对事物的外部特征进行描绘,使人一看便知。如"山"、"水"、"鱼"。指事是用抽象符号或者在象形字的基础上加上抽象符号表示难以直接描绘的事物或位置,如:"本"是在"木"的下部加上一横指示树根的位置。会意是把两个或两个以上的字合在一起表示一个新的意思,如"休"用"人"倚"木"表示"休息"义,"尘"用"小"和"土"会合出"尘土"义。形声是用表示意义类别的构件和表示声音的构件合起来表示一个词义,如"湖"用"氵(水)"表示意义类别,用"胡"表示读音,"袍"用"衤(衣)"表示义类,用"包"表示读音。在这四种构字方法中,前三种都没有表音成分参与,字的形体直接跟词的意义相联系;第四种是由表音成分和表意成分两部分构成的,人们还可以依靠表意的成分来理解字义,在识读中起主要作用的仍然是表意构件。在漫长的发展过程中,汉字这种据意构形的特点一直没有改变。

汉字是典型的表意文字，这也造就汉字的独特文化内涵。元宵节或一些活动中的字谜游戏，就是根据汉字意义和形体的特点，把汉字分析拆拼，对谜面或谜底的文字形状、笔画、部首、偏旁进行增损变化或离合归纳，使原来的字形发生变化。这类字谜往往虚实结合，须仔细推敲斟酌，才能求出谜底。如"绿树村边合"（打字一）谜底是"林"。谜面摘自唐代孟浩然《过故人庄》，今运用别解手法，以"树、村"二字的"边"分扣"木、木"，是为离；再将这两个偏旁合起来成为"林"，是为合。

三、独特的形体构造

就形体的特点而言，汉字是在一个二维平面上构形的。这个两维度的空间为汉字构件的结合提供了许多区别的因素，除了不同的构件可以组合成不同的汉字以外，相同的构件也可以构成不同的汉字，如"木"、"林"、"森"是构件多少的差别造成的，"叶"与"古"、"杲"（gǎo）与"杳"是构件位置不同造成的，小篆"比"、"从"、"北"、"化"的差别是构件置向不同造成的。这些在两维空间内造成的区别与拼音文字由字母线性排列而结合是不一样的。所以汉字书写灵动自如，形象传神，飘逸潇洒，富有运动感，字的大小、笔画都有一种变化美。

四、单字语素占绝大多数

汉字经过几千年的演变，始终保持了形、义紧密联系和音、形、义相统一的方块字特点。除了极少数因吸收外来词而造的字外，汉字中的每一个单字就是一个语义单位（即语素），这决定了汉字强大的组词能力和无限的生命力。每当一个新的概念产生时，人们能够依据其大的类属对其进行语义"定位"，继而在汉字系统中为其找到一个基本语素，然后再对其进行修饰或限定，很快就创造出能够准确揭示事物（概念）内涵的新词来。并且新造的词汇很快能够被大多数人所理解。如，当压制面条的机器这一新生事物出现时，人们首先将其定位到"机"械的大类之中，然后再根据它的功能用"压面"对"机"进行限定，这样，"压面机"这一新词（概念）就产生了。这一概念面世后，不用作解释，绝大多数人都能理解它的含义。这一点是任何表音文字都无法相比的。

五、读音悦耳

从语音的角度看，每个汉字只用一个音节表音，并且在声音上的特点是音节中元音占优势。汉字音节中可以没有辅音，但不能没有元音，乐音成分比例大，同其他语言相比，汉字读出来声音响亮，悦耳动听。

第四节　汉字的优越性

汉字是象形文字，可以察形知义。作为表意文字的汉字，几千年来形义都十分稳定，并且字体的演变延续性很强，因此，即使是上古汉语的文字，不但极易辨认，而且很容易弄懂其意思。现在的英国人没办法读莎士比亚当初写的剧本，是因为语言符号的意义已经发生了巨大的改变。而我们今天不仅能读先秦诸子，甚至能够依据单字的形体构造释读出甲骨文字的意思。这就是汉字的巨大优越性。

一、易学易会，使用便捷的文字

20世纪80年代以前，人们普遍认为汉字难认、难写、难记。今天看来，"三难"只是在一定的历史条件下，人们对汉字的一个错觉。

最初，计算机刚发明的时候，汉字输入一时是个难题。于是，有人就臆断：汉字无法实现计算机输入，终究要被历史所淘汰。这种论调一次又一次被信息技术的发展所否定。现在，汉字的计算机输入速度已经远远超过了英文，特别是近几年来，汉字"二笔"输入法、联想输入法等方法的出现，使汉字的输入速度达到了英文输入速度的数倍！从另一个角度讲，随着科技的飞速发展，新词不断增加，英语的单词越造越长，有的已经超过20个字母，而汉语拼音的音节最长的也不过6个字母。这就是说，在启用汉字输入法的联想功能的情况下，即使采用现在被认为最笨拙的汉字拼音输入法，汉字的输入速度也要比英语快得多。从手写的角度讲，汉字常用字的笔画是十分省简的，寥寥几笔成字。事实证明，以"正书"为参照标准，同样的一段话，用汉字写出来的时间要少于用英语写出的时间。因此，"难写"对于汉字来说已永远成为历史。

至于说"难记"，就更不能成立了——汉语识字是世界上费时最少，记忆量最小的一项学习活动。今天，世人们都十分清楚：不论是中国人也好，外国人也罢，只要掌握了3500个常用汉字，就能够顺利地阅读所有中文读物。而即使是美国人，掌握不了6000个以上的常用单词，读一般的英文报纸都有些困难。更有甚者，即使记住了2万个单词，他能享受的信息还是有限的。尤其是阅读科技著作，离开了专业词典几乎无法读下去。中国人只要掌握三四千个汉字，就可以享受几乎全部信息，拿到什么书都能顺利地实现阅读。因此，我们不能被简单的26个字母所迷惑。这简单的26个字母通过排列组合造出来的任何一个单词，都要靠强记——音、形、义之间缺少有机联系，这本身比形义联系十分紧密的汉字记忆难度要大。何况，因专业的不同，常用英语单词的数量少则上万，多则几万，其记忆量之大可想而知。

最后说"难认"。汉字本身是象形文字，可以察形知义，即使是上古汉字，破译的难度也很小。而对于任何一个英语单词来讲，在你没有靠强记弄清它的意思之前，你是无法知晓它的基本含义的。比如说，forest 这个单词什么意思？你没办法从字母组合上得到解答的线索。而对于汉字"森"来讲，一看就知道它表示树多的意思，紧接着就会想到成片的树，至此，它的意思基本就明确了。由此可见，相对于拼音文字来讲，汉字的意义识别要容易得多，即"易认"。

还有一些人当初提出汉字"难认"的观点是基于读音而言的。诚然，在掌握了音节构成规律的情况下，英语单词一看就知道怎么读。会读不知其意，又有何用呢？况且，汉字的形声字占绝大多数，而其声旁大多表音很明确，所以识读也很方便。既能够通过形旁察知其意，又能够通过声旁大概知晓其读音，汉字还称不上"易认"吗？

事实上，形声化一直是汉字发展的方向。据统计，在甲骨文字里，形声字只占20％左右，到东汉许慎编写《说文解字》时，形声字的比例已经达到82％，到清代康熙年间编纂《康熙字典》时，形声字已占到90％。此外，绝大多数非形声字都曾作为形声字的构件参与形声字造字。

事实证明：汉字是人类所有文字中最易识别，习得过程中记忆量最小，实际使用上最便捷的一种文字。

二、汉字最容易被感知和察识

汉字方方正正的结构不仅使构字部件的搭配规律性很强，而且在二维空间内确定了笔画或部件的组织范围，使一个字不论笔画多少都占有相同的二维空间，为识别提供了极大的方便。这一点拼音文字是永远无法实现的。如，英语中的 vulgarization（通俗化）这个单词，由几个音节构成的？即使要弄清这样简单的问题，你可能得用识别汉语中同一词数倍的时间。再从人们注意的倾向性来看，人类的眼睛视野总是一个面，而不是一条线，所以线性排列不易辨认；排成方块一目了然。拼音文字是线性文字，汉字是方块文字，所以汉字比拼音文字有更高的阅读效率。这就是说，由汉字组成的语言系统综合识别速度要比拼音文字快得多。请看下面的示意图：

1. 线性符号示意：

●●●●●●●●●●●●●●●●

2. 方块汉字示意：

上面两个示意图,前者模拟拼音文字——线性文字;后者模拟汉字——方块文字。仔细观察,不难发现,方块汉字比线性的拼音文字更容易被人所感知和记忆。这既是由人类眼睛的视野特征所决定的,也是由人的注意力特点所决定的。这也就是说,相对于线性的拼音文字而言,汉字不仅容易感知,而且容易记忆。

汉字是象形文字,可以察形识义,尤其是对已认知的汉字的字形进行分析,不仅可以探知其本意,而且可以由此引发联想,获得更多的感悟。并且,汉字是构词的基本单位,掌握了汉字的基本意思,就可以基本掌握其所构大部分词语的意思。比如说,掌握了"男、女、人、孩"四个字的含义,我们就能深透地理解"男孩、女孩、男人、女人"这些词的准确意思。随着单字掌握量的增加,汉语词汇的"旁通"将以几何倍数增加。这一点是英语所无法企及的。比如说,你记住了"man"(男人),看到"woman"(女人)也不一定能明白它是什么意思。

汉字的构字规律性极强,利用其构造规律,可以"触类旁通",在短期内突破识字关。此外,由于汉字相互组合的自由度特别大,只要掌握了为数不多的汉字,就可以具备一般的日常阅读能力。

由于汉字的诞生因物象而生,并且成字方法极其简单,不论多么久远的文字都很容易被破译,因此,用汉字记录的历史不易被割断。比如说,今天我们看到几千年前的这个" "字,还能认出来它是"鱼"字,看到这个" "字,还能释读出它是个"车"字,这就是汉字因物象形的最大优越性所在。正是这样的优越性和汉字从未被割断的形体演变的延续性,今天的中国人可以轻松阅读上古和中古时期的各种典籍,享有丰富的精神资源。

汉字的构字部件虽然笔画简单,但大多具有一定的"音"或"义",且数量不是很多,易识易记,不仅习得十分轻松,而且在现代信息处理方面比拼音文字具有更大的优越性。

三、超强的信息承载力

汉字形声义三位一体,其本身的信息量远远大于拼音文字。而本身可以作为一个语素或一个词的汉字,其意思大多是一种集合意义,尤其是表示概念的汉字。只要认识了表示一种事物的一个汉字,关于一类事物的名词都会轻而易举地被理解。比如认识了"牛"字,不论公牛、母牛、黄牛、水牛、老牛、小牛,人们都知道它的意思。而拼音文字就不同了,尤其是英语必须一个一个地记,理解和记忆都很困难。例如,即使你认识了 ox(牛)、bull(公牛)、cow(母牛)、calf(小牛)任意出来一个,你也未必认识。对于这几个虽然表示同类事物的单词,你也必须一个一个地学,一个一个地记。通过比较可知,汉字是最省俭的文字,单位字符所承载的意义信息量远远大于任何拼音文字。

由于汉字本身承载的信息量很大,汉字的组词能力十分强大,不管是名词还是动词,成词的空间巨大,因此,当新概念不断产生,拼音文字已疲于应对时,汉字却游刃有余。

四、强大的文化凝聚力

汉字,不论是当初刻在龟甲上的,还是铸在青铜器上的;无论是书在木简上的,还是写在纸张上的,几千年来形态发生了较大的变化,但是表意的性质始终没有变。自秦代以来,中华大地上"书同文"的格局没有变。因此,不论中华疆域内有多少种方言,"书同文"始终维持着中华民族的统一。

汉字是中华民族的一种情结。不论是长城内外,还是大江南北,说北语也好,讲粤语也罢,用吴语沟通也好,用闽语交流也罢,抑或是用湘语问,用赣语答,用客家话评点,不同的口音背后,是相同的语言符号。正是这相同的语言符号,把广大疆域内的人心和精神凝聚在了一起。不论是湖南人吟诵《静夜思》,还是广东人吟诵《静夜思》,或者北京人吟诵《静夜思》,音调不同,声腔不同,但情至深处,那泪水的味道是一样的,因为那几行字中寄寓的情是不会因为用声运调的不同而改变的。

从另一个角度讲,汉语亘古不变的表意性使文字的内涵永远保持不变,使其承载的文化精神永远能够被人们所释读。正因为这样,我们的历史永远是那样清晰,我们民族的根系永远是那么清楚。中国人不论走到世界的那一个角落,只要看到方块字,就会想到自己是炎黄子孙。

同一个汉字,在不同的方言区域内读音不同,但不论在什么地方,它表示的意义是相同的。也正是这一点,汉字成就了中国文化的丰富多彩。陕西人到了江浙,想看看越剧、听听评弹,到了安徽,就想去看看黄梅戏。而江浙人到了陕西,也想感受一下震耳的秦腔。因为虽然艺术风格颇多差异,角色的扮相不同,但汉字世界里梁山伯和祝英台的故事是一样的。所以,陕西人坐在江浙的剧场内看越剧,即使听得不大明白,心里的感觉也是蛮好的。

五、巨大的发展空间和良好的兼容性

从诞生到今天,汉字已经8000岁了。在漫长的成长过程中,汉字的活力不断增强。到今天为止,汉字的计算机输入速度是世界上所有文字中最快的,其表现力是所有文字中最强的,其对新生事物的概念生成的速度是最快的,其使用效率是最高的,其习得过程是最轻松的。

汉字是世界上现存的各种文字中历史最长的,其生命力也是最顽强的。产生于距今5500年前的苏美尔民族楔形文字,曾是"两河流域"文化的一面旗帜,这种文字在使用了3500多年的时间后,到公元1世纪完全消亡了;产生于公元前3100年左右的古埃及象形文字,至公元4-5世纪也消失了。被历史淹没的著名文字还有玛雅文字、波罗米文字等。只有汉字愈发展生命力愈强大,其文化传承能力愈强。

正是因为汉字顽强的生命力和超强的文化传承能力,中华民族的历史从未被割断过。今天,欧洲人已无法追溯他们3000年前的历史,没法再解读和认识他们的历史文化。因为他们已经看不懂自己祖先所造的象形文字了。而中华民族不仅能够通过上古的典籍探知5000年的历史变迁和文化发展轨迹,而且能够从《易经》和《老子》中解读出先贤们的巨大智慧。

就当今正在使用的各种文字来看,英语在短短1500多年的发展历史中,缺陷已暴露得十分明显——随着科技的飞速发展,英语已经出现了疲于应对的迹象,因为每一个新事物的产生,它都得造出一个新词来对应,字母有限,单词越来越长。如此下去,人们在语言学习方面将不堪重负,英语最终将走向绝境。汉语则不然,不论有多少新事物出现,它都能在常用汉字中找出合适的字造出一个恰当的词来,并且由于构词的语素意义明确,新造的词一般不需解释人人都能理解。新词再增加,常用词不会增加,人们的学习负担自然不会增加。汉字的这一优越性是其他任何一种语言所无法企及的。

换个角度来看,由于单纯的表音性,拼音文字本身缺少思想内核,所以没有思想凝聚力,因而语言的分裂局面已经形成。到目前为止,除英国英语和美国英语外,还有加拿大英语、澳大利亚英语、新西兰英语、南非英语等,它们各有自己的地区性的语词和语法。其他像印度英语、东南亚英语、加勒比地区英语和非洲某些新兴国家的英语,也都各自具有语音和词汇上的特点。由于缺乏共同的思想支撑和凝聚力,随着时间的推移,这些不同地区的英语差异会越来越明显。这就是说,单纯的表音文字是无法担当人类文字统一的重任的。

从现代信息科学的角度来看,汉字的计算机输入速度是所有文字中最快的。相同的意思,用汉字表达出来是最简约的。

总之,在当今人类的所有文字中,只有表意的汉字是具有思想凝聚力的语言,只有汉字是能够跨越语音障碍的语言,也只有汉字是承载力最强、发展空间最大和兼容性最好的语言。我们不妨大胆地断言:汉字最终将成为人类的通用文字。

第五节 汉字是中华智慧的标志

汉字的产生体现了中华民族的智慧和创造才能,融入了中华民族的审美思想等文化元素。汉字是中华智慧的标志。其创造的智慧性具体体现在以下几个方面:

一、汉字是中华民族智慧的结晶

当今世界各民族所使用的文字,只有汉字是我们中华民族自己创造的并且一直沿用到今天的,其他语言的文字或者已经消亡了,或者是借用来的。如拉丁字母是从希腊字母改造来的,而今天的英语、法语、意大利语等使用拉丁字母,都是文字借用的实例。俄语、保加利亚语、塞尔维亚语等使用的基里尔字母和斯拉夫字母,也是希腊字母改造而成的。而希腊字母也不是他们祖先直接创造的,而是由腓尼基字母改造来的。

二、汉字是人类最富于意境的文字

汉字的象形性和表意性使得每一个方块字的背后都有一片天地。有的如一幅画,有的是一处景物,几个字组合成句,就创造出一个美妙的意境。如当我们诵读着"孤帆远影碧空尽,唯见长江天际流"的诗句时,很快会进入到想象之中,心灵就自然而然地进入到那种天高云淡、水波连天,清新旷达的美妙境界,心一下子会豁然开朗。这样的效果是拼音文字很难给予的。

三、象形会意中的大智慧

汉字的产生出于象形,这似乎是件十分简单的事情,其实不然。汉字的象形造字法充分利用了人们以往对事物的认识经验,突出表现事物的个性特征,使人们一看就能够将其与具体事物联系起来。不仅识读极为方便,而且极易引发人们的想象和联想,训练人们的形象思维及创造性的思维能力。仅从这一点上看,汉字的造字法中包含着大智慧。

事实上,汉字的造字过程不仅仅运用的是形象思维,更多时候是形象思维与抽象思维的有机结合。下面以汉字中十个数字的创造过程为例,看看汉字造字过程中所体现的人类智慧。

数字是用来计数的,数字的创造源于对人们计数实践的概括和总结。我们不妨设想一下:在原始社会组织中,已经有了激励机制,谁的贡献大,谁就被推举为小头领。怎样才能准确衡量一个人贡献的大小呢？最好的办法是依据他对部落成员的物质贡献。比如说，打回一只野山鸡，记一分工，用一个鸡腿骨作为实物记录；打回一只猎豹，记四分工，用一颗猎豹的门牙作为实物记录。在这一过程中，鸡腿骨就代表数字一，猎豹门牙代表数字四。在创造汉字中的数字时，人们对这一实践过程进行总结和概括，于是就有了下面的造字过程。

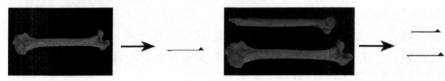

图 3-5-1 一的产生过程　　　　　图 3-5-2 二的产生过程

图 3-5-3 三的产生过程　　　　　图 3-5-4 八的产生过程

从图 3-5-1 至图 3-5-4 可以看到，"一、二、三、八"四个数字都是用代表具体数字的实物直接摆出来，然后用写实的办法记录下来的，这是一种实践的总结。方法虽然十分简单，但文化意义是非同凡响的。

图 3-5-5 四的产生过程　　　　　图 3-5-6 五的产生过程

图 3-5-7 六的产生过程　　　　　图 3-5-8 七的产生过程

图 3-5-9 九的产生过程　　　　　图 3-5-10 十的产生过程

从图3-5-5至图3-5-10可以看到,汉字"四、五、六、七、八、九、十"六个数字的产生过程,不仅仅是计数实物的简单摆放过程,而且是一个形象思维与抽象思维协同作用的过程。如"四"的创造,不仅对其中的"两骨"进行了较大的变形处理,而且为了规整、美观,大胆地采用了两条平行的线段将另外"两骨"的两端连了起来,这样造出来的"四"字很美观。再如,数字"十"的"一"(横)笔,是由两个表示四个的"牙齿"连接起来后再变形而来的。

总之,从十个数字的创造过程我们看到,汉字来源于人们的实践,具有极其鲜活的生命力。与此同时,汉字的创造过程,真实地反映了人们思维的一般规律。因此,汉字是人类最富于智慧、最具生命活力的语言。

四、科学的造字方法

关于汉字的造字方法,许慎在《说文解字》里总结说:"一曰指事:指事者,视而可识,察而可见,'上'、'下'是也。二曰象形:象形者,画成其物,随体诘诎,'日'、'月'是也。三曰形声:形声者,以事为名,取譬相成,'江'、'河'是也。四曰会意:会意者,比类合谊,以见指撝(huī),'武'、'信'是也。"这四种造字方法完全符合人们的认知规律,十分科学。运用这些方法创造出来的汉字不仅形体构造和形义联系的规律性很强,而且识读十分方便。

"象形"是最基本的造字法。其方法是用文字的线条或笔画,把字所代表的事物的外形特征清晰地勾画出来,使人一看到"字"就联想到具体的事物。如图3-5-11,"月"字是一弯明月的形状,"马"字在整体描形的基础上,突出了直竖的马鬣和飘起的马尾,形象特征很明显。象形字来自于图画文字,但是图画的性质已大大减弱,象征性大大增强。

虎	马	鹿	牛	兕	羊	象	鱼
雷	雨	水	虹	日	月	夕	车

图3-5-11 甲骨文象形文字与今文对照表

"指事"的造字方法是以已有的象形字为基础,在一定的位置标以象征性的符号来表示意义的造字法。如在"木"字的上部标示一点造出"末"字,在"木"字的下部标示一点造出"本"字;在"一"的上方加点造出"上",在"一"的下方加点造出"下",等。

象形和会意能够突出事物的特征,易认易记,但它们不能表达抽象的意思。于是,古人们便发明了"会意"的造字方法。会意字是由两个或两个以上的独体字组成,将每个独体字的形、义综合起来,构成新造字的形、义。如"人"靠在"木"(树)上是劳作累了后在"休"息,"鸟"儿张"口"是在"鸣"叫,等。

象形、指事和会意造出来的汉字都能够从形体上判断出其基本意思,但不能确定其读音。为了解决这个问题,古人们发明了"形声"的造字方法。形声造字法的出现,是汉字走进了一种全新的境地。用形声法造出来的汉字,不论是辨形、识义,还是析音都十分容易。如"姑、妈、姨、奶、姐、妹"等,站出来一群"女"的,要凭声"音"的不同确定她们各自的身份。

五、汉字中的人生哲理

汉字表意的更大魅力体现在其蕴含的哲理。汉字中大量的会意字和形声字都或多或少地包含着一定的哲理,细细品味,不仅能带给人一种审美享受,而且能给人一种人生的启示。如,一个"功"字,它告诉人们要成功就要付出,不想出力,只想收获是不可能取得成功的;一个"协"告诉人们,要办好"十"件或更多的事情,需要大家的共同努力,一个人的力量是有限的。如上的哲理内涵,在汉字中是极其丰富的。

第六节 汉字的益智功能

汉字本身是表意文字,具有很强的形象启示性,很多用象形手法造出来的汉字,能够引发人的联想,这样,不仅字义容易理解,而且能够促使思维的发展。国内外的大量研究表明:说汉语比说英语能更多地使用右脑,也就是说,熟练使用汉语的人智力更好。

一、思维的唤起性与驱动性

汉字的形体是具体的,具有直观、形象的特点,加之其字符本身或是事物的概念,或反映着一定的事理,直接可以唤起人们对事物和社会现象的联想,引发人们无穷的想象,使人们的创造性思维能力得以迅速地发展。不仅如此,汉字的意义又有抽象性、概括性和综合性，可以驱动着人的思维走向更深的层次，使人的形象思维能力与抽象思维能力同步发展。

现代脑科学、思维科学和心理学研究的结果表明：拼音文字是偏向大脑左半球的"单脑文字"，汉字是大脑左、右两半球并用的"复脑文字"。汉字可以开发大脑左、右两半球的潜力，有利于发展大脑智力。对此，世界各国的学者都一致认同——

法国汉语教师协会会长白乐黎先生说："教法国孩子学习汉语文字，主要目的不在于掌握另一种语文工具，而是通过学习汉字来开发法国孩子的智慧。"

美国哥伦比亚大学教授刘廷芳于1921年首次对汉字做了心理学的研究，根据实验结果，做出了结论：汉字的学习可以借助于对于已经认识的汉字的联想来解释新字……而且识字越多，这种联想能力就越大。

日本幼儿汉字教育专家石井勋说："汉字记得愈多，头脑愈灵活；头脑愈灵活，语言也就记得住……学习汉字是让孩子动脑筋最好的方法。例如，由汉字'眼睛'可推知'看'，由'耳朵'可推知'听'，他国的文字不能如此（eye与see没有这样的关系），是故，汉字可以培养推理能力，并且愈早起步愈好。""幼稚园的小朋友，从5岁开始教汉字智商达115，4岁开始接受汉字则智商达125，3岁开始实施三年的汉字教育智商可达130以上。"

日本幼儿开发协会理事长、索尼公司创始人之一井深大先生说："汉字是智慧和想象力的宝库。（石井勋的）汉字模式教育是拯救日本教育的主要方法，这种模式教育可能引起教育的革命。"

二、活跃思维的功能

由于汉字写尽万象，穷尽事理，内涵的信息量巨大，加之信息的交织是多维的，因此极易牵引人的思维走向深入，也易于使人的思维全方位发散，因此，汉字学习可以使人的智力得到快速的发展。虽然很多智力活动都能使人聪明起来，但没有哪一种活动能够像学习汉字那样可以使知识不断增加，联想力不断增强，并且在此基础上的智能发展是无止境的。

三、艺术化的学习境界

人们思维的发展，有一个重要的条件——心绪，只有心情愉快，人的大脑思维活动才能轻松而有续地展开。不仅汉字如诗如画的意境本身可以调节人的心境，而且利用汉字的特点设计的各种游戏性的汉字学习活动更容易使人乐在其中。印度前总理尼赫鲁曾对他的女儿说："世界上有一个伟大的国家，她的每个字，都是一首优美的诗,一幅美丽的画,你要好好学习。我说的这个国家就是中国。"这段话是就汉字本身而言的,而利用汉字的特点设计的各种游戏更易于使汉字学习进入艺术化的境界。例如:

1. 字谜

谜语主要指暗射事物或文字等供人猜测的隐语。字谜就是以一个或几个汉字为谜底的谜语。这种谜语的编写或是利用了汉字的造字规律,或是利用了汉字形、音、义某一方面的特点,显得既有趣味,又有知识内涵。字谜是中国文化独有的内容。

字谜是一种文字游戏,它主要根据方块汉字笔画繁复、偏旁相对独立、结构组合多变的特点,运用离合、增损、象形、会意等多种方式创造设制的。字谜,有广义、狭义之分。广义的字谜,指所有的文字词语谜,如字类谜、词类谜、句类谜等。狭义的字谜,指单个汉字的谜语。后者注重文字形体的组合及偏旁部首搭配,要从形态、功用和意义上对谜底汉字各个组成部分作多角度描绘,词句简短,行文措词和谜面修辞技巧也比较高。

字谜由三个部分组成:谜面、谜底和谜目:

谜面是猜谜时说出来或者写出来给人做猜谜线索的话语。字谜的谜面,一般要借助事物的形象,将谜底汉字的主要特征鲜明生动地描述出来。与此同时,它还要对谜底的主要内容,如汉字的笔画、形状或者汉字的意义等典型特征作高度集中的概括,为人们寻找和揭示谜底提供线索。一个好的谜面,既含蓄委婉,隐晦曲折,又与谜底汉字密切结合,具有暗示性。

谜底,就是要人去猜测的本字。

一个完整的字谜,在谜面、谜底之外,还要有谜目。谜目,是隶属于谜面,对谜底范围和数量起某种限定作用的词语。因为谜语的范围相当广,它不仅包括字谜,还包括物谜和事谜。为了使猜谜者明确所要影射的究竟是哪一类谜底,就要在谜面当中使用谜目,规定出谜底的大致范围。如字谜谜面结束的时候,用括号说明"打一字",以便人们明白这条谜语是用来猜字的。在字谜中,谜目的另一特殊功用是来区分一面一底谜和一面多底谜。一面一底谜,就是一个谜面只有一个谜底。绝大数字谜都属于这种类型。一面多底,就是一个谜面有两个或两个以上的谜底。这也是字谜中经常用到的。

2. 成语接龙

成语是我国文字、文化、文明的一个缩影。成语接龙是中华民族传统的文字游戏,是一种老少皆宜的民间文化娱乐活动。其基本方法是用四个字成语的最后一个字与下一句成语的第一个相同的字,首尾相接不断延伸,形成长龙。在成语接龙中,第一句成语称为龙头句,该成语的第一个字则称为龙头字。同时把首尾相接的这个字,称为关节字。

成语接龙的一般规则:

1. 龙头字必须是主题词中的任意一个字,体现鲜明的活动主题。
2. 前后两句相接成语的关节字必须是同一汉字。
3. 成语必须由四个字组成。
4. 在同一龙头字下的成语不得有重复。
5. 所选用的成语必须是一般成语词典上能查到的成语。

四、哲理性的思考

中国的方块汉字智慧灵秀,奥妙无穷。每一个汉字都承载着丰富的文化信息,具有丰富的思想内涵。很多汉字不仅组词能力十分强大,而且富含哲理,给人以多方面的启示与思考。解析汉字,可以感受其丰富的思想内涵、神奇的魅力和深邃的哲理。例如:

1. "人"字虽只有两笔,一撇一捺,一笔指自己,一笔指他人;对于每个人来讲,只有和他人相互支撑,才可望立于不败之地。

2. 什么是"道"?上面是个"首",下面是走之。道就是要多走多看,多用脑袋想。不走不看空想,走走看看不想,永远都明白不了道理。孔子周游列国,见多识广,最终才成为圣人。因此,走出去,才能发展。

3. "出"字就形体来看:困难总是一山碟着一山,坚持才是唯一的"出路";只有明白山外有山,不断攀登,才有"出"人头地之日。

4. "不"和"土"结合,变成了"坏","不"和"好"结合,变成了"孬"。那看来就是"不"的问题了,和谁结合都好不了,给它一个"好","不"没有变好,"好"反而就坏了。

5. "王"字义解:"三极者,天,地,人","王"字中的每一横代表一个要素,一竖代表上下贯通,贯通"天地人"三者,才能为"王"。

总的来讲,汉字是国学赖以产生和存在的基础,也是国学的核心内容之一。对中国国学的一切研究,首先应当从研习和精通汉字开始——精通了汉字,不仅易于理清国学研习的思路,而且可以使学习者更加深透地理解国学的全部内容。

第七节　汉语——人类思维的利器

汉语不仅是中国人思维的第一工具,而且约定俗成的汉语语法规则直接决定着中国人的思维方式。汉语语词的简洁和语法的简约,又直接决定了中国人思维的直接性和快捷性。汉语词汇本身具有形象的直接唤起性,可以为形象思维活动加速,直接促使创造性思维能力的发展。总之,汉语是中国人思维的第一利器,一个中国人要想有一个良好的发展,首先必须学好汉语。

语言是思维的工具。大量的对比实验结果显示:使用汉语的中国人的思维速度比使用英语的美国人的思维速度快。这也就是说,运用汉语的思维速度要比运用英语的思维速度快。这其中的奥妙在哪里?

一、汉语的词汇以单音节和双音节占绝大多数,语音对语义的区分度极高。一般情况下,人们感知到汉语的音节后会在极短的时间内对其所表示的语义作出判定。英语则不同,一个单词常常由多个音节组成,并且单个音节没有对应的语义,人们感知多个音节后,经过较为复杂的思维过程才能判定其一组音节所表示的语义,这样一来,整体思维速度就大大降低。

二、对于思维品质完全相同、单位时间内感知和处理语言信息数量相同的人来讲,多音节词比单音节词和双音节词的感知速度要慢,自然其思维速度就慢。最明显的对比就是日语与汉语。很多汉字让日本人念,必须用两个或者三个音节,中国人只需一个。假设一个汉字对应日语的两个音节,那么,日本人接受信息的速度只有中国人的一半。有人还做过这样的比较实验:用英语和汉语背诵乘法口诀,汉语用了30秒,英语用了45秒。这一事实也说明借助于汉语思维比借助于英语的思维速度要快得多。

三、从脑认知科学的角度讲,语义是思维唤起、维系和加速的原动力,语词所表达的语义是否显露和易于感知,直接影响着人的思维速度。汉语的词汇不仅形义一体、音义紧密关联,而且词的结构简单、语义中心明确,这样两个方面的优点决定了汉语词汇的意义十分显露而易于感知,其对思维的维系性和加速作用十分明显。反过来看,拼音文字组成的词汇音义没有必然联系,思维者在经过识别和综合判断后才能明白其表达的意思,这中间多了两个环节,整体思维速度势必受到影响。与此同时,由于无意义的拼音符号组成的词语义的感知具有间歇性,思维的加速度也受到极大地制约。

四、由于构成汉语词的语素本身具有明确的意思,因此汉语词汇的语义比较明晰,有相当一部分情境性、形象性都十分突出,对人们形象思维的唤起性、加速性都十分强,极易促进人们创造性思维能力的快速发展。

五、汉语的语法十分简洁,虚词数量相对较少,句子十分精炼,常常用一个字符表达一个完整的意思,用几个字符表达完整意思的时候更多,需要瞬间感知的字符量相对很小——很多时候,汉语一句话的字符数比英语的一个单词字符数还要少,因此,运用汉语思维的速度相对要快得多。

总之,与拼音文字支撑的语言相比,汉语词汇的构成字符量最小,但语义的概括性最强,信息传递量大且速度很快——汉语是人类宝贵的思维利器。特别是对于以汉语为母语的中国人来讲,其识字过程本身就是对事物的认知过程,解词过程本身就是对事理的认识过程,理解句意的过程本身就是联想、想象和逻辑推理能力发展的过程,与此同时,汉语的语法规则决定了中国人的思维逻辑,因此,汉语是中国人思维的第一利器。一个中国人,要想一生得到良好的发展,首先必须学好汉语,舍此,没有更直接的路径。

第八节 汉语的魅力

汉语作为世界上现存的以象形文字为基础的语言,文字高度统一和规范,语法简洁,音韵和美,词汇的衍生与兼容性很强,语言形式十分简洁,但语言逻辑十分严密。概括起来讲,汉语的巨大魅力主要体现在以下几个方面:

一、音韵和美

汉语语音的最大特点是一字一音节,并且每一个音节必含元音,并且以元音为主体和韵尾,这样的语音结构决定了汉语音韵和谐优美。因为元音是乐音,辅音是噪音。因此,用汉语写成的篇章,不论是用于朗读,还是用于歌唱,都能够将声韵的魅力发挥到极致。这其中还有一个重要的原因是,一个汉字一个音节,不论是读得短促也好,延长节拍也罢,节奏的随意处理并不影响单字所表达的基本语义。一个单词多个音节的拼音文字就不具备这样的优势,因此其音韵就难以和汉语比美。此外,汉语句子的强调重音可依其语义表达的不同分层次进行处理,这一点拼音文字也不具备。

正是因为汉语的音韵十分和谐优美,所以中国的古典诗词朗读起来具有一种特殊的听觉感染力,并且借助于节奏和声调的变化能够把感情抒发得淋漓尽致。用汉字填词的歌曲,一个字所占的节拍可长可短,节奏舒缓自如,更易造成跌宕起伏的音乐效果,使音乐艺术的感染力得到最大限度的发挥。

二、启迪智慧、活力无限的文字

汉语以象形的汉字为载体,具有强大的益智性和恒久的生命力。汉字本身是表意文字,具有很强的形象启示性,很多用象形手法造出来的汉字,能够引发人的联想,这样,不仅字义容易理解,而且能够促使思维的发展。汉字的启智性也决定了汉语在发展人的创造性思维能力方面具有独特而显著的功效。国内外的大量研究表明:说汉语比说英语能更多地使用右脑,使用汉语的人智力更好。当然,汉语不仅仅属于我们中华民族,它属于全人类——全人类都可以利用汉字来训练创造性的思维能力。

汉字由事物的形象而来,世界的永恒和事物的生生不息决定了汉字形体的稳定性,而语言载体的稳定也直接决定了语言的生命力。正是因为这一点,汉语是世界上生命力最强大的语言,其顽强的生命力主要表现在这几个方面:一是延续性。现在的中国学生,可以朗朗上口地诵读2000年前的《诗经》,其主要一点就在于汉语的延续性。正因为其延续性,人们才能读懂上古的篇章,了解远古的历史。二是强大的同化力。历史上每一次外来民族入侵、占领中原之后,过不了多久,就开始说汉语,最终遗弃了自己的民族语言,成为汉语的传承者。三是无与伦比的凝聚力。中国是一个多民族的国家,疆域辽阔,方言众多,尽管他们的口语交流障碍重重,但只要有方块字在,他们的心就息息相通。

三、"海纳百川"的词汇系统

汉语的词汇兼容性极强,它可以吸收任何语言的新鲜词汇以丰富自身,并且可以随时借用其他语言的词汇而不减自己的魅力。如余光中《听听那冷雨》中的一段话:"太初有字,于是汉族的心灵,祖先的回忆和希望便有了寄托。譬如凭空写一个'雨'字,点点滴滴,滂滂沱沱,淅沥淅沥淅沥,一切云情雨意,就宛然其中了。视觉上的这种美感,岂是什么rain也好pluie也好所能满足?"在这段文字中,不仅用了法语的"pluie",而且用了英语的"rain",汉语自身的语言魅力未受到丝毫影响。此外,大量的音译外来词进入汉语语汇系统,也使汉语的表现力大大增强。

不仅是对外来词汇的兼容性很强,汉语的语素绝大多数是基本意义十分明确的单字,组合自由,构词功能十分强大。再加上汉语的词汇以双音节词居多,因而,词汇的生成十分容易,不论什么样的新概念产生,都能在短时间内构造出绝大多数人都能理解的词语来。

四、简洁的语法

中国有句话:"大道至简。"用这句话来形容汉语的语法再恰当不过了。汉语语法非常简洁,十分规范而又具有极大的包容性,逻辑性特别强,表意十分严密。这一特点既使得汉语学习变得十分轻松愉快,而且又能够促使人的思维能力大大提高。例如,我们在这里讲"我在老地方等你",这句话的中文句子词语自然衔接,语序与人们的思维逻辑完全一致,十分简洁;其英文句子 I'm waiting for you at the old place 中不但有 am\for 两个词起着"粘合"句子的作用,而且语序与人们正常的思维习惯不相一致。只要加以比较,繁简一目了然。

汉语的语法规则不仅十分简洁,而且自上古时期至今,变化较少且规律性很强,因此,我们今天还能够轻松地阅读和理解上古时期的各种文献资料。例如,"泰山不让土壤,故能成其大;河海不择细流,故能就其深"(李斯《谏逐客书》)这两句话是两千多年前的古文中的句子,但今天的人们都能够明白其意思,主要在于词义、语法规则等都相对的稳定。

第九节　汉语是人类语言的未来

随着信息技术的发展,尤其是汉字计算机输入技术的不断成熟,原来被世人视为汉语缺陷的东西已经不复存在。不仅如此,随着人类认识科学的发展,汉语的巨大优越性已经被世界各国的语言学家和认知科学家所公认。今天,汉语正凭借其独有的魅力走向世界。

一、人类最容易掌握的语言

大量的比较实验证明,汉语是目前人类语言中最容易学且最好用的一门语言。下面我们以汉语和英语的学习为例加以比较。

从表面上看,构成英语单词的 26 个字母十分简单,但这 26 个字母绝大部分只有读音,没有语义,连"词素"(汉语称作语素)都不是,因此,这些字母本身自由构词的空间微乎其微——它们只有相互组合构成"词素"之后,才能自由组合成词。也就是说,英语的 26 个字母仅仅相当于汉语中汉字的笔画。而用这样的"笔画"来组字,根本不可能像汉字笔画那样自由组合,只能是线性排列,排列出来的"文字"识别起来也不易。这一点我们在第一章已经讲过了,在这里就不再赘述了。

英语的词素分自由词素和粘附词素两大类,其中"自由词素指本身具有完整意义并能作为'简单词'单独使用的词素,如 boy(男孩)、girl(女孩)……"(上海外语教育出版社出版、章振邦主编《新编英语语法教程》2003 年 12 月第 4 版第 2 页),粘附词素是指黏附在自由词素上充当词缀的词素。由于英语词素本身的意义与"形"没有必然的联系,是人为附加上去的,因此,用英语词根拼合而成的英语词汇,在记忆时并不能像汉语词汇那样凭词的结构直接进行意义解读和识记,而是必须根据构词的每个词根的意思,经过一系列推想、综合和确认之后,再进行强记,这就是说,仅过"识字关"这一项,学习英语就比学习汉语难得多。况且,要记住一个由无意义的拼音字母组合而成的单词,比记住一个汉字或一个汉语的双音节词要难得多。例如,我们汉字中笔画最多的字"𰻞"(图 3-9-1),这个"𰻞"(读 biáng)字是汉字中笔画最多的一个字,共 56 画,就是这样一个字,人们用口诀记忆它,也要比记住由二十多个字母组成的单词容易得多——这个字的记忆口诀是"一点飞上天,黄河两道弯,八字大张口,言字往里走。西一扭,东一扭。左一长,右一长,中间坐了个马大王。心字底,月字旁,右边立刀比较长。同坐一车逛咸阳"。这也从一个侧面说明:汉字的创造确实是一个奇迹。

图 3-9-1

汉语的单音节词绝大多数只有一个汉字,可以察形识义,在察形识义的基础上可以采用事物联想记忆,这样不仅记得快,而且记得牢。相比之下,即便是英语中最简单的单词也需要强记,其学习难度可想而知。

从另一个角度看,汉语的构词语素绝大部分是可以独立成词的汉字,并且这些单音节词的词义具有很强的概括性,加之汉语词的构造规律性强,语义中心明确,很容易触类旁通,学习起来十分轻松。例如,只要掌握了老、幼、大、小、公、母几个字(单音节词),不管是鸡狗猫兔,还是猪马牛羊,只需识一个字就认识了一群。如在掌握了上面 6 个字的基础上,认识了"鸡"字,公鸡、母鸡、老鸡、小鸡等就无一不认识了,认识了"牛"字,公牛、母牛、大牛、小牛就没有不认识的了。英语则不同,来一群牛,你得一个一个记住它们,"公牛"来了,你得至少记住 bull,ox,toro 三个单词才能完全认识它,"母牛"来了,又有 cow,bossy,crummie,moggy 四个单词需要你记忆和分辨。如此巨大的记忆量,对于以英语为母语的人群来讲,已经是不堪重负。对于把英语作为第二语言的人来讲,精通的难度就更大。当然,对于少数的天才来讲,另当别论。

从语法的角度看,汉语句子相对于英语句子,在严密表意的情况下,要简洁得多,阅读感知量要少得多。一个很重要的证据是,联合国用五种工作语言写成的文本中,汉语文本是最薄的。

从应用的角度看。对于英语国家的人来讲,不掌握上万单词,没法正常读书看报;不掌握 5 万以上的单词,不能进行某一领域的深入研究;而对于那些从事综合研究的人士而言,往往需要掌握 10 万单词。随着当代信息量的增加,英语单词的识记必将成为沉重的负担。相比之下,汉语就显得十分的轻松:只要掌握 3500 个常用字,读书、看报、搞研究都没有任何问题。

二、应用得心应手的语言

汉语是十分简洁和平易的语言,不仅易学易通,一次学好,终身受益,而且应用起来得心应手。

1. 语义浅显、易懂,可以轻松意会。汉语词汇中的实词直接与事物概念相对应,意思浅显明了,可以"望文知义"——一篇文章即使有许多字不认识,也不影响阅读。即便是阅读古汉语,哪怕有很多不认识或者不明白意思的字词,但只要联系上下文一琢磨,就能大概理解它的意思;而英语就不同,一篇文章中哪怕只有几个关键单词不认识,都很难读懂。

2. 良好的贯通性。由于汉语的字符直接与事物的概念相对应,语义的贯通性很强,即使专业用词语,一般人也能轻松理解。

在科技专业用语的表达方面,无论是翻译外语专业词汇,还是自创专业词汇,汉语都有着欧美语言所不具备的独特优势。如关于 internet 一词,日语翻译为インターネット,这一音译词,对于不曾上网的日本人来讲,如果不查词典,就很难知道它是什么意思。同样是 internet 这个词,中文翻译为"互联网",即便是不上网的中国人,只要知道"互""联""网"三个汉字的意思,也能意会出"互联网"一词表达的意思。

事实上,英语中很多科学的专业词汇,就连以英语为母语的人,如果不是该专业的,也难以理解。比方说,electroencephalography,即便是英美的高中生,甚至大学生,若非医学专业,几乎都不知道该词的意思,使用时,也只能是死记硬背。但与此对应的汉语"脑电图"一词,别说高中生、大学生,只要是上过学,知道"脑""电""图"三个字的意思的中国人,就是猜也能猜到该词的意思是"脑电波图"。

汉语具有极强的兼容性,用汉语写成的学术论文可以由汉语、阿拉伯数字和西方拼音文字混用而成,但在英语论文中却很难融入一个汉字;中国的物理学专家可以凭借他在中学时代的化学基础知识通读化学专家的论文,而英美的不同行业的专家要交流他们的学术成果,首先遭遇的是文字的难关——因为不借助于专业词典,他们就无法阅读用英文写的专业论文。

3. 一次学习,终身受用。对于以汉语为母语的人来说,只要掌握了最常用的两千个左右的汉字,就可读懂百分之九十五的流行于社会的一般文本,而且丝毫不会感到有任何阅读方面的困难。这在西方语言的文字里是无论如何也办不到的。

学过外语的,无论英法德俄,日意西葡,都知道有所谓的"专业词汇",一门专业一本(甚至多本)词典。其"语文"同知识一样,也必须"活到老学到老",需要用一生的时间来学习,其任务之艰巨,难度之大,也就可想而知。

唯独汉语是个例外。一个人只要小学毕业，已足以供他在日后的阅读生涯中应付。无论将来从事何种专业，也无论该专业将涌现多少新术语，都一律采用"增词不增字"的方式从容应对，故而从无"专业词典"一说，凭一本《新华字典》便可畅行于所有专业之间。外国人到中国留学，也有这种体会。只要过了语言文字关，就可以毫无困难地学习各种专业——包括使用不少古汉语的中医。

三、巨大的发展空间

人类发展到今天，科学创造不断出新，新生事物不断涌现。每当一个新生事物产生时，英语必须造一个新的单词来给它命名。由于英语的词根有限，且很多词根的位置固定，不能自由使用，与此同时，大多数词根又是由三个以上字符组成的，因此，单词越造越长，其数量在迅速增加，人们学习英语的负担越来越重。毫不夸张地讲，这一现状对于以英语为母语的人群来讲已经疲于应对，对于把英语作为第二语言的人们来讲就更加困难了。这样下去，英语学习将会使人们不堪重负。

汉语就不同了——汉语的语素主要是表示实在意义的单字，这样的语素可以自由组合新名词、新概念，以表达新思想，可以从容应对信息和知识爆炸的冲击而不会给人们带来识别上的压力。譬如"火箭"这一新生事物出现了，汉语只需用"火"与"箭"两个字采用偏正构词法就可以构成一个新词；而英语却要用多个字母组合来造一个新的单词：rocket 或者 missile，一个是 6 个字符，一个是 7 个字符，且意思深埋在字母的背后，其识记难度要大得多。

不仅是组词十分容易，识记十分方便，更重要的是，汉字构词的空间是十分巨大的，仅双音节词而言，用两千个常用汉字自由组合，就可以组合成双音节词 1999000 个。这也就是说，汉字构词的空间巨大，且一个词的字符数不会被迫增加，其简约性将继续千年、甚至万年地保持下去。

值得注意的是，近年来，我们对于汉语词发展空间的保护有所忽视，在汉语词典编撰中，轻易地将一些"音译词"和一些意思并不严密的"新词"收入到词典当中，既侵占了汉语词汇发展的空间，也损害了汉语的严谨性。例如，《现代汉语词典》第 6 版（中国社会科学院语言研究所词典编辑室编、商务印书馆 2012 年 6 月）中收入的"运思"一词，其词义不仅与原有"构思"一词的意义完全重合，而且从词法上讲不是十分严谨，这样的词收入词典中，既没有大的应用意义，同时又会造成应用上或多或少的混乱。切望这一问题能够得到广大有识之士的高度重视。

第四章　中华美德与中国精神

中国文化产生于仁善的土壤，以扬善为主导思想，向来倡导人们存善念、树善德、立善言、行善举，力求通过个体的善心塑造和善行促成而使群体和睦相处，最终实现社会的和谐。因此，中国文化是以伦理道德为核心的文化体系。

中国传统伦理道德是中华民族在长期的生存实践中所创造的、能够凝聚民族思想与精神的重要文化元素，是中国传统文化的核心内容，也是备受世界各国人民关注的一个人类文化亮点。中国传统伦理道德在维系中华民族的团结统一、塑造民族精神等方面发挥了极其重要的作用。

第一节　中国传统伦理道德思想概述

中国文化是一种崇德性文化，中国传统伦理道德思想是中国传统文化思想的核心要素之一。中国伦理道德思想不仅是人们"修身"的标准和行为指南，而且是人们正确处理人与人之间关系最基本的行为准则。中国传统伦理道德思想不仅是提高人们道德素质、强化人们道德精神的法宝，而且是维护社会和谐的利器。

一、传统伦理道德与中国文化

中国传统文化是以伦理道德为核心内容的一种文化。伦理道德思想不仅贯穿于整个中国文化发展的始终，而且渗透于中国文化的方方面面。

就伦理道德思想的形成与发展来讲，它始终是中国文化的主流。中国有文字记载的历史就是一部道德史。《淮南子·修务训》说："（炎帝）尝百草之滋味，水泉之甘苦，令民所避就。当此之时，一日而遇七十毒。"《通志·三皇记》载："（神农）一日间而遇七十毒。"这些记载表明，炎帝为了不让百姓受病疾之苦，他遍尝各种草药，历经九死一生。这是一种无私奉献和为民众而不惜牺牲自己的精神。

在殷墟的甲骨文字里有"礼""德""孝"等文字，出现了所谓"六德"，即知、仁、圣、义、忠、和的提法。

春秋时期，孔子整理《六经》，将其作为中国道德的思想范本。不仅如此，孔子还从自己的政治理念出发提出了他全面系统的道德思想。他以"仁"作为最高的道德境界,将"孝""悌""礼""信"等德目置于其下,形成了中国最早的道德学说。

战国时期,孟子上继孔子,提出了"仁""义""礼""智"四德说,并提出"五伦",即父子有亲、君臣有义、夫妻有别、长幼有序、朋友有信的伦理原则。

到汉代,董仲舒提出了仁、义、礼、智、信"五常"(《举贤良对策》)说。宋元时期,人们在管子的礼义廉耻上,配以孝悌忠信,就成了"孝、悌、忠、信、礼、义、廉、耻"八德。

纵观中国文化发展的历程,每一个时代都有其为绝大多数人认同的道德规范,伦理道德思想深入人心,维系着社会的和谐。

就伦理道德思想对其他文化元素的影响来讲,不论是中国古代哲学、史学,还是中国古代文学、艺术,都受到了中国伦理道德思想的影响。例如,中国的汉字书法重视真善的表现,强调字如其人,由字的结体看人的品德和心性。如图4-1-1这两个字,字的结体端正、平稳,笔画舒展大方、行止有度,由此可知书者为人正直、大度、谦虚等优秀品质。此二字很好地体现了中国文化所倡导的道德精神,所以堪称佳作。

图4-1-1 刘会芹书法

受伦理道德思想的影响,中国哲学中的人生哲学思想以强调做人有道、有德为根本。老子说:"万物莫不尊道而贵德"。孟子说:"饱食暖衣,逸居而无教,则近于禽兽。圣人忧之,使契为司徒,教以人伦。"(《孟子·滕文公上》)孔子说:"富与贵,是人之所欲也;不以其道得之,不处也。贫与贱,是人之所恶也;不以其道得之,不去也。"(《论语·里仁篇》)

在中国史学精神中,将以史教化作为立史的的一个原则,自觉地将教化用意熔铸于史著之中。如唐玄宗接受裴光庭编修《续春秋传》的提议,即将"正人伦而美教化"作为宗旨(《册府元龟》卷五五六《国史部·采撰二》),明宪宗认为史书"劝于为善,惩于为恶,正道由是而明,风俗以之而厚,所谓以人文化成天下者,有不在兹乎!"(商辂《续资治通鉴纲目》卷首御制序)。

中国文学向来强调"文以载道",追求真、善、美的统一,将道德教化作为其重要的内容和创作使命。

总之,中国传统伦理道德在中国传统文化中处于核心的地位,对于中国文化精神的形成以及中国文化的发展产生了极其深刻的影响。

二、中国传统伦理道德思想的基本内容

中国传统伦理道德思想底蕴深厚,内涵丰富,其中不乏反映中华民族崇高精神和道德风尚的思想精华,以及体现全人类道德文明的具有积极思想价值的道德智慧。概括来讲,中国传统伦理道德思想主要表现为以下几点:

1. "公忠"的道德精神

中国传统道德的基本精神是主张在个人利益与整体利益发生矛盾冲突时,应以国家、民族利益为重,牺牲个人的私利。从《诗经》的"夙夜在公",到范仲淹的"先天下之忧而忧,后天下之乐而乐",直到孙中山的"天下为公",都渗透着"国而忘家,公而忘私",为国家、民族利益而牺牲个人利益的思想。

正是由于重视整体利益,把国家、民族利益放在首要位置的根本道德价值取向,中国传统道德在个人与他人、社会、群体的关系问题上,始终强调舍己为人、先人后己和大公无私。

2. "仁爱"思想

"仁爱"既是一种处理人际关系的道德准则,又是建立和谐的人际关系的道德智慧。孔子说,仁者"爱人",要"己所不欲,勿施于人。"(《论语·卫灵公》)"夫仁者,己欲立而立人,己欲达而达人。"中国传统的"仁爱"思想强调:要做到"仁",就应当做到恭、宽、信、敏、惠。即要替别人着想,同情人,敬重人,相信人,关心人,帮助人,待人以诚,施人以惠。这是一种十分可贵的道德精神。

3. "修身为本"的思想

修身是中国传统伦理道德中最具文化价值的思想。关于修身,孔子强调"修德""克己""正身""修己"。孟子强调"存其心,养其性,所以事天也。"(《孟子·尽心上》)荀子说:"扁善之度,以治气养生,则身后彭祖;以修身自强,则名配尧、禹。"(《荀子·修身》)从内容上讲,修身就是要正心、弃物欲、去杂念,保持心地平和,净

化、纯化自己的意念,不自负,严格要求自己,经常解剖自己,不掩饰自己的"不善",逐步达到至善的境界。

修身为本的思想旨在引导人们在基本物质需要得到满足的情况下,追求崇高的精神境界,力求做"富贵不能淫,贫贱不能移,威武不能屈"的"大丈夫"和无私奉献、舍生取义的"君子"。要有"为天地立心,为生民立命,为往圣继绝学,为万世开太平"的高尚道德理想。

4. "重义轻利"思想

中国传统伦理道德强调在世俗生活中尚义不尚利,提倡先义后利,以义制利。孔子告诫人们要"见得思义"。孟子在孔子的思想上更进一步,认为"何必曰利?亦有仁义而已矣"(《孟子·梁惠王上》)。董仲舒提出:"正其谊不谋其利,明其道不计其功"(《汉书·董仲书传》)。"重义轻利"这种道德思想旨在引导人们在处理"义"与"利"的问题时,把代表整体利益的"义",放在代表个人利益的"利"之上,强调"先义后利",主张"见利思义",反对"见利忘义"。

三、中国伦理道德学说举要

中国传统伦理道德以家国观念为基础,以家庭伦理思想和政治伦理思想为基点,经过长期的道德实践积累,逐步发展,最终形成了完备的思想体系,产生了多种具有影响力的道德学说。

(一)伦理思想学说

中国的伦理思想体系可分为两个部分,一是家庭伦理思想体系,二是政治伦理思想体系。

中国传统的家庭伦理思想,以"孝"为核心。其最具影响力的学说主要有三:《尚书》提出"五教",即父义、母慈、兄友、弟恭、子孝。孟子提出"五伦",即"父子有亲,君臣有义,夫妇有别,长幼有序,朋友有信"。《礼记·礼运》主张"十义",即"父慈、子孝、兄良、弟悌、夫义、妇贞、长惠、幼顺、君仁、臣忠"。这几种学说都从人与人之间不同关系的角度,规定了每个人为维护良好的人伦关系应当遵守的基本道德准则。

中国传统的人伦思想强调个人在不同的关系中应当遵守相应的道德义务。儒家特别重视家庭伦理关系的和谐有序。对长辈的"孝"即尊敬、善待,对下辈的"悌"即关心、爱护,被认为是一切道德的根本。不仅如此,儒家认为,一个有道德的人不但要孝敬自己的父母,而且还要敬重其他的老人;不但要悌爱自己的幼小之辈,而且还要关怀其他人的幼孺。孟子说:"老吾老,以及人之老;幼吾幼,以及人之幼"。这是十分崇高的人伦精神。

中国的政治伦理思想，以"忠"为核心。"忠"包含几层意思：一是忠君，二是忠于国家利益，三是忠于事，即尽心做事。这其中，最重要的是忠于国家利益，即一切都以国家的整体利益为重。

(二) 道德思想学说

中国传统道德思想体系内涵博大，学说众多。其中，最具影响力的主要有以下几种。

1. "四维"说：礼、义、廉、耻

四维的说法，最早见于《管子》。维，原指系物的大绳，引申为事物的纲本。管仲把礼、义、廉、耻四种道德看作治国的四个纲，故名四维。《管子·牧民》："礼义廉耻，国之四维，四维不张，国乃灭亡。""国有四维，一维绝则倾，二维绝则危，三维绝则覆，四维绝则灭。倾可正也，危可安也，覆可起也，灭不可复错也，何谓四维？一曰礼，二曰义，三曰廉，四曰耻。礼不逾节，义不自进，廉不蔽恶，耻不从枉。故不逾节，则上位安。不自进，则民无巧诈。不蔽恶，则行自全。不从枉，则邪事不生。"后面一段话强调了礼、义、廉、耻对于维护社会安定与和谐的重要作用。有礼，人们就不会超越应守的规范；有义，就不会妄自求进；有廉，就不会掩饰过错；有耻，就不会趋从坏人。人们不越出应守的规范，为君者的地位就安定；不妄自求进，人们就不巧谋欺诈；不掩饰过错，行为就自然端正；不趋从坏人，邪乱的事情也就不会发生。

2. "五常"说：仁、义、礼、智、信

孟子上继孔子，提出了"仁、义、礼、智"四德说，董仲舒将其扩充为"仁、义、礼、智、信"，即"五常"。五常不仅是五种基本的道德规范，而且形成并高度概括了中华传统道德的核心价值理念和基本精神。

"五常"说中的仁、义、礼、智、信是儒家从古代众多的德目中概括、提炼出来的五种最基本的道德规范。在中国古代社会中，这五种道德规范是处理人与人之间关系的最基本的行为准则，也是个人修养的最主要的内容。它贯穿于整个道德生活之中，深刻地影响着中华民族道德素质的培养和道德精神的形成。

仁的核心是"爱人"，即仁者应该同情、关心、爱护、尊重、帮助他人，时时处处以己推人，为他人着想，"己欲立而立人，己欲达而达人"(《论语·雍也》)。

义的核心是应该、合理。孔子提出的"见得思义"，是指在利益面前，要首先考虑是否应该、合理的问题。这一思想并不否定人们对个人利益的追求，而只是要以义作为衡量其行为的标准。孟子发展了孔子的这一思想，认为在生命和道义之间发生矛盾冲突，二者不能兼顾时，应该舍弃生命而取道义。这种"舍生取义"的价值取向，作为中华民族精神的一个重要内容，激励了历代无数仁人志士为正义事业而艰苦奋斗。

作为"五常"之一的礼,主要是指人们具体的行为规范。礼就是仁的外在规范,是义的具体形式,是仁义的贯彻与外显,而仁、义则是礼的内在实质。在儒家看来,礼与仁义是紧密联系起来的,离开仁义,礼就只是虚伪的形式;离开礼,仁义也就成为无从落实的空谈。

在儒家伦理思想中,智主要指道德认识和道德理性。智的道德内涵主要包括以下几个方面:第一,知道遵道;第二,利人利国;第三,自知知人;第四,慎言慎行;第五,见微达变。此外,还包括好学知过、量力而行、居安思危等等。

作为人际交往的行为规范,信的基本要求是真诚相待、诚实不欺,讲究信誉,信守诺言等。孔子就说过,"与朋友交,言而有信"(《论语·学而》),"信则人任焉"(《论语·阳货》)。

3. "四字"说:忠、孝、节、义

忠、孝是中国社会基础性的道德价值观,节、义是做人的基本准则。不论是从历史的角度,还是从现实的角度看,都有着极其重要的意义。

首先,从"忠"来看。爱自己的国家和民族,这是做人起码的准则。只有爱自己的国家和民族,为维护自己的民族利益而努力,才能获得人们的拥戴。如北海牧羊而气节不改的苏武,抗金英雄岳飞,都是"忠"的楷模。

其次,从"孝"来讲。孝最基本的内涵是子女对父母的孝。《礼记》:"孝有三:大尊尊亲,其次弗辱,其下能养。"孝最首要的含义是尊亲。孟子:"孝子之至,莫大乎尊亲"。现在说孝,往往指子女赡养父母、晚辈赡养长辈,其实,尊敬先于赡养。知父母养育之恩,以感恩的心敬之、养之是人最大的美德。

再次,从"节"来说。人要有骨气。孟子说:"富贵不能淫,贫贱不能移,威武不能屈,此之谓大丈夫。"

最后说"义"。义是人的大德,是做人必须恪守的行为准则。对国家民族——尽忠义,对父母长辈——行孝义,对亲人——重情义,对朋友——讲信义。

4. "三达德"说:智、仁、勇

《论语·子罕》中讲到君子的"三达德",即"智者不惑,仁者不忧,勇者不惧"。三达德之说指出了做人和做事的理想境界。做事"仁"字当头,不仅能够彰显个人的人格魅力,而且能唤起人们感情的趋同与追随,凝聚人心,成就事业。做事保持清醒的头脑,以理智的态度辨是非,明利害,既自知,又知人,"苦思以求其通,躬行以试其效"(曾国藩《挺经》),"运筹帷幄",就能稳操胜券。做人要有"勇"气,无论在什么情况下,都敢于坚守道义,坚持真理。这样方能成大器,立大业。在中国传统道德体系中,"勇"的含义很广泛,孟子的"舍生而取义",文天祥的"人生自古谁无死,留取丹心照汗青",司马迁的"视死如归"等都是"勇"的具体表现。

第二节　中华传统美德

中华民族的传统美德,是中国人心目中完美人格的标准,也是中国人一致认同的行为准则。大力弘扬中华民族的传统美德,对个人来讲,能够使人清心寡欲,心境平和,宽容仁爱,乐观向上;对整个社会来讲,具有维持社会和谐与稳定的巨大推动力。中华传统美德的内涵十分丰富,现举例说明如下。

一、勤劳俭朴

勤劳是中华民族的第一美德。从华夏始祖炎黄二帝,到中华道德榜样尧、舜、禹等,勤劳的美德不断被发扬光大。据《世本·作篇》等各种文献记载,黄帝的发明创造多达30余项。这些发明和创造的取得,不仅仅需要智慧,而且需要勤奋。

舜自小家境清贫,打小就从事各种体力劳动。据文献记载,他在历山(又称舜山、舜耕山)耕耘种植,在雷泽打鱼,在黄河之滨制作陶器。以自己勤劳和善良感召了人们。《史记·五帝本纪》载:"舜耕历山,历山之人皆让畔;渔雷泽,雷泽上人皆让居;陶河滨,河滨器皆不苦窳(yǔ)。"

大禹受帝命治水,不辞劳苦,尽心尽力,凿山通泽,疏导河流,终于使洪水得制,使百姓安居乐业。《韩非子·五蠹》载:"禹之王天下也,身执耒锸,以为民先,股无胈(bá),胫不生毛,虽臣虏之劳,不苦于此矣。"

周文王贵为天子,经常下地干活。西汉文景二帝,经常到田间劳动……从古到今,中华民族勤劳的事迹举不胜举。

在褒扬勤劳这一美德的同时,中华民族历来崇尚俭朴、反对奢侈,把节俭视为人的一大美德。古人说:"俭则约,约则百善俱兴;侈则肆,肆则百恶俱纵。""天下之事,常成于困约,而败于奢靡。"这些话都讲了一个道理:节约是一种能治国、治家、修身的美德,浪费奢侈是败国、败家、毁身的祸根。因此,中国古代的圣哲们都崇尚"俭以养德"的思想,追求"淡泊明志,宁静致远"的人生境界。

《韩非子·五蠹》记载:"尧之王天下也,茅茨不翦,采椽不斫,粝粢之食,藜藿之羹;冬日麑裘,夏日葛衣;虽监门之服养,不亏于此矣。"从这段话可知,尧帝住的是茅草凌乱、椽子参差的简陋房子,吃的是粗粮,喝的是野菜汤,冬天披块鹿皮,夏天穿件粗麻衣。生活俭朴至此,恐怕连后世小小的门吏都做不到。

汉文帝生活十分节俭,宫室内车骑衣服没有增添,衣不曳地,帷帐不施文绣,还下诏禁止郡国贡献奇珍异物。因此,国家的开支有所节制,贵族官僚不敢奢侈无度,从而减轻了人民的负担。史料记载,汉文帝曾经想修一个露台,召来工匠算了一下,大概需要一百金。汉文帝一想,这一百金足够十户人家一年的花销。于是,建造露台之事作罢。一个帝王,节俭至此,不能不让人敬佩。

历史文献中有汉文帝刘恒履不藉以视朝的记载。草鞋最早的名字叫屦(jù),汉代称之为不藉。汉文帝时,已经有了布鞋,草鞋是当时贫民的穿着,而汉文帝刘恒履不藉上朝,做了节俭的表率。不仅是穿草鞋,就连他的龙袍破了,也让皇后给他补一补再穿。汉文帝自己穿粗布衣服不说,后宫嫔妃也都衣着素朴。

隋文帝杨坚以"节俭"闻名。他的马具坏了,让人去修,不许做新的。关中闹饥荒,他听说百姓吃的是豆粉拌糠,流泪自责,说自己没有治理好国家,并且在饥荒期间与民共苦,不食酒肉。在他身体力行的倡导下,节俭成为当时的一种社会风气。当时士人的便服多用布帛制作而不用绫罗绸缎,饰带也只用铜铁骨角,不用金玉。

二、尊老爱幼

中华民族素有尊老爱幼的优良传统。黄帝倡导尊老敬老,周文王身体力行地敬老爱幼。古代先哲们也都强调尊老爱幼,例如,孟子说:"老吾老,以及人之老;幼吾幼,以及人之幼。"孔子说:"父母在,不远游,游必有方。"(《论语·里仁第四》)

上古时代的帝舜是中华民族尊老爱幼的楷模。古书上记载,舜生活在"父顽、母嚚、象傲"的家庭环境里。父受继母蛊惑,曾几次与舜的继母,以及舜同父异母的弟弟象加害舜:他们让舜修补谷仓仓顶时,从谷仓下纵火,舜手持两个斗笠跳下逃脱;让舜掘井时,父亲和象用土填井,舜掘地道逃脱。虽然多次发生这类事情,但舜依然对父亲恭顺,对弟弟慈爱。最终,他尊老爱幼的仁善之举感动了天帝。舜在厉山耕种,天帝命大象替他耕地,让鸟代他锄草。帝尧听说舜非常善良,把两个女儿娥皇和女英都嫁给他,最后还把帝位传给他。

汉文帝刘恒也是一位尊老敬老爱老的模范。他即位不久就颁布政令,由国家供养80岁以上的老人,每月发给他们米、肉和酒;对90岁以上的老人,还要再发一些麻布、绸缎和丝棉,让他们做衣服。对于自己的母亲,他更是孝敬有加。其生母薄太后多病,他在处理完政务后,亲自在母亲病榻旁陪伴。在薄太后患病三年间,刘恒经常目不交睫,衣不解带。母亲所服的汤药,文帝都要先亲自尝过后,才让母亲服用,怕热了汤着,凉了噎着。

三、知恩图报

中华民族是一个重情重义的民族,自古以来,中国人就怀有"人敬我一尺,我敬人一丈"的人生信条。"滴水之恩,当以涌泉相报""饮水不忘挖井人""知恩不报非君子,见利忘义是小人"等,这些都反映了中华民族感恩图报的道德思想。

从古至今,关于知恩图报的美德故事不胜枚举——

鲁宣公二年(前607年),赵宣子在首阳山打猎,住在翳桑。他看到一人痛苦的样子,就关心地去询问。那人说:"我已经三天没吃东西了。"赵宣子就拿吃的给他。那人接过食物只吃了一半,留下一半。赵宣子问他怎么回事,他说:"我离家已三年了,不知道家中老母是否还活着。现在离家很近,请让我把这些吃的拿给她。"于是,赵宣子让他先吃饱,另外又为他备了一份饭菜,让他带回去。后来,晋灵公要杀赵宣子,在情况十分危急之时,晋灵公身边的一名武士突然站出来以身抵挡,使赵宣子得以脱险。这位武士就是赵宣子在翳桑救的那个饿汉。

《资治通鉴》中记载了这样一件事:秦穆公的一匹马走失,岐山脚下的农民逮着后杀了,并分给三百个人一起吃了。官吏把吃马肉的人全部抓来,要处置他们。秦穆公说:"有德的人不因为畜生而杀人。我听说吃马肉而不喝酒,就会伤及身体。"于是,便又赐酒给他们喝。后来,秦国和晋国交战,秦穆公被围,情势十分危急。那三百人听说秦穆公被晋军围困,于是便拿着武器增援穆公,在这三百人的拼死相救下,秦穆公不仅脱险,而且还擒获了晋侯班师回国。关于这件事,《史记·秦本纪》中也有记载:"秦穆公亡马,岐下野人得而共食之者三百人。吏逐得欲法之。公曰:'君子不以畜害人。吾闻食马肉不饮酒者,伤人。'乃饮之酒。其后,穆公伐晋,三百人者闻穆公为晋所困,椎锋争死,以报食马之德。于是穆公获晋侯以归。"

在知恩这一主题之下,汉唐两代都留下了美德故事。汉文帝刘恒,为感念母亲而修望母塔,唐太宗因感念母恩而建报本寺。

知恩、感恩的美德在唐太宗李世民身上表现得十分突出。大唐帝国建立后,李世民先后在全国建立了多处寺庙专门用于纪念阵亡的将士,如现在尚存的陕西长武大唐昭仁寺、彬县大佛寺都是唐太宗为纪念在浅水塬大战中阵亡的将士而建。不仅如此,唐太宗还对与自己出生入死的六匹战马不忘感恩,令人将其刻成浮雕作品,立于昭陵祭坛两侧——这就是世界雕塑典范之作的"昭陵六骏"。

四、宽厚仁爱

用"仁爱"之心去尊重人、理解人、关心人、爱护人、帮助人,是中华民族传统美德中最崇高的思想。孔子提倡"仁者爱人",认为"仁爱"是处理人我关系的准则。唯有从"爱人"出发,才能形成"人恒爱之"的彼此相爱的和谐关系。在"仁爱"思想的影响下,中国人形成了"四海之内皆兄弟","老吾老以及人之老,幼吾幼以及人之幼"的宽广情怀和安老怀少的社会风尚,具有了中华民族大家庭生活中浓烈的人情味和生活情趣。"仁爱"还表现在:但求于己,勿责他人;己所不欲,勿施于人;严以律己,宽以待人等。

《韩非子·五蠹》载:"当舜之时,有苗不服,禹将伐之。舜曰:'不可。上德不厚而行武,非道也。'乃修教三年,执干戚舞,有苗乃服。"通过这段文字,中华先祖们的仁善之心可见一斑。

从周公旦不让周武王杀殷商的俘虏,到秦献公下令废除人殉,再到唐太宗对少数民族罢兵而采取和亲政策,中华文明史上仁爱的故事讲不尽。

唐太宗即位后,放出宫女三千,还她们自由之身,让她们回家团聚;放死囚四百人,让他们回家与家人团聚一段时间,然后再来受刑服役。四百人都能感其仁德,按时回来服刑。此外,唐太宗还下旨禁止笞背等酷刑。

在待人上,中华民族一向以宽厚为美德,严于律己,宽以待人。在人与人关系中,中国人以"将心比心""以心换心"为原则和原理推己及人,设身处地为他人着想,在互动中达到人伦的和谐与人格的实现。日常生活中的"宽容大度""宽宏大量""厚德载物"等道德评价,都是中华民族宽厚品德的体现。

五、诚实守信

中国传统道德把"信"和仁、义、礼、智并列为"五常"之一,守信用、讲信义是中国人公认的价值标准和基本美德。"诚"是道德的根本。以"诚"为基础,中国人形成了许多相关的道德,如为人的"诚实",待人的"诚恳",对事业的"忠诚"等。

《韩非子·外储说》载:"曾子之妻之市,其子随之而泣。其母曰:'女还,顾反为女杀彘。'妻适市来,曾子欲捕彘杀之。妻止之曰:'特与婴儿戏耳。'曾子曰:'婴儿非与戏也。婴儿非有知也,待父母而学者也,听父母之教。今子欺之,是教子欺也。母欺子,子而不信其母,非所以成教也。'遂烹彘也。"由此可见,古人对诚信的重视和推崇。

《三国志·蜀志·诸葛亮传》载:"章武三年(223年)春,先主于永安宫病笃,召亮于成都,嘱以后事。谓亮曰:'君才十倍曹丕,必能安国,终定大事。若嗣子(指刘禅,即阿斗)可辅,则辅之;如其不才,君可自取。'亮涕泣曰:'臣敢竭股肱之力,效忠贞之节,继之以死!'"就是这一次"效忠贞之节,继之以死"的承诺,使诸葛亮在刘备死后依然尽心尽力地辅佐刘禅,做到了"鞠躬尽瘁,死而后已"。

北宋词人晏殊,素以诚实著称。十四岁那年,有人把晏殊举荐给皇帝。皇帝召见了他,并让他与一千多名进士同时参加考试。晏殊发现考试题是自己十天前刚做过的,就如实向宋真宗报告,并请求改换其他题目。宋真宗非常赞赏晏殊的诚实品质,便赐给他"同进士出身"。晏殊当职时,很少出去吃喝玩乐,大部分时间在家里读书。有一天,真宗提升晏殊为辅佐太子读书的东宫官。一些大臣不解,真宗说:"近来群臣经常游玩饮宴,只有晏殊闭门读书,如此自重谨慎,正是东宫官合适的人选。"晏殊谢恩后说:"我其实也是个喜欢游玩饮宴的人,只是家贫而已。若我有钱,也早就参与宴游了。"这两件事,使晏殊在群臣面前树立起了信誉,而宋真宗也更加信任他了。

六、重义轻利

"鱼,我所欲也,熊掌,亦我所欲也。二者不可得兼,舍鱼而取熊掌者也。生,亦我所欲也,义,亦我所欲也。二者不可得兼,舍生而取义者也。"(《孟子·告子上》)这段话就体现了中华民族杀身成仁、舍生取义的崇高道德境界。在义利关系上,中华民族传统美德强调"义以为上"、"以义统利"、"先义后利",要求"见利思义"、"见得思义"。孔子说:"君子喻于义,小人喻于利。"认为重义者为君子,而重利者则是小人。"人生不能无群","善群则生"。强调社会利益高于个人利益,强调个体对整体的道德义务。

七、谦和礼让

谦和礼让是中华民族千百年来崇尚奉行的立身处事的重要美德,它反映着一个人的素养和品质,也体现一个人的内在美和内在力量。古人说:"凡人之所以为人者,礼义也"。由此可见,在中国人的眼中,礼义是人与动物相区别的标志,是区分人格高低的标准。《诗经》言:"人而无礼,胡不遄死?"孔子说:"不学礼,无以立。"中国伦理文化从某种意义说就是"礼仪文化"。"礼"根源于人的恭敬之心,辞让之心,出于对长上、对道德准则的恭敬和对兄弟朋友的辞让之情。作为道德修养和文明的象征,礼貌、礼让、礼节是中华民族传统美德的体现。

"礼"和"仁德"是相互联系、分不开的,礼也就包含了谦和、谦虚、谦让。谦和礼让又是人的立身之本。骄傲自满、盛气凌人、举止粗野的人,即使一时得志,但终归难以持久。待人和颜悦色、平心静气、说话有分寸、有礼节,克己让人,宽容待人,就能充分施展自己的才华,取得做人的成功。

八、大公无私

我为人人,人人为我,这是千百年来深入中国人内心的一种道德思想。在这一道德思想的支配下,大公无私向来被视为中华民族的传统美德。《礼记·礼运篇》说:"大道之行也,天下为公。选贤与能,讲信修睦。故人不独亲其亲,不独子其子。"

《淮南子·齐俗训》记载:炎帝不仅"身自耕,妻亲织,以天下为先",而且为了大众操劳过度。《淮南子·修务训》说:"神农憔悴","圣人之忧劳百姓甚矣"。尧禅让帝位给舜,舜禅让帝位给禹,都体现了大公无私的美德。大禹治水,三过家门而不入,更是把大公无私的美德发扬光大。

总之,在长达八千年的中华文明史上,中华民族以其善良的作为,积淀成了光耀人类文化史册的中华传统美德。这些美德主要体现为公正无私、嫉恶如仇、诚实笃信、不尚空谈、戒奢节俭、防微杜渐、三省吾身、豁达大度、温良恭俭让等修身之道;敬业乐群、公而忘私的奉献精神;天下兴亡、匹夫有责的爱国情操;"先天下之忧而忧,后天下之乐而乐"的崇高志向;自强不息、艰苦奋斗的拼搏精神;"富贵不能淫、贫贱不能移、威武不能屈"的浩然正气;厚德载物、达济天下的广阔胸襟;奋不顾身、舍生取义、见义勇为的英雄气概;"以天下为己任"的社会理想;"己所不欲,勿施于人"的社会风尚,互敬互爱、和睦相处的礼仪风范等。

第三节 中华民族精神

中华民族的民族精神,也称为中国精神,是支撑中华民族屹立于世界民族之林的强大精神支柱,是推动中华民族走向繁荣和强大的精神动力,是中国文化的思想灵魂。

中华民族精神是一个博大的思想体系。它以爱国主义为核心,以团结统一、爱好和平、勤劳勇敢、自强不息为基础,由无私奉献精神,大无畏的牺牲精神,无惧无畏的担当精神,虚怀若谷的包容精神,自强不息、开拓进取精神,百折不挠的顽强拼搏精神等多种精神构成。概括起来讲,中华民族的民族精神突出表现在以下几个方面:

一、爱国主义精神

中华民族的民族精神首先表现为爱国主义精神。爱国精神主要体现为热爱自己的国家、热爱自己的民族,为国家尽责、为民族献身的责任意识与牺牲精神。这一精神的源头可以追溯到春秋战国时期。春秋战国时期,华夏民族的概念已经形成。尽管在这个时候,诸侯们之间你争我夺,战争不断,但当外族入侵时,他们又很快团结成一家。如齐晋先后领导华夏各国抵抗戎狄,攘御荆楚,这正是一种民族意识与"爱国精神"的体现。

西汉时期,是中华民族爱国精神的迅速形成与发扬光大时期。这一时期,以苏武、霍去病为代表的民族英雄用大无畏的牺牲精神,将爱国精神书写得熠熠生辉,使其成为中华民族的立国强族精神。苏武被扣异邦19年,持节牧羊、至死不降。霍去病的一生虽然短暂,但却留下了"匈奴未灭,何以家为"的爱国壮语。

在爱国精神的旗帜下，中国历代都涌现出了民族英雄，从屈原、岳飞、辛弃疾、文天祥，到郑成功、施琅、林则徐、邓世昌，中华民族的爱国主义精神不断被发扬光大。

以"位卑未敢忘忧国"自勉的诗人陆游在临终的《示儿》诗中写到："死去原知万事空，但悲不见九州同。王师北定中原日，家祭毋忘告乃翁。"其爱国情怀感人至深。岳飞的《满江红》表达了一个赤子的爱国情怀。近现代学者朱自清宁可饿死，也不领美国的救济粮，这是一种民族气节。

二、自强不息、开拓进取的精神

"天行健，君子以自强不息"，"地势坤，君子以厚德载物"。《周易》中的这两句话向来被视作中华民族民族精神与中华传统美德的写照，其中的"自强不息"是中华民族民族精神的第一主题。

周人从一个蕞（zuì）尔小邦，在渭水上崛起，最终不仅取代了强大的殷商，成为古代中国的主流，而且开八百年基业，成为中国历史上延续时间最长的一个朝代，靠的就是自强不息的精神。在西周建立前的一千多年时间里，周人无数次地被掠夺、被驱赶，不但没有消亡，反而逐渐发展强大。这也就是说，周人通过一千多年的奋斗，铸造了自强不息的中华民族精神。

秦人不仅用了五百多年的时间将周人自强不息的精神发扬光大，而且在此基础上又创造了开拓进取的精神。

公元前770年，因为秦襄公护送周平王之功，"平王封襄公为诸侯，赐之岐以西之地。曰：'戎无道，侵夺我岐、丰之地，秦能攻逐戎，即有其地。'"从此，秦人开始了收复失地的正义战争。面对着连周天子都怕得唯恐躲之不及的戎狄，秦人无畏无惧。

虽然秦人无畏无惧，但是要从戎狄手里夺回土地绝非易事，因为当时的戎狄部落遍布渭河流域，势力很强大。就是在这样一种情况下，秦襄公迎难而上，"备其甲兵，以讨西戎"，经过四年艰苦征战，"伐戎而至岐"。岐，即今陕西岐山、扶风两地，古称周原，是周人发祥地。公元前766年，秦襄公在收复"失地"的战争中，战死沙场。

秦襄公死了，其子文公继位于西垂宫。文公继续父亲未成就的事业，坚持与戎狄进行不屈不挠的斗争。文公四年（前762年），秦兵到达汧渭之会（今宝鸡东渭河与千河交汇之处），经过占卜，选址营建新都。文公十六年（前750年），秦军大破戎族，取得重大胜利，戎人败退，秦人占据周原。至此，秦的政治中心从陇右转到关中西部。

此时,秦人虽然有了一席之地,但依然处于戎狄部落的包围之中。秦文公之后,从秦宁公到秦德公,经四代国君的不懈努力和顽强拼搏,讨伐西戎之战不断取得胜利,秦国的领地不断扩大。不仅周天子所赐的岐丰之地全部收复,而且又先后灭荡社戎,击败邽、冀两戎部,征彭戏戎,兵临华山,收复杜、郑之地,灭小虢,版图一直扩大至关中东部地区。秦德公元年(前677年),秦迁都城至雍。至此,秦人经近百年的艰辛创业,已占有关中平原大部分领土,成为中国西部的新兴强国。

秦建都雍城后,拥有了关中大片富饶的土地,国力进一步增强。公元前659年,秦国历史上一个重要的人物——秦穆公登上了历史舞台。这个人物集智、仁、勇、义等诸多美德于一身,使秦国从一个卑微弱小的国家一跃而成为强国。

秦穆公继位当年(前659年),就亲自带兵讨伐茅津(今山西芮城东)的戎人,开始了扩张疆土的事业。

秦穆公大智的一个重要表现是他尊重人才、善用人才。他在位期间,从楚人手里赎回百里奚,"厚币迎蹇叔"(《史记·周本纪》),智请由余,接纳丕豹、公孙之等,利用这些人的聪明才智,成就了辉煌的事业。据史籍记载,秦穆公三十七年(前623年),穆公用由余之计,再次攻伐西戎,"益国十二,开地千里,遂霸西戎"。从此,秦国一跃成为仅次于晋国、楚国、齐国的二等强国。

在秦穆公死后的二百多年时间里,诸侯对秦的侵占和欺凌不断,秦人受尽了屈辱。公元前361年,秦孝公即位。这位富有进取精神的帝王,对秦国国力的衰弱痛心疾首,于是发布求贤令,称"宾客群臣有能出奇计强秦者,吾且尊官,与之分土"。于是,卫国人商鞅入秦,教孝公以霸道之术,孝公甚喜,力排众议,以商鞅为大良造(注:大良造,亦称大上造,官名。战国初期为秦的最高官职,掌握军政大权),实施变法。

公元前356年和公元前350年,商鞅先后两次实行变法,变法内容为废井田、开阡陌,实行郡县制,奖励耕织和战斗,实行连坐之法。其中,各种奖励农耕的举措使秦国国富民强,出现了"家给人足"的繁荣景象,国内秩序井然,夜不闭户,道不拾遗;奖励军功制度,使秦人普遍形成了"建功立业"的思想,为秦国凝聚了强大的军事力量,使秦国成为战国后期最强大的诸侯国。至此,秦人具有了能够担当天下大义的肩膀。

汉武帝是一个具有开拓精神的皇帝。他继位后,先平定南方闽越国的动乱。继而以军事手段代替了先祖们带有屈辱性质的和亲政策,派名将卫青、霍去病三次大规模出击匈奴,收复河套地区,夺取河西走廊,打通西域,封狼居胥,将当时汉朝的北部疆域从长城沿线推至阴山甚至更远的地方。

三、无惧无畏的担当精神

战国时期的秦国原是周朝西部边陲的一个附庸小邦，即使在被周封为诸侯之后，依然在夹缝中生存。虽然自身很弱小，但面对着强大的敌人，不仅从未惧怕过，而且敢于担当，力主正义。《史记·秦本纪》载："西戎、犬戎与申侯伐周，杀幽王郦山下。而秦襄公将兵救周，战甚力，有功。周避犬戎难，东徙雒邑，襄公以兵送周平王。"从这段文字我们可以看到秦人的大义和担当精神，这一精神后来成为中华民族的民族精神。

公元前770年，周平王东迁，秦襄公挺身而出，为周王室以身开路。其后，又接受了周天子的嘱托，勇敢地承担起了从戎人手里夺回"失地"的重任。

在其后的五百年间，秦人从没有放弃过建功立业的精神追求，先后做了许许多多利于天下百姓的好事。如修筑都江堰、修建郑国渠、筑长城、建直道等。

在秦国实力完全强大起来之后，秦人又以天下为己任，毅然挑起了统一天下的重任，经过十年努力，结束了自春秋以来500多年诸侯割据的局面，建立了大一统的封建帝国。今天，当我们看到欧洲那些小国战争不断，百姓深受其害的情景时，会不由自主地想到秦人的伟大——是秦人以其无惧无畏的担当精神造就了中华民族两千多年来大一统的国家格局，使中华民族雄踞于世界东方，令世人敬畏。秦人留给后世的是一种无惧无畏的担当精神。

在中国历史上，不仅仅是秦人具有无畏无惧的担当精神。周秦汉唐时代，都出现过担当精神的楷模。武王伐纣、救民于暴政，是一种道义的担当。周公旦在武王死后、成王年幼的情况下，背着"恶名"摄政，是一种责任的担当。武则天在高宗死后，冒着种种压力担起了治理国家的重任，王莽在自己的女婿〔汉平帝刘衎（kàn）〕年幼无知的情况下，背着"篡权"的骂名替女婿打理江山，这些，无一不是忍辱负屈的担当精神。因为历史事实证明，在他们执政的时间里，国家都呈现出了生机与活力。

四、百折不挠、顽强拼搏的精神

坚忍不拔，顽强拼搏是中华民族民族精神的一大主题。这一精神的源头在上古时代的神话传说，于战国时代的秦国发扬光大。

上古神话中的《夸父逐日》《精卫填海》和《愚公移山》，都弘扬的是坚韧不拔、顽强拼搏的精神。

秦国的成长史，既是一部血泪史，也是一部顽强拼搏史。从立国之初到商鞅变法之前的几百年间，秦国几度沉浮，历经坎坷，国人饱受了屈辱与流血牺牲，但秦国最终不仅没有被打垮,反而凭借着百折不挠的顽强拼搏精神崛起,最终完成了统一天下的大业。

公元前627年,秦晋崤之战中,秦军主力全军阵亡,秦穆公只好退守关中,继续向西与戎人争夺生存之地。

公元前597年,楚庄王大败晋师于邲(bì),晋国霸业骤衰。秦桓公阴攻晋之肋,不想却被令狐文子大败于辅氏。

公元前578年,秦桓公背盟攻晋,晋厉公率军攻入秦国,大败秦军于麻隧,诸侯之师扬威于关中。

公元前413年,魏率领三晋联军向诸侯发难,三晋势力急剧膨胀。魏文侯以李悝(kuī)为相,变法图强,魏国迅速强盛,拜吴起为将,侵吞秦之西河,窥视关中。秦简公、秦惠公屡次攻魏,意欲夺回西河之地,皆被吴起所败,吴起乘胜攻入关中,势如破竹,秦不能敌。

公元前389年,秦惠公破釜沉舟,起兵50万与魏军一战,吴起在阴晋一战中,以五万之卒大败秦军,秦国此战输得倾家荡产,再也无力抵抗三晋的攻势。

……

从以上史实来看,秦国在发展初期,屡战屡败,但从来没有放弃抗争,凭借坚韧不拔的毅力,顽强拼搏,最终成为胜者。

秦人屡屡被打败,但最终不仅没有被打垮,反而一跃而起,凭借的正是顽强拼搏的精神。这种精神后来作为一种中华民族的民族精神,影响后世两千多年。

中华民族近现代形成的长征精神、红旗渠精神和上世纪八十年代的女排精神,都是顽强拼搏精神的延续和发展。

【相关链接】愚公移山精神

愚公移山是一个流传数千年的神话故事,从古至今人们津津乐道,是崇尚它寓含的精神。愚公为了排除险阻,率领全家搬走太行、王屋两座大山。这是一件大而又艰巨的工程,在有的人看来是难以想象的。但是,愚公胸怀大志,不被困难所吓倒,他敢想敢做,终于在"神"的帮助下把两座大山搬走了。这则故事告诉人们:无论怎样艰难,只要不怕困难,具有坚韧不拔的决心,充满必胜的信心,踏踏实实、坚持不懈地努力做下去,就能够战胜一切困难,把理想变为现实。

愚公移山精神的本质是直面困难,无畏无惧,顽强拼搏。有了这样一种精神,就没有克服不了的困难,没有干不成的事业,没有实现不了的理想和愿望。

五、艰苦奋斗的创业精神

艰苦奋斗既是中华民族的传统美德,也是中华民族的民族精神。不论是周人的奋斗史,还是秦人的发展史,都是一种艰苦奋斗、顽强拼搏的历史。

西汉和隋唐几朝的立国之初,国家经济状况都不太好,汉文帝、隋文帝、唐太宗等都能与百姓同甘共苦,发扬艰苦奋斗的精神,勤俭节约,励精图治,使国家迅速走向了富强。

近现代时期,中国共产党领导的八路军,在抗日战争最严酷、物质十分贫乏的时期,发扬艰苦奋斗的精神,在延安开展军民大生产运动,实现了物质上的自给自足,从而保证了军队的战斗力,最终取得了革命的胜利。解放初期,以铁人王进喜为代表的石油工人,发扬艰苦奋斗的精神,实现了中国石油自给的愿望。在社会主义建设时期,河南林县人民发扬艰苦奋斗的精神,创造了红旗渠这一令世界震惊的人类文化奇迹。

【相关链接】红旗渠精神

红旗渠是20世纪60年代,林州人民在极其艰难的条件下,从太行山腰修建的"引漳入林"工程。被世人称之为"人工天河",在国际上被誉为"世界第八大奇迹"。

红旗渠工程于1960年2月动工,至1969年7月支渠配套工程全面完成,历时十年多。它以漳河为源,在山西省境内的平顺县石城镇境内设坝截流,将漳河水引入林州。在极其艰难的施工条件下,林州人民靠自力更生,艰苦创业的精神,克服重重困难,奋战于太行山悬崖绝壁之上和险滩峡谷之中,逢山凿洞,遇沟架桥,削平了1250座山头,架设了151座渡槽,开凿211个隧洞,修建各种建筑物12408座,挖砌土石达2225万立方米。如把这些土石垒筑成高2米,宽3米的墙,可纵贯祖国南北,把广州与哈尔滨连接起来。

红旗渠的建成,彻底改善了林州人民靠天等雨的恶劣生存环境,解决了56.7万人和37万头家畜的吃水问题,54万亩耕地得到灌溉,粮食亩产由100公斤增加到1991年的476.3公斤。红旗渠被林州人民称为"生命渠""幸福渠"。

红旗渠精神的核心是自力更生,艰苦奋斗,团结协作,无私奉献。20世纪60年代,林县人民在极端困难的条件下,干部和民工同甘共苦,粮食不够依靠野菜、树叶充饥,忍饥挨饿,从事劈山开石、凿洞垒砌的重体力劳动,许多人得了浮肿病,但仍坚持轻伤不下火线。红旗渠精神既是自力更生、艰苦奋斗精神,也是顽强拼搏精神。

六、虚怀若谷的包容精神

包容精神是中华民族精神的重要组成部分。这一精神始于周人,发展于秦人,成熟于唐人。周人对其他民族的善待与宽容,周文化对其他文化的包容,秦人不计前嫌、有难必帮的大度和其敞开胸怀吸纳人才的卓识,唐人对少数民族的包容,这些都使得中国文化包容而大气,最终积淀和凝成中华民族的包容精神。

周人的包容精神不仅体现在对其他民族的仁德上,而且体现在其文化的包容性上。在对待其他种族方面,周人十分的慈善与宽容。如对于旧日的敌人——商人,采取尊敬、合作的态度;对于土著等民族,采取合作、共存的态度。周文化是一种具有很大包容性的文化体系,它不仅吸收了商文化的诸多元素,而且还吸收了草原文化以及西边羌人文化的一些有益成分。

秦人的包容精神是多方面的,主要体现为三点:一是不计前嫌,有难必帮。如晋惠公四年(公元前647年),晋国发生饥荒。秦穆公不计晋惠公负秦的前嫌,借粮给晋国,使晋国度过了一场大灾难。二是敞开胸怀吸纳人才。从春秋战国时期到大秦帝国灭亡,秦国的发展史是一部人才强国史,在前后五百多年的时间里,秦国从其他国家和少数民族地区吸纳了大批的人才。三是秦相吕不韦主持编写的《吕氏春秋》对诸子思想的包容态度开中国思想界之新风。

唐人的包容精神主要体现在两个方面:一是对少数民族的仁爱与友好;二是其文化的巨大包容性。

从唐太宗开始,唐代的帝王抛弃了狭隘的民族偏见,对少数民族一视同仁。唐太宗说:"自古帝王皆贵中华而贱夷狄,朕独爱之如一。"正是这种包容的精神,使得众多的兄弟民族纷纷与唐朝结成友好关系。不仅如此,周边各国也慕名而来,与唐朝建立友好关系。据《唐六典》记载,大唐曾与三百多个国家和地区互相往来,长安的鸿胪寺,礼宾院等机构,接待了七十多个国家的外交使节。来自异域的商人、留学生以及学问僧,大量聚集于长安城中,学习唐朝的文化,同时也将他们的文化带到唐朝。更让人感到敬佩的是,唐代的帝王真正尊重少数民族并给予他们政治权利,如让他们在朝廷为官。

唐代的文化不仅继承和发展了原有的中国文化,而且从各个少数民族的文化中吸收了大量有益的成分,同时又吸收了海外各国文化的元素,形成了自己内涵丰富、思想博大的多元化文化结构。

总之,中华民族的民族精神是中华民族在几千年的历史发展过程中,经过不断地扬弃、积淀和凝聚而逐渐塑造起来的精神支柱,是中华民族文化的核心和灵魂。其中不仅包含"天行健,君子以自强不息"的开拓进取精神,"国家兴亡,匹夫有责"的爱国主义精神,"愚公移山"的顽强拼搏精神,"厚德载物"和"协和万邦"的宽容精神等传统文化精神,而且还包括长征精神、延安精神、西柏坡精神,以及焦裕禄精神、雷锋精神等近现代时期形成的各种伟大精神。

第四节 《论语》和《孟子》

伦理学是关于道德的科学,又称道德学、道德哲学。伦理学以道德现象为研究对象,其主要内容包括个人的道德情感、道德行为以及道德规范等。中国古代最具影响力的两部伦理学著作是《论语》和《孟子》。

一、《论语》

《论语》是记录孔子思想和言行的著作,是孔子的弟子和再传弟子将他的言论记录下来汇编而成的。汉代以来,《论语》一直是人们的乐读之书。南宋朱熹将《论语》收入《四书》,作《四书章句集注》。到元代,《论语》被定为科举用书。在古人心目中,《论语》是修身治国的宝典。

《论语》一书思想底蕴深厚,对后世的影响是多方面的。其中,对于加强个人道德修养的指导作用主要表现在以下几个方面:

(一)关于如何做人

作为一部伦理学著作,《论语》的许多篇章都谈到了做人的问题。关于怎样做人,《论语》主要强调了这几点:一是做人要有"仁德"。孔子说:"人而不仁,如礼何?人而不仁,如乐何?"(《八佾》)在孔子看来,仁德是做人的根本,是处于第一位的。孔子还认为,只有有仁德的人才能无私地对待别人,才能得到人们的称颂。子曰:"齐景公有马千驷,死之日,民无德而称焉。伯夷、叔齐饿死于首阳之下,民到于今称之。"(《季氏》)这段话强调的是仁德的价值和力量。那么,怎样才算有仁德呢?《论语·阳货》记载:"子张问仁于孔子。孔子曰:'能行五者于天下为仁矣。''请问之。'曰:'恭、宽、信、敏、惠。恭则不侮,宽则得众,信则人任,敏则有功,惠则足以使人。'"这段话强调:对人恭谨就不会招致侮辱,待人宽厚就会得到大家拥护,交往诚实别人就会信任,做事勤敏就会取得成功,对人仁慈厚道就能够得到人们的拥戴。孔子认为,具备了这五种美德,就可算做仁了。二是做人要不断自省和完善自己。曾子曰:"吾日三省吾身:为人谋而不忠乎?与朋友交而不信乎?传不习乎?"这段话强调人要随时检点自己的行为。孔子曰:"志于道,据于德,依于仁,游于艺。"(《述而》)在孔子看来,人要博学多识。孔子说:"举于诗,立于礼,成于乐。"(《泰伯》)这段话是说:诗歌可以振奋人的精神,礼节可以坚定人的情操,音乐可以促进人们事业的成功。因此,人应该博学多识。

(二)"君子"式的人格标准

《论语》一书把"君子"视作高尚人格的典范,在许多篇章中谈到君子的言行标准及道德修养问题。其主要思想表现为这几点:一是君子要具备多方面的美德。"义以为质,礼以行之,逊以出之,信以成之。"(《卫灵公》)这段话是说,作为君子应该重义、知礼、谦逊和诚信。二是君子要处处严格要求自己。孔子曰:"君子有三戒:少之时,血气未定,戒之在色;及其壮也,血气方刚,戒之在斗;及其老也,血气既衰,戒之在得。""君子有三畏:畏天命,畏大人,畏圣人之言。""君子有九思:视思明,听思聪,色思温,貌思恭,言思忠,事思敬,疑思问,忿思难,见得思义。"(《季氏》)这三段话强调了三个意思:要戒除个人的欲念,处事中要有敬畏之心,不可肆无忌惮,做事要认真思考,凡事三思而后行。三是君子要重义轻利,追求道义。孔子认为,君子和小人的差别在于不同的人生观和价值观。孔子曰:"君子喻于义,小人喻于利。"(《里仁》)"君子谋道不谋食。""君子忧道不忧贫。"(《卫灵公》)就是说,君子要重义轻利,尚道德而弃物欲。四是君子要言行一致,表里如一。孔子曰:"君子欲讷于言,而敏于行。"(《里仁》)"先行其言而后从之。"(《为政》)。

(三)治学之道

孔子自己学而不厌,诲人不倦,培养贤人七十、弟子三千。在治学和教育实践中,他总结了一套行之有效的治学方法。概括起来讲,主要有这几点:一是学习要持之以恒,不可浅尝辄止。"学而时习之",(《学而》)"温故而知新"。(《为政》)二是专心致志,知难而进。孔子认为追求学问是一个艰难的过程,要敢于知难而进。"力不足者,中道而废,今女画。"(《雍也》)这几句话是针对冉求在学习问题上认为自己能力不够的思想而说的。孔子认为不是能力不够,而是因为没有持之以恒,坚持到底。在专心致志方面,孔子为人们树立了榜样。他"发愤忘食,乐以忘忧,不知老之将至"(《述而》)。三是要虚心求教,不耻下问。孔子曰:"三人行,必有我师焉。择其善者而从之,其不善者而改之。"(《述而》)同时,孔子提倡和赞扬"敏而好学,不耻下问"的学习精神,"见贤思齐焉,见不贤而内自省也。"(《里仁》)四是要学思结合,学以致用。孔子曰:"学而不思则罔,思而不学则殆。"(《为政》)这两句话是说,只读书而不思考就会感到迷惑,只是空想而不读书就会精神疲殆。要求人们把学习积累和钻研思考相结合,不能偏废。孔子曰:"诵《诗》三百,授之以政,不达;使于四方,不能专对;虽多,亦奚以为?"(《子路》)这段话的意思是,熟读《诗经》三百篇,交给他政务,处理不了;派他出使外国,又不能独立做主应对;这样,虽然书读得很多,又有什么用处呢?借此,孔子强调读书不能死记书本,要重视实际应用。

二、《孟子》

《孟子》是儒家典籍中的一部,也是中国最具影响力的伦理学著作之一。该书是孟子和他的弟子记录并整理而成的,全面记录了孟子的道德思想。《孟子》在儒家典籍中占有很重要的地位,被列为"四书"之一。

孟轲是继孔子之后先秦儒家学派的重要代表人物,是一个大思想家。他从孔子的"仁"学出发,对人的问题进行了更深入系统的探讨,形成了先秦哲学史上第一个完整的人学体系。这是《孟子》一书的主要内容。概括起来讲,《孟子》一书的道德思想主要表现在以下几个方面:

(一)"性善"论

孟轲认为,人一生下来就具有"善端"。所谓"善端",是一种"不虑而知""不学而能"的"良知良能"。(《尽心上》)他将"善端"分为四类:一是"恻隐之心",二是"羞恶之心",三是"辞让之心",四是"是非之心",其中以"恻隐之心"为根本。

孟子认为,这些"善端"是仁、义、礼、智等道德观念形成的基础。把"善端"加以发扬,就形成全部的道德观念。"善端"实际上是人的本质属性。孟子说:"无恻隐之心,非人也;无羞恶之分,非人也;无辞让之心,非人也;无是非之心,非人也。"(《公孙丑上》)这段话的意思是说,只要是人,都具有恻隐之心、羞恶之心、辞让之心和是非之心。

(二)修身养性思想

孟子指出,仁、义、礼、智的"善端",虽是人所固有的,但现实生活中的每个人并非都具有仁、义、礼、智等道德观念。这是因为,对于"善端","求则得之,舍则失之"。(《告子上》)离开了"求",就不可能将"善端"发展起来。这个"求",既是一个发现"善端"的认识过程,又是一个发挥"善端"的修养过程。

孟子认为,"善端"的发挥虽受到客观条件的限制,但主要取决于主体的自我修养。孟轲提出的修身养性方法,归纳起来,主要有二:一是"寡欲";二是"养气"。孟子并不否认人们对物质生活资料的基本需求,肯定"男女居室,人之大伦。"(《万章上》)但同时认为,这些物质欲望不能过分,否则就会妨碍心的清明、理智,使人不能发现、发挥本有的"善端"。孟子又强调,人要发挥"善端",还需要培养"浩然之气"。所谓"浩然之气",是一种至大至刚、溢塞于天地间的自觉的精神。人具有了"浩然之气",就具有了坚韧不拔的意志和不可战胜的力量。要培养"浩然之气",必须"道"与"义"并重。

(三)"仁政"说

孟子又主张把人的性善,由己及人,加以推广,形成仁政。这是《孟子》的人学体系"成物""外王"的一面。

孟子认为,有两种统治民众、治理国家的方法,一是"以力服人"的"霸道",另一是"以道服人"的"王道"。他从性善论出发,高扬"恻隐之心",推崇"王道",鄙视"霸道",主张实行"仁政",要求统治者以"仁爱"之心对待民众,争取民众,达到了建立统一的封建国家的目的。与此同时。孟子认为"仁政"首先是保证民众的最起码的物质生活条件。

孟子还提出了"民贵君轻"的思想,提醒统治者重视民众的作用和权力。他指出,统治者的统治巩固与否,取决于民心的向背。民众比之国家、君主,更为主要。他说:"民为贵,社稷次之,君为轻。"(《尽心下》)

《孟子》对塑造中国知识分子的人格曾产生过十分重要的影响。它力倡的"浩然正气",它树立的理想人格,在中国知识分子中培育了一种顶天立地的大丈夫精神,在中国历史上写下了许多可歌可泣的不朽篇章。

第五章　中国古代艺术管窥

中国古代艺术是人类艺术史上光彩夺目的一页,其种类之多,精品遗存之丰富,均居于世界各民族艺术之首。自20世纪后期以来,我国的考古发现和发掘犹如打开了中国古代艺术的宝库,数量巨大的古代艺术珍品呈现于世人的面前,吸引了整个世界的目光。例如,新石器时代的彩陶和玉雕,商周时期的青铜器,秦汉时期的陶塑,魏晋南北朝时期的佛教雕塑,以及唐代墓室壁画等,无一不耀眼夺目。

第一节　中国古代雕塑

中国古代的雕塑艺术产生于距今8000年以前的新石器时代,经过数千年的发展,到商周时期趋于成熟,至秦汉时期已经有了成熟的创作思想,隋唐时期走向繁荣,宋元时代回归理性,明清时期融入生活。

雕塑艺术是中国古代艺术门类中产生最早、作品数量最大、珍品最多的一种艺术形式。从远古到近代,每一个时期都产生了大量的雕塑艺术珍品。限于篇幅,我们在这里归类择要介绍如下:

一、陶塑

就目前已有的证据来看,中国雕塑艺术发端于八千年前的陶塑作品。图5-1-1是山东后李文化遗址出土的一件制作于八千多年前的小陶猪,图5-1-2是距今7000年前的河姆渡一期文化遗址出土的一件小陶猪。尽管这两件小陶猪可能是制陶工匠在休息的片刻时间内用制作陶器的"余料"随手捏制的,工艺、审美性等都还比较差,但他们却反映了远古时期人们的审美情趣和艺术创造意识,也反映了人们当时的生活状态——如饲养家猪等。因此,这些陶制小动物完全可以视作远古时代的雕塑艺术作品。

距今六千多年前的西安半坡遗址,出土了几件陶制残器盖(图5-1-3),器盖的纽柄为陶塑小动物。这一出土发现证明,中国早期的雕塑艺术与现实生活紧密相连,是人们生活情趣和审美追求的艺术反映。

第五章 中国古代艺术管窥

图 5-1-1　后李文化陶猪

图 5-1-2　河姆渡陶猪

图 5-1-3　半坡鸟形陶雕塑

随着时间的推移，人们的审美意识增强，艺术思想初步形成，除了生活器物上装饰性雕塑作品大量产生外，表现人们审美思想、艺术创造意识和精神愿望的雕塑艺术作品也大量出现。如图 5-1-4 所示就是一件在精神意识驱动之下创作于 5300 年前的一件雕塑作品。这件陶塑人像出土于内蒙古自治区赤峰市敖汉旗，是红山文化时期的陶塑人像。这尊塑像通高 55 厘米，盘坐，口作呼叫状，情态高度生活化。

由于陶塑所用的材料随手可得且制作很容易，因而从远古时代开始一直到近古时期，陶塑一直是中国雕塑艺术的重要表现形式，各个时期都出现了大量的优秀作品。特别是到了秦汉时代，中国陶塑艺术得到了飞跃式的发展，产生了一大批令人叹为观止的优秀作品。

图 5-1-4　红山文化陶塑人像

【例一】秦兵马俑

1974年以来,考古工作者在陕西临潼秦始皇陵园东1.5公里处发现秦始皇陵从葬兵马俑坑三处,从中出土陶俑8000多件。这些陶俑与真人大小相同,每个个体面相、表情、发式、衣着等均不相同,集中排列在一起,气势宏大。被誉为"世界第八大奇迹"。图5-1-5为秦兵马俑一号坑的一角。

图 5-1-5　秦兵马俑一号坑一角

秦兵马俑为大型陶塑俑,用陶泥塑造后烧制而成,有的先烧后接,有的先接再烧;烧成后着以彩绘。秦兵马俑刚出土时局部还保留着鲜艳的颜色,但出土后由于被氧化,颜色消失,现在能看到的只是残留的彩绘痕迹。秦兵马俑的车兵、步兵、骑兵列成各种阵势。整体风格浑厚、健美、洗练。仔细观察，俑的脸型、发型、面部表情、神态均有差异（图5-1-6）；陶马有的双耳竖立，有的张嘴嘶鸣，有的闭嘴静立。

图5-1-6 秦兵马俑发式、脸型、眼睛、眉毛、面部表情等均不相同

秦兵马俑是写实性的雕塑作品。以写实手法制作的兵马俑脸型、胖瘦、表情、眉毛、眼睛和年龄均有差异。纵观这千百个将士俑，其雕塑艺术水平达到了一种完美的高度。无论是千百个形神兼备的官兵形象，还是那一匹匹跃跃欲试的战马，都不是机械地模仿，而是着力显现它们"内在的生气、动力、情感灵魂、风骨和精神。"绝大部分陶俑形象都富有个性特征，显得逼真，自然而富有生气。能够将几千件作品雕刻得互有差异，个性特征十分突出，确是人类雕塑史上的奇迹。

【例二】汉兵马俑

1965年8月在陕西咸阳杨家湾汉墓从葬坑出土的西汉三千彩绘兵马俑是我国发现最早的大规模兵马俑群，其中出土骑兵俑583个，步兵俑1965个，指挥车一辆，号称"三千兵马"。

"骑兵"组成六个方队，有甲骑和轻骑两类，甲骑的骑士和马匹都较高大，通高68厘米，骑士多数身穿铠甲，手执戟，轻骑的骑士和马匹都较矮小，通高50厘米，不披铠甲，手执弓弩，背负箭囊。骑兵俑按人真身四分之一比例制作。战马或安然站立，或昂首嘶鸣；马上的"指挥官"表情冷峻，威武剽悍；骑士手举武器，握紧缰绳，似向前冲杀状。如图5-1-7。

图5-1-7 骑兵俑

"步兵"组成了七个方队，有队率、千卒、乐卒、戟矛手等不同身份的将士，他们的服饰、姿势、神态各不相同。步兵俑身着交领袍服，外罩黑色铠甲，其中一部分左手持盾下垂，右手原持长兵器；另一部分双手均作持兵器状。如图5-1-8。

图5-1-8　步兵俑

与秦兵马俑不同的是，汉兵马俑采用写意的手法。在形象刻画方面，不苛求细节的美化，但特别注重神韵的表现。如图5-1-9这一昂首战马骑士俑，战马昂首嘶鸣，骑士伸腿抬脚作催马状，整体造型把策马奔驰那一瞬间的情态表现得活灵活现。仔细观察图5-1-10和图5-1-11，可以看到，汉兵马俑在整体造型上十分形似，但也注意了细节上的差异，如这两个俑的衣领和衣服下摆处都有明显差异。

图5-1-9　昂首战马骑士俑　　图5-1-10　短衣长甲俑　　图5-1-11　蝉衣俑

第五章　中国古代艺术管窥

魏晋南北朝时期是政权频繁更替、各种文化思想不断碰撞、相互渗透，艺术思想空前活跃的时期。这一时期的陶塑作品以陶俑的艺术成就最高。

魏晋南北朝时期的陶俑，南北风格差异很大。北朝的陶俑以粗犷、豪放见长，陶俑的面目、身材均有夸张的成分。不仅武士俑给人以凶悍、威猛的印象，即使是乐伎俑也显得十分强健。如图5-1-12这件北魏骑马武士俑，马和武士俑的形象都极为夸张，武士身材敦实，面部表情严肃，咬牙切齿，怒目圆睁，给人以十分凶悍的印象。再如图5-1-13这两件西魏彩绘武士俑，体格强健，威武剽悍。

图5-1-12　北魏骑马武士俑

图5-1-13　西魏彩绘武士俑

不仅仅是武士俑显得威武强悍，北朝的乐伎俑也给人以健壮的印象。如图5-1-14这件北魏骑马吹号角俑，腰板挺直，面部表情轻松自然，给人以强健的印象。又如图5-1-15这件北魏骑马击鼓俑，形象虽然显得不高大，但精神抖擞。

图5-1-14　北魏骑马吹号角俑

图5-1-15　北魏骑马击鼓俑

同样是乐伎俑,南朝的俑身材瘦削,面部表情温和,给人以温文尔雅的印象。如图5-1-16这两件南朝的仪仗俑。

图5-1-16　南朝的仪仗俑

镇墓兽在南北朝时期的陶俑中比较常见,南北风格差异十分明显。如图5-1-17这件作为镇墓神兽的北魏獬豸,其整体造型作角斗状,两耳怒竖,口大张作咆哮状,四蹄用力蹬地,兽角做攻击状,一幅凶猛不可侵犯的样子。而图5-1-18这件南朝的镇墓兽,人首兽身,呈蹲坐状,面部表情相对要温和得多,呈现出"人不犯我,我不犯人"之态。

图5-1-17　北魏獬豸

图5-1-18　南朝镇墓兽

隋唐时代是中国陶塑艺术的黄金时代,白陶、釉陶、唐三彩等各种陶制俑器大量产生。其中的各种人物形象刻画细腻,情态活灵活现,表现了极其丰富的思想内涵。

【例三】胡人骆驼俑

胡人是中国古代对汉人以外的其他民族部族的称呼,通常是指中国北方以及西方的游牧民族,主要包括匈奴、鲜卑、氐、羌、吐蕃、突厥、蒙古国、契丹、女真等部落。唐代帝王以博大的胸怀,对兄弟民族付以仁爱之心,与之和谐共处。一时间,长安胡化,极盛一时,民族文化交融硕果累累,这一点在唐代的陶塑作品中也有所反映。近年来,唐墓中出土了大量的胡人骑驼俑(图5-1-19和图5-1-20),这些陶俑是唐时"胡汉一家"景象的真实写照。

图5-1-19　唐彩绘胡人骑驼俑　　　　图5-1-20　唐彩绘胡人骑驼俑

值得注意的是,这里列举的两例骑在骆驼上的胡人面貌、服饰各不相同。很明显,他们分属于不同的民族。这也就是说,唐代的这些胡人骑驼俑反映了唐代民族文化交流的广泛性。

【例四】乐舞俑

隋唐时代的陶俑中,乐舞俑的数量很大,这不仅反映了隋唐时期经济富庶,特别是大唐时代歌舞升平的景象,而且表现了唐人乐观向上的生活态度,同时也表现了人们乐观进取的精神。如图5-1-21。

图5-1-21　彩绘釉陶骑马乐俑

【例五】唐女俑

女性的社会地位及其社会交往空间的大小,是一个社会开放程度的标尺。唐代的妇女享有较多的自由,她们可以和男人一样骑马打猎,参加各种社交活动;她们很少受礼教约束,思想开放,不避衣饰轻薄显露,"闺门失礼之事不以为异";她们生活的社会大环境十分宽松,"瓜田李下之疑,唐人不讥也"。这一点在近年来出土的唐代陶俑中也有所反映。

图 5-1-22 彩绘帷帽女骑俑　　　图 5-1-23 唐女俑

如图 5-1-22 这件骑马俑,表现了唐代那个宽容、开放、自由的时代妇女可以扬鞭策马,在街市奔驰穿行,享受自由的快乐的情景。图 5-1-23 这两件女子形象俑表现了唐代社会开放,女子思想也比较开放的情况。这两个女子服装都是低领装,并且已经低到了袒胸露肩的程度。这从一个侧面反映了唐代女子思想的活跃与开放。

【例六】天王俑

艺术形象常常是人的情感与精神的一种载体。当一种超现实的情感或精神产生时,人们常常会借助于想象,运用浪漫主义的艺术手法创造出一种超现实的形象,借以寄寓情感或寄托精神。唐代的天王俑(图 5-1-24、图 5-1-25)就是这样一种超现实的形象,这种陶俑在唐代墓中出土的数量较大。这种形象作为一种明器,是生者对死者情感的一种寄托。

图5-1-24 彩绘天王俑　　图5-1-25 唐三彩天王俑

【例七】陶马

陶马是隋唐陶俑中数量很大的一类。从图5-1-26至图5-1-29这几只陶马可以看到,唐代陶塑作品的艺术风格表现出多元化的特点。笔法或繁或简,色彩或素净或浓艳,各显神韵。这也正是唐代审美思想多元化的表现。

图5-1-26 白陶舞马　　图5-1-27 彩绘贴金白陶舞马

图 5-1-28　贴金彩绘白陶马　　　　　图 5-1-29　唐三彩马

宋元以后,陶塑作品总的数量相对减少,但作为工艺品的陶塑作品却有所增加。特别是宋元时期,陶塑的题材丰富,形式多样,走进百姓生活,为广大人民群众所喜爱。如图 5-1-30 这件宋代抱鱼童子陶塑作品,童子面带微笑,双手抱鱼,小胳膊雕塑得丰满圆润,整件作品充满意趣,美感十足。又如图 5-1-31 这件宋代陶龙,龙的整体造型活泼,动感十足,细节刻画细腻传神。

图 5-1-30　抱鱼童子　　　　　图 5-1-31　宋代陶龙

二、石刻

中国的石刻艺术也产生于大约距今八千年前,历经了长时间的发展之后,到西汉时期发展成熟,唐代是其黄金时代。近年来,内蒙古兴隆洼文化遗址先后出土了几尊女性石雕像,身高 35.3 厘米至 67 厘米不等。经过中国社会科学院考古所"碳十四测年"测定,其中雕刻年代最早的距今大约 8000 年。如图 5-1-32 是 1989 年在内蒙古赤峰市林西县白音长汗遗址中出土的一尊圆雕女神立像,被中国考古学界尊称为"中华老祖母雕像",其制作年代距今约 7000 年。这尊石像通高为 35.3 厘米,腹部微微隆起,具有孕妇的特征。

图 5-1-32　中华老祖母像

中国古代石刻艺术成就集中表现在陵墓前石刻和佛教造像两大块,其中陵墓前石刻以汉唐影响最大,佛教造像以魏晋南北朝、隋唐和宋代成就最大。现分别介绍如下:

(一)汉代大型石雕群

汉代霍去病墓前的大型石雕群,是我国现存最早的纪念碑式的巨作。该石雕群现存石雕作品 17 件,其中 12 件被评定为国宝。这些石雕作品既有现实主义的佳作,又有浪漫主义的代表,还有两者相互结合的典范;写实与写意手法并用,作品不同,各有侧重。作品题材多样,构思精妙,造型生动传神,质朴而有灵趣,意象博大深沉;笔法洗练,细节刻画惟妙惟肖,具有极强的艺术感染力。现选择其中几件代表性的作品做一介绍:

1. 马踏匈奴

马踏匈奴(图 5-1-33)是霍去病墓石雕作品中最著名的一件,高 1.68 米,长 1.90 米。这件作品的主体造型是一匹矫健的战马踏着一个仰面倒在地上做垂死挣扎的匈奴人。马的形象坚实有力,姿态威武,象征着正义力量的强大。马腹下的匈奴人,仰卧在地上,左手握弓,右手持箭,双腿蜷屈做狼狈挣扎状,蓬松零乱的须发,显得惊慌失措,痛苦万状,带着不甘心就缚,又无可奈何的表情。这件作品的细节值得注意的有二:一是倒在马下的匈奴人龇牙咧嘴,一副痛苦相;二是匈奴人虽已被踏至马下,依然左手持弓,右手执箭,做最后的垂死挣扎,但又显得那样无力。这件作品形象生动地反映了汉军将士破击匈奴的情形,象征着不可战胜的正义力量。这件写实性的作品雕刻具有高度的概括力和大胆的想象力,笔法质朴,意在整体,美在细节。

马踏匈奴这件作品运用了寓意的手法,用一匹气宇轩昂、傲然屹立的战马来象征霍去病这位年轻的将军。马以胜利者的姿态伫立着,有一种神圣不可侵犯的气势,使人们感到振奋、壮美。

图 5-1-33 马踏匈奴

图 5-1-34 怪兽吃羊

2. 怪兽吃羊

怪兽吃羊(图 5-1-34)是一件浪漫主义的作品,长 2.74 米,宽 2.20 米。这件作品依石块的自然形态雕刻,线条简练准确。用线条勾勒出怪兽的前肢,用石面自然形状表现羊身上的肌肉;羊在怪兽口中挣扎的痛苦表情,通过前蹄的用力和肌肉的抽搐(chù),形象地再现出来;怪兽的眼与嘴透露着凶残和贪婪。整件作品结构巧妙,写意十分到位——表现出了一种紧张恐怖的气氛,具有强烈的艺术震撼力。

(二)唐陵石刻

唐陵石刻是中国古代雕塑史上壮丽辉煌的一页,素以雕刻技艺精湛、体量大、气势恢宏而名冠天下。由于唐陵石刻产生于不同的时期,各个时期的工艺水平不同。加之题材的不同,保存完好性的差异等,现存石刻作品的艺术价值不同。现择要介绍如下:

1. 献陵石刻

献陵现存石刻 8 件,其中石虎(图 5-1-35)和石犀(图 5-1-36)最为著名。现藏于西安碑林博物馆石刻艺术馆的献陵石犀与石虎为国宝级的石雕。这两件石雕高大威武,雕工细腻,造型优美、生动。特别是这只巨大的犀牛石雕,重量达十吨,体量大,震撼力极强。石犀身上的皮肤雕刻得如铠甲一般,腿上的每块鳞片都雕刻得细致入微,这件石刻是唐陵石雕中的孤品,也是中国古代石雕作品中难得一见的珍品。

图 5-1-35　献陵石虎

图 5-1-36　献陵石犀

除了以上两件作品外,现置于献陵南门——朱雀门的石虎,形体高大,躯体粗壮,线条简练,镂刻手法写实,追求逼真而没有华丽的装饰,猛兽的形象被刻画得温柔驯良,既以体量之大显示了它的威猛,又以柔和的线条显示了它对主人的忠诚。

2. 昭陵六骏

"昭陵六骏"石刻雕塑的是唐太宗李世民曾经乘骑的六匹战马,它们既象征唐太宗所经历的最主要的六大战役,同时也是彰显他在唐王朝创建过程中立下的赫赫战功。六匹骏马的名称:一是飒露紫(图 5-1-37),二是拳毛騧(guā)(图 5-1-38),三是青骓(zhuī)(图 5-1-39),四是什伐赤(图 5-1-40),五是特勒骠(图 5-1-41),六是白蹄乌(图 5-1-42)。石刻所表现的六匹骏马三匹做奔驰状,三匹为站立状。六骏均为三花马鬃,束尾。这是唐代战马的特征,其鞍、鞯、镫、缰绳等,都逼真地再现了唐代战马的装饰。

图 5-1-37 飒露紫（复制品）

图 5-1-38 拳毛䯄（复制品）

图 5-1-39 青骓

图 5-1-40 什伐赤

图 5-1-41 特勒骠

图 5-1-42 白蹄乌

六骏石刻采用高浮雕的表现形式，将每匹战马的体态、筋骨和皮毛的质感都刻画得栩栩如生。如"飒露紫"这件作品，浮雕中的人物侧立，表情严肃，身着戎装，腰间佩剑，左手牵马，右手拔马胸前的箭。马头侧向依人，三腿直立，后右腿微曲，双目深沉，似在忍受着巨大的痛苦。这幅作品把马高大的身躯、劲健的肌肉、装饰、鞍鞯等都生动形象地表现出来，细部雕刻非常细腻，人马各具质感，形神兼备。又如"特勒骠"，造型独特，筋健骠肥，硕壮有力，马头前倾，双目炯炯有神，四腿作冲锋奔跑之势。总的来看，六骏浮雕以简洁的线条，准确的造型，生动传神地表现出战马的体态、性格和战阵中身冒箭矢、驰骋疆场的情景。每幅画面都告诉人们一段惊心动魄的历史故事。

六骏具有很高的艺术成就,简洁明快的造型,圆熟、浑厚的手法,栩栩如生地突出了马的性格和六骏在战阵中的不同遭遇,同时表现了初唐写实性强的艺术风格。六骏中"飒露紫""拳毛䯄"在1914年被美国人弄走,现藏美国费城宾夕法尼亚大学博物馆。其余四骏在1918年即将被盗运时因当地人阻止未遂,先存放于陕西省图书馆,后移至西安碑林,现藏西安碑林博物馆。

3. 乾陵石刻

乾陵现存石刻作品一百多件,现存石刻数量居唐陵之首。其中比较著名的石刻有六十一蕃王像、蹲狮、翼马和鸵鸟等。

(1)六十一蕃王像

乾陵石刻十分精彩的一笔是六十一蕃王像(图5-1-43)。这批石刻像,它的价值远远超出了它的雕刻艺术水平,而在于它既是大唐包容精神的见证,也是中外友好交往的历史见证。从元代李好文编撰的《长安志图》中可以找到39位蕃王像背上的文字拓片,他们一部分是参加高宗葬礼的西亚各国的特使和侨居长安的外国国王,如木俱罕国王斯勒、于阗(tián)王尉迟敬、石国王子石忽那、吐火罗王子特勒羯达健、右骁(xiāo)卫大将军兼波斯王族卑路斯、波斯大首领南昧竺等。另一部分来自不同民族地区的蕃臣:如吐蕃大酋长赞婆(公元699年归唐)等4人,他们有些人在唐为官。这都反映了唐时高度开放,友好往来频繁的事实。这些蕃王像双足并立,两手前拱,毕恭毕敬地站在墓前。它们的服饰各不相同,有的紧袖窄袍、束腰宽带、足登皮靴,有的披发左衽(rèn),生动传神,栩栩如生。

图5-1-43　朱雀门东侧蕃王像图

(2)蹲狮

图5-1-44和图5-1-45的两个蹲狮立于乾陵朱雀门(南门)外左右两侧。高335厘米,长332厘米,宽130厘米。体态高大,昂首挺胸,圆眼突出,张口吐舌,雄健威武。前肢挺立前伸,后腿稍屈,身躯后压,似有刹那间纵起前扑之势。整个造型呈"金字塔"状,有顶天立地,"唯我独尊"的气势。

图5-1-44 乾陵朱雀门西侧蹲狮　　图5-1-45 乾陵朱雀门东侧蹲狮

(3)翼马

乾陵翼马(图5-1-46、图5-1-47)立于乾陵司马道两侧。高317厘米,长280厘米。翼马为神话传说中的神马。乾陵翼马,不仅形象写实,两肩雕出的飞翅形象卷曲自然,造型典雅华美,富有和谐的韵律。高大的翼马造型优美,强悍雄健,特别是马翼舒展和谐,表现出神奇浪漫的色彩。仔细观察,不难发现东西两侧的翼马虽形状相同,却风格各异:西边的一匹轮廓爽朗,棱线分明,东边的一匹手法柔和,驯服温顺。

图5-1-46 乾陵司马道东侧翼马　　图5-1-47 乾陵司马道西侧翼马

4. 桥陵石刻

桥陵现存石刻 50 件,朱雀、青龙、白虎和玄武四个门的石狮都保存较好。这五十余件石刻作品中,尤以石狮、鸵鸟和天禄最为精彩。

(1)石狮

桥陵朱雀门外的一对石狮(图 5-1-48),体形硕大,造型雄伟。两狮均呈蹲踞状,雌雄分明,张目露齿,镌刻细腻,堪称石刻艺术的珍品。青龙门外蹲踞的石狮(图 5-1-49)做回首张望状,为唐陵石刻所罕见。白虎门和玄武门的石狮也各具特点,均为唐陵石刻中的精品。

图 5-1-48 桥陵朱雀门石狮　　图 5-1-49 桥陵青龙门石狮

(2)天禄

桥陵天禄(图 5-1-50)高 318 厘米,长 330 厘米。头平直,向前,嘴略张开,一角直竖于头顶端,前肢两旁接颈部处长有展开的双翅,上雕云纹。腹部以下凹入的石面,亦雕云纹。四肢粗壮,勇猛有力。

图 5-1-50 桥陵天禄

5. 顺陵石刻

顺陵现存石刻34件，其中以陵前的天禄和走狮最为精彩，陵园东门的坐狮也堪称珍品。

顺陵的石走狮和石蹲狮（图5-1-51）为唐陵石刻中的珍品。这些石刻均由整块青石雕刻而成，形象逼真，姿态生动。石走狮高达4米，体型庞大，造型雄伟，作阔步缓行的动态，整个雕刻气势磅礴，极富质感，被誉为"中华第一狮"。坐狮高约三米，为历代石雕坐狮中最大，张口吐舌，筋肉突出。前肢和足爪，刻得特别坚实粗大，把狮子雄健的形象，进行有力地夸张。每件石狮都刻制精美，强劲有力，气势慑人，表现了盛唐时期石雕艺术的豪健风格。

图5-1-51 顺陵石蹲狮　　　　图5-1-52 顺陵天禄

顺陵天禄（图5-1-52）高4.5米，长4.2米，宽1.5米，昂首端立，神态镇静而威猛。肩部和前腿两边相接处长有双翅，翅上刻卷纹。四肢雄健，长尾拖地。每尊均为一整块石灰岩雕刻而成。顺陵的两件天禄体量硕大，厚朴雄伟，雕刻细腻，是我国古代雕塑中罕见的艺术珍品。

（三）魏晋南北朝佛教造像

魏晋南北朝时期，中国佛教全面发展。开窟造像，斫石刻像，成为一个时代的文化潮流。这一时期的佛教造像种类繁多，其中以石雕像数量最多，石造像碑和石窟寺雕像最为精彩。

1. 石窟造像

石窟造像是魏晋南北朝时期艺术的最大亮点，并且这一亮点是光耀人类文化史册的。其中北朝时期的石窟造像艺术成就最高。

北朝时期开凿的石窟很多，其中以云冈、龙门、敦煌和麦积山四大石窟最为著名。它们并称为中国四大石窟艺术宝库。

云冈石窟始凿于北魏兴安二年(453年),大部分完成于北魏迁都洛阳之前(493年)。窟中菩萨、力士、飞天形象生动活泼,塔柱上的雕刻精致细腻。从艺术的角度看,云冈艺术上承秦汉(前221年—220年)现实主义艺术思想,下开隋唐(581—907年)浪漫主义之先河。在中国雕塑艺术史上具有极其重要的地位。

云冈石窟中的造像,按照开凿的时间先后,可分为早、中、晚三期,不同时期的石窟造像风格各异。早期的"昙曜(yào)五窟"气势磅礴,具有浑厚、纯朴的西域情调。中期石窟则以精雕细琢,装饰华丽著称于世,显示出复杂多变、富丽堂皇的北魏时期艺术风格。晚期窟室规模虽小,但人物形象清瘦俊美,比例适中,是中国北方石窟艺术的榜样和"秀骨清像"的源头。此外,石窟中留下的乐舞和百戏杂技雕刻,也是当时佛教思想流行的体现和北魏社会生活的反映。

图5-1-53为北魏时期的云冈石窟第二十窟的大佛造像。造像露天,主像是释迦坐像,高13.7米,这尊佛像面部丰满,薄唇高鼻,神情肃穆,两肩宽厚,造型雄伟,气魄浑厚,为云冈石窟雕刻艺术的代表作。背光的火焰纹和坐佛、飞天等浮雕十分华美,把主佛衬托得雄浑大气。

图5-1-53 云冈石窟第二十窟大佛

龙门石窟始开凿于北魏孝文帝迁都洛阳(493年)前后,后来,历经东西魏、北齐,到隋唐至宋等朝代又连续大规模营造达400余年之久。龙门石窟现存窟龛2345个,造像10万余尊。其中北魏时期所凿的佛洞石龛约占1/3。

龙门石窟的北魏造像生活气息逐渐变浓,趋向活泼、清秀、温和。这些北魏造像,脸部瘦长,双肩瘦削,胸部平直,衣纹的雕刻使用平直刀法,坚劲质朴。这是北魏时期人们崇尚以瘦为美的思想在佛雕造像艺术上的表现。

龙门石窟的宾阳中洞(图5-1-54宾阳中洞)是北魏时期代表性的洞窟。洞中的主佛为释迦牟尼。由于北魏时期崇尚以瘦为美,所以主佛释迦牟尼面颊清瘦,脖颈细长,体态修长。衣纹密集,雕刻手法采用的是北魏的平直刀法。左右有迦叶、阿难二弟子和文殊、普贤二菩萨。迦叶形象老成持重,阿难形象活泼开朗,望之栩栩如生。二菩萨含睇若笑,文雅敦厚。南北壁均雕刻一立佛二菩萨。佛、菩萨体态修长,表情温和,神采飘逸,是北魏晚期流行的"秀骨轻像"的典型代表。

图 5-1-54　宾阳中洞

2. 石刻造像

魏晋南北朝时期的石刻佛教造像数量很大,精品众多。这些佛教造像雕琢细致,造型优美生动。现举例如下:

(1) 皇兴造像

皇兴造像(图 5-1-55),北魏献文帝拓跋弘皇兴五年(471 年)刻,民国时期出土于陕西兴平县。高 87 厘米,宽 55 厘米。两面浮雕,正面为交脚弥勒佛像。弥勒

图 5-1-55　皇兴造像

佛端坐,面部圆润,神态安详,唇厚颈粗,头结波纹螺髻,身着罗纹袈裟,衣袖宽敞。两手平举申掌,两腿交叉,两脚赤裸下垂。座下力士像两手上托弥勒佛双脚。舟形背光刻火焰纹及忍冬纹带和火焰化佛,须弥座边刻护法双卧狮。背面及座边采用了减底平雕的手法,分格刻佛传故事,众多供养人和大段铭文,构图和谐,富于变化,造像铭文已残,仅存20行。楷书刚劲豪放,在北魏的石刻造像里是少有的。铭文有"遂于大代皇兴五年岁次辛亥将亡父母并"字样。现藏西安碑林博物馆。

(2)贴金彩绘背屏三尊像

如图5-1-56是北魏贴金彩绘背屏三尊像,出土于山东省青州市龙兴寺遗址,现藏山东历史博物馆。这组雕像人物情态生动,细节雕得十分逼真;雕像上千年前的贴金和彩绘装饰至今绚丽依旧,见证了魏晋南北朝佛教造像艺术水平的高超。

图5-1-56 贴金彩绘背屏三尊像

(四)唐代佛教造像

唐代帝王对佛教的重视不仅促使了佛教的兴盛,而且促进了佛窟造像艺术的大发展。敦煌莫高窟、龙门石窟、麦积山石窟和大足石窟这些著名的石窟中都有大量唐代的造像。

洛阳龙门奉先寺的卢舍那大佛雕像(图5-1-57)造于唐高宗时,是唐代最大最著名的佛教造像。这里原有大像九躯,现存六躯。中央是卢舍那佛坐像,高12.66米。佛的两旁依次为比丘立像、胁侍菩萨立像、天王和力士像,造像巨大,气势宏伟。

图5-1-57 奉先寺卢舍那大佛　　　　图5-1-58 观无量寿佛经变相

重庆大足北山的石窟从唐朝末年开凿,其中晚唐时期开凿的第245号龛洞的"观无量寿佛经变相"(图5-1-58)采用深浮雕的手法,雕出了内容纷繁、层次重叠的净土变。这一布局严密的创作,在古代雕刻史上是罕见的。

(五)宋元时期的石刻

中国石刻艺术至宋代更加贴近生活,走向世俗,写实性更强,艺术方面也更加成熟。宋元时期的石刻以大足石刻为代表。

大足石刻位于重庆市大足县境内。开凿于晚唐,盛于宋代,是中国宋代造像最集中的地区。现存石刻造像5万多尊,分布40余处,其中北山摩崖造像、宝顶山摩崖造像规模最大。雕刻形式有圆雕、高浮雕、浅浮雕、凸浮雕、阴雕五种,但主要以高浮雕为主,辅以其他形式。

大足石刻以其浓厚的世俗信仰,纯朴的生活气息,在石窟艺术中独树一帜,把石窟艺术生活化推到了空前的境地。在内容取舍和表现手法方面,都力求与世俗生活及审美情趣紧密结合。其人物形象文静温和,衣饰华丽,身少裸露;形体上力求美而不妖,丽而不娇。造像中,无论是佛、菩萨,还是罗汉、金刚,以及各种侍者像,都颇似现实中各类人物的真实写照。特别是宝顶山摩崖造像所反映的社会生活情景之广泛,几乎应有尽有,颇似公元12世纪至13世纪中叶间(宋代)的一座民间风俗画廊。如图5-1-59这幅养鸡女石刻和图5-1-60这幅远行忆念图石刻,表现的都是世俗生活的内容。

第五章 中国古代艺术管窥

图5-1-59　养鸡女　　　　图5-1-60　宝顶山远行忆念图

三、金属雕塑

就金属雕塑这一块来看，有三大亮点值得关注，一是商周时期的青铜器，二是汉代的铜制生活器物，三是唐代的金银器。

1. 造型生动的青铜器物

商周时期大量的实用器物采用了各种动物造型，使得生活器物艺术化，摆在几上案头能够增添生活情趣。这样的设计充分表现了人们乐观向上的生活情趣与审美追求。

图5-1-61是现藏于山西历史博物馆的西周鸟尊。该器高39厘米，长30.5厘米，宽17.5厘米。1992年出土于晋侯墓地的114号墓。整体造型为伫立回首的凤鸟，凤尾巧妙地下弯，与双腿形成稳定的三点支撑。造型写实生动，构思奇特，装饰精美，是一罕见的艺术珍品。图5-1-62是现藏于陕西历史博物馆的西周牛尊。1967年陕西岐山县贺家村出土。通高24厘米，长38厘米，腹深10.7厘米。整体作牛形，身体浑圆，头作前伸状。背有方盖，上立一虎。整体造型简洁，装饰典雅华美。

图5-1-61　西周鸟尊　　　　图5-1-62　西周牛尊

图5-1-63是现藏于宝鸡青铜博物馆的西周晚期象尊。该器整体作大象造型，上扬的鼻为中空的流，背部设方形器盖，眼耳均作艺术处理。整个器物造型写

实简约,纹饰朴实华美。图5-1-64是现藏于山西历史博物馆的春秋鸟尊。该器高25.3厘米,长33厘米。1988年太原市赵卿墓出土。形如昂首挺立的鸷鸟,全身羽纹华丽清晰。细颈尖喙,上喙可自由启合,倾倒酒液时自动开启,复位时自动闭合,设计十分巧妙。全器比例适度,工艺精巧,纹饰范模拼接严丝合缝,不露半点瑕疵,实为晋国晚期青铜杰作。

图5-1-63 西周晚期象尊

图5-1-64 春秋鸟尊

2. 青铜器上的圆雕装饰作品

除了整体造型采用情态生动的动物形象外,商周青铜器上还大量采用圆雕装饰作品,使得器形更加典雅华美,从而增加生活的审美意趣。图5-1-65是现藏于河南历史博物馆的春秋时期的莲鹤方壶。通高117厘米,口长30.5厘米,口宽24.9厘米。1923年河南新郑县出土。该壶造型豪华气派,装饰典雅华美。壶冠呈双层盛开的莲瓣形,中间平盖上立一展翅欲飞之鹤;壶颈两侧用附壁回首之龙形怪兽为耳;器身满饰蟠螭纹,腹部四角各攀附一立体小兽,圈足下有两个侧首吐舌的卷尾兽,倾其全力承托重器。其构思新颖,设计巧妙,融清新活泼和凝重神秘为一体。

图5-1-65 莲鹤方壶

图5-1-66 立鸟人足筒形器

图5-1-66是现藏于山西历史博物馆的西周时期的立鸟人足筒形器。高23.1厘米,筒径9.1厘米。1993年曲沃县北赵村晋侯墓地63号墓出土。该器形制奇特,青铜器中首见。振翅的圆雕立鸟为钮。盖和口沿各有一对贯耳。下有方座,四面各有一个人形足,人裸体,发髻高耸,下蹲做奋力状。这个器物造型华美,纹饰富丽,为不可多得的艺术珍品。

3. 西汉时期的青铜生活器物

西汉时期,社会安定,经济繁荣,人们对生活充满了激情。在这样的大背景下,人们的生活情趣浓厚,审美意识强烈,生活器物的艺术性大大增强,产生了一大批实用性和观赏性高度结合的青铜器物。图5-1-67是现藏于河南省历史博物馆的西汉五凤熏炉。该炉直径21.5厘米,通高20厘米。整个器物由一个底盘和站立在底盘上的大凤构成。盘为平底,三只小乳足。大凤双爪铆在盘上,首引颈,口衔圆球,振翅挺胸,阔翅上翘,胸前与双翅上均有阴刻羽状纹饰。翅、腹连接处用转轴连接,可自由开合。尾翅均有弧形与长方形小镂孔。胸前、双翅和尾部另饰四只雏凤。该器物构思新颖,造型奇特,大凤形象生动逼真,姿态矫健。该器集实用观赏于一体,为汉代铜器上乘之作。图5-1-68为现藏于陕西西安博物院的西汉鸿雁形熏灯。该器物的造型虽简约素朴,但融透雕、圆雕于一体,集实用性与观赏性于一身,是西汉时期艺术融入生活的重要实物见证。

图5-1-67 五凤熏炉　　　　图5-1-68 西汉鸿雁形熏灯

4. 浮透雕金银器

近年来,唐代的金银器不断被发现和出土。在这些金银器中,有大量精美的浮雕和透雕作品。如图5-1-69这件鎏金舞马衔杯纹仿皮囊银壶,两侧均采用浮雕工艺各塑造出一匹奋首鼓尾、跃然起舞的舞马形象。又如图5-1-70这件鎏金飞廉纹六曲银盘,盘中心浮雕一飞廉形象。关于凤神飞廉,《离骚》中有"前望舒使先驱兮,后飞廉使奔属"。传说中飞廉的形象是"兽头,鸟身,凤尾。"

 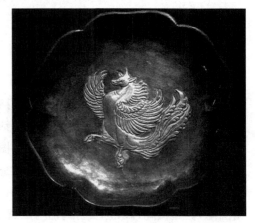

图 5-1-69　鎏金舞马衔杯纹仿皮囊银壶　　图 5-1-70　唐鎏金飞廉纹六曲银盘

图 5-1-71 为唐代葡萄花鸟纹银香囊。香囊外壁用银制,呈圆球形,通体镂空,以中部水平线为界平均分割形成两个半球形,上下球体之间,一侧以钩链相勾合,一侧以活轴相套合,下部球体内又设两层银质的双轴相连的同心圆机环,外层机环与球壁相连,内层机环分别与外层机环和金盂相连,内层机环内安放半圆形金香盂,外壁、机环、金盂之间,用银质铆钉铆接,可以自由转动。这样无论外壁球体怎样转动,由于机环和金盂重力的作用,香盂始终保持重心向下,里面的香料不致撒落于外。尽管已经经历了一千多年,其仍然玲珑剔透,转动起来灵活自如,平衡不倒,其设计之科学与巧妙,令现代人叹绝。

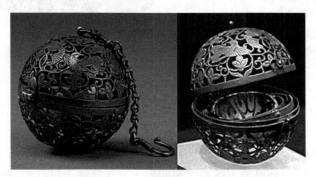

图 5-1-71　葡萄花鸟纹银香囊

第二节　中国古代音乐艺术

中国音乐艺术发端于原始人类的生产活动,其源头至少可以追溯到 8000 年以前的新石器时代早期。到殷商和西周时期迅速发展,秦汉时期趋于成熟,到唐代开始大量吸收异域音乐文化的有益成分而走向繁荣,到宋、元、明、清时期内涵大大丰富,民间音乐艺术蓬勃发展,戏曲音乐呈现出突飞猛进的发展景象。

一、丰富的音乐文化遗产

中国的音乐艺术起源很早,发展也很稳健,直接和间接的物质文化遗存很多。这些文化遗存分别从不同的角度全面、清晰地阐释和佐证了中国古代音乐艺术的发展状况。

1. 贾湖骨笛

1987 年,中国考古工作者在河南贾湖遗址发掘出三十余支骨笛(图 5-2-1),这是世界上迄今为止发现的时间最早、保存最完整的管乐器。其中,距今时间最早的骨笛诞生于 8700 年以前。这也就是说,早在 8700 年以前,中国的音乐艺术已经产生。

贾湖骨笛比古埃及出现的笛子要早 2000 年,被专家认定为世界上最早的吹奏乐器,是世界笛子的鼻祖。这一批精致的骨笛的出土,把中国七声音阶的历史提前到 8700 年前,把人类音乐史向前推了 3000 多年。

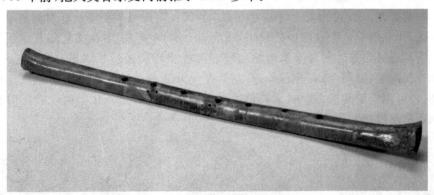

图 5-2-1　贾湖骨笛

2. 骨哨

1973 年,浙江余姚河姆渡遗址出土了一批新石器时代的"骨哨"(图 5-2-2),其产生年代的上限为距今 7000 年左右。"骨哨"是截取鸟禽类中段肢骨加工而成的,长度 4～12 厘米不等,器身略呈弧曲。其中有一件骨哨,出土时腔内插有一肢骨,将有孔的一段放入嘴里轻吹,同时抽动腔内肢骨,就可以吹出简单的乐曲。近年来,考古工作者在距今8000-7000年的浙江跨湖桥文化遗址也发现了骨哨这种乐器(图5-2-3),这更进一步说明了中国的音乐艺术早在新石器时代已经普及。

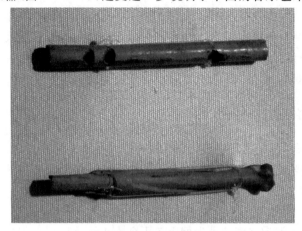
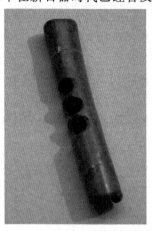

图5-2-2　河姆渡骨哨　　　　　　图5-2-3　跨湖桥文化骨哨

3. 陶埙

陶埙是近年来出土的新石器时代乐器中数量最多的一种,在很多新石器时代的文化类型中都有发现。例如,20世纪50年代,考古工作者在西安半坡遗址发掘出了距今6000年前的两只陶埙(图5-2-4),其中一个有一音孔的陶埙能吹出一个小3度音程。20世纪70年代,考古工作者又在陕西临潼姜寨遗址发掘出了一只距今约6000年的2音孔陶埙(图5-2-5)。1987年9月,中国文化部艺术研究院音乐研究所吴钊先生曾对姜寨陶埙的发音性能和音高进行了测定。结果显示,这只2音孔陶埙,除用全闭、开右孔、开左孔及全开四种按法吹出四个不同频率的音乐外,还可用全闭变换角度吹出其他两个不同频率的音乐。比上面的发现时代更早的还有河姆渡文化遗址出土的陶埙(图5-2-6)。

图5-2-4　半坡陶埙　　　图5-2-5　姜寨陶埙　　　图5-2-6　河姆渡陶埙

4. 石磬

石磬简称"磬",是中国古老的石制打击乐器。用石或玉制成,形制有大有小,钻孔悬挂于架下,击打传声。磬的历史非常悠久,其源头可以追溯到远古母系氏族社会,当时人们劳作之余敲打着石头歌舞娱乐。从最初的敲击石头人们悟出了物体发声的规律,就这样,磬这种打击乐器产生了。

目前我国考古工作者已经发现的最早的石磬实物是20世纪70年代在山西襄汾陶寺遗址出土的一件大石磬(图5-2-7),上部有一穿孔,击之声音悦耳。经测定,此磬距今约4000年。此磬现藏于中国社科院考古研究所。

图 5-2-7 石磬

商代及其以后的石磬发现较多。如1935年在安阳市侯家庄商代大墓出土了3枚刻有铭文的石编磬;1978年,湖北随州曾侯乙墓出土了战国初年的一套石编磬,共32枚(大部已压碎、粉化,完好的共9枚)。这32枚石磬上,都刻有关于乐律的铭文及磬的音名。

图5-2-8这件石磬是出土于二里头文化遗址、现藏于中国社科院考古研究所的一件石磬,距今已有3600多年的历史。图5-2-9是安阳殷墟遗址出土、现藏于河南历史博物馆的商代虎纹石磬。该石磬由大理石制成,已有3000余年的历史,音色与青铜乐器发出的声音一样清亮。

图 5-2-8 石磬

图 5-2-9 商代虎纹石磬

5. 编钟

钟是古代的重要乐器。分特钟和编钟两种，单独悬挂的叫"特钟"，大小相次排列的叫"编钟"。编钟是由大小不同的扁圆钟按照音调高低的次序排列起来，悬挂在一个巨大的钟架上，用丁字形的木锤和长形的棒分别敲打铜钟，能发出不同的乐音，因为每个钟的音调不同，按照音谱敲打，可以演奏出美妙的乐曲。

编钟在西周时期已经出现，到春秋战国时期已经相当普遍。图5-2-10是距今2800年前的西周柞钟，1960年于陕西扶风县齐家村出土。这套柞钟为一组八枚，是迄今为止已发现西周编钟枚数较多的。"柞"为铸钟主人名。钟上铸有铭文。铭文大意是说柞在三年四月甲寅这一天受到周王的册命和赏赐，感到非常荣幸，因此铸钟纪念。

图5-2-10 西周柞钟

图5-2-11为1978年在湖北随县（今随州市）曾侯乙墓发掘的曾侯乙编钟，这套编钟为战国早期文物。出土后的编钟是由六十五件青铜编钟组成的一套乐器，其音域跨五个半八度，十二个半音齐备。它高超的铸造技术和良好的音乐性能，改写了世界音乐史，被中外专家学者称为"稀世珍宝"。

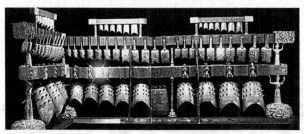

图5-2-11 曾侯乙墓编钟

除了以上所举的两例外，春秋至秦汉时期的编钟近年来出土数量较多，其中不乏稀世珍品。限于篇幅，这里就不一一举例了。

二、丰富的音乐史料

虽然由于时间久远、历史记载有限和实物资料不足等原因，我们不能完全知晓上古时期中国音乐艺术发展的真实情形,但是我们还是能够从古诗文、绘画和陶俑等其他各种历史资料中找到切实的佐证。

从出土的石磬、编钟这些乐器来看,中国夏商周时代的宫廷音乐气势是比较宏大的,因为这些乐器的演奏常常需要多人配合。特别是西周时期礼乐制度的建立,为宫廷音乐的快速发展提供了良好的土壤。因此,不难想象,到西周时期,中国的宫廷音乐已经得到了长足的发展。

那么,这一时期音乐艺术在民间的发展情况又如何呢?让我们先来看几首诗中的句子。《诗经·周南·关雎》:"参差荇菜,左右采之。窈窕淑女,琴瑟友之。参差荇菜,左右芼之。窈窕淑女,钟鼓乐之。"从这首西周晚期的诗中我们可以看到,小伙子为了接近自己心爱的姑娘,采用了弹奏乐曲的办法来吸引她。两个人相爱后,小伙子又想着找一个乐队,吹吹打打地将其娶回家。从这首诗的描写来看,西周至春秋战国时代,乐器在民间已经十分普及,并且已经出现了民间乐队。这一点在下面一首诗中也可以得到佐证。《诗经·邶风·静女》:"静女其娈,贻我彤管。彤管有炜,说怿女美。"这几句诗写小伙子和心爱的姑娘约会,姑娘送给了小伙子一根"竹笛"(或箫)。这就是说,当时民间的乐器已经很普遍。

西汉时期,国家专门设置乐府从事音乐的创造以及民间音乐的收集整理工作,促使了音乐艺术的大大发展。乐府搜集整理的最有名的歌曲形式是"相和歌"。"相和歌"原是民间无伴奏"清唱歌曲",往往一人唱,几人和。乐府采集后,在原来的基础上加丝类、竹类乐器伴奏,就形成了"丝竹更(交替)相和"的"相和歌"了。这时的丝竹类伴奏乐器有琴、瑟、筝、琵琶、笛、笙、篪,而由歌唱者敲节鼓统一节奏。不难想象,在多种乐器协同伴奏下,歌曲的气势和魅力都是巨大的。如图5-2-12是长沙马王堆汉墓出土的一组奏乐木俑,由此可以想见西汉时期音乐艺术发展的盛况。

图 5-2-12 奏乐木俑

值得注意的是,汉代的乐府大量地从民间采集素材进行再创作,这说明汉代的民间音乐艺术是相当繁荣并且具有鲜活生命力的。从一些古诗文中还可以得知,汉代民间的各种乐器相当普及。如卓文君答司马相如的数字诗中写道:"一别之后,二地相思,只说是三四月,又谁知五六年,七弦琴无心弹,八行书无可传,九连环从中折断,十里长亭望眼欲穿,百思想,千系念,万般无奈把君ното。"从这首诗中可知,连"七弦琴"这样比较贵重的乐器一般人家都有,那么笛子之类的简单乐器就更加普遍了。这说明到汉代时中国的音乐艺术已经相当普及。

唐代是乐舞合璧的一个时代,音乐的发展与舞蹈的发展相互促进。唐代乐舞在继承和发展前代乐舞优秀成分的基础上,广泛吸收外来乐舞的优秀元素,获得了长足发展。特别是盛唐乐舞熔南北技艺于一炉,集中外文化于一体。唐代的《十部乐》以中原乐舞为主体,其他大多带有外国和少数民族的异域文化特征。据《新唐书·礼乐志》记载,这十部乐为燕乐、清商、西凉、天竺、龟兹、疏勒、康国、安国、高丽、高昌等。十部乐中,除了燕乐、清商为中原音乐,西凉乐是中原旧乐和龟兹乐融合的产物,其他七部都是外来音乐,南至印度支那,北到撒马尔罕。唐代还不断从四方选择异域音乐,如剑南节度使韦皋献来的《南诏奉圣乐》,骠国献来的《骠国乐》等。

唐代音乐发展形成的"大曲",集器乐、歌、舞于一体,是一种较高的艺术形式。白居易《长恨歌》中写:"渔阳鼙鼓动地来,惊破《霓裳羽衣曲》。"诗句中的《霓裳羽衣曲》就是唐代著名的大曲。除《霓裳羽衣》外,著名的还有《凉州》《伊州》《秦王破阵乐》等。

唐代乐舞的繁荣和兴盛,从绘画、陶俑中都可以得到佐证。如图5-2-13是唐代骆驼载乐俑的局部特写。驼背上有乐舞俑8个,器中7个男乐俑,1个女舞俑。乐俑分别演奏笛子、箜篌、琵琶、笙、箫、拍板、排箫7种乐器,在全神贯注地演奏,女舞俑亭亭玉立于7个乐俑中间,轻拂长袖,边歌边舞。图5-2-14是出土于唐代李勣墓的乐伎图,其中一人吹笛,一人吹排箫,演奏者神情专注,似沉浸在音乐情境之中。

图5-2-13　唐代骆驼载乐俑(局部)　　图5-2-14　李勣墓乐伎图

此外,唐代的"曲子"(即民歌)发展十分迅速。这一时期汉族和其他民族的民歌都有长足发展,后来乐工也模仿创作曲子。仅仅敦煌发现的曲子歌词就有五百多首,涉及的调名有七八十种。这一点在唐代诗文中也有反映,如刘禹锡的《竹枝词》。

宋代以后,文献资料比较翔实,音乐艺术的发展情况都有比较详细的记载。与此同时,宋词、杂剧等文学艺术形式对音乐艺术发展的诠释也十分清楚。限于篇幅,我们就不一一赘述了。

三、取法天籁的民族音乐

崇尚自然是中国文化的基本思想之一。这一思想表现在音乐艺术方面就是视天籁为音乐的最高境界。所谓天籁,是指自然界的声响,风声,鸟鸣,泉水的叮咚之响等,凡凝聚天地神韵、日月精华的声音统称之为天籁之音。现在人们已经习惯把特别优美动听的声音称之为天籁。不仅如此,人们还用天籁来形容不事雕琢,有自然意趣的诗歌。

在崇尚天籁之音的思想的影响下,中国的传统乐器大多取法自然,在制作上只是对自然物料的简单加工,十分简约,发声单一、自然、纯净,合奏有自然之趣,能把人带进一种美妙的情景。如图5-2-15檀板和图5-2-16竹板,几片檀木板和几段竹板构成的简单打击乐器,融入到多种乐器组成的乐队中,其声响是那样的清脆入耳,颇显天籁之音的魅力。

图5-2-15 檀板

图5-2-16 竹板

再如图5-2-17竹笛和图5-2-18葫芦丝这两件乐器,从大自然中取材十分方便,乐器构造简单,用自然之物稍事加工即成。但他们却能够完美地再现出天籁之音,能够将人带进一种美妙的自然境地。

图 5-2-17 竹笛

图 5-2-18 葫芦丝

由于中国传统乐器源于自然,取材方便,制作简单,所以极易走进百姓的生活。这样一来,不仅促使了民间音乐艺术的发展和繁荣,而且为百姓的生活提供了一种动力,使人们始终保持一种乐观向上的生活激情,继而产生出发奋进取的精神。

从另一个角度讲,由于中国传统乐器的制作材料信手拈来,制作简单,加之可模仿和再现的自然声响十分丰富,因此,乐器的种类很多。仅先秦时期的乐器,见于文献记载的有近 70 种。而在《诗经》一书中提及的就有 29 种,其中打击乐器有鼓、钟、钲、磬、缶、铃等 21 种,吹奏乐器有箫、管、埙、笙等 6 种,弹弦乐器有琴、瑟 2 种。

总之,中国古代的音乐艺术不仅起源早,而且在民间的普及程度高,至少在商朝建立后的三千多年时间里始终保持一种繁荣的状态。

第三节　中国传统戏曲

中国戏曲是把戏剧的内容与歌舞的形式高度结合起来的一种特殊的戏剧艺术种类。它是戏剧与音乐、舞蹈相结合的产物,是一种把歌唱、舞蹈、念白、戏剧表演融为一体的艺术形式。

一、中国戏曲艺术的特点

中国戏曲艺术既具有人类戏剧的共同特点,又因不同的表现手段而区别于话剧等其他戏剧种类,具有自己的特点。

(一)讲究唱、念、做、打

唱、做、念、打是戏曲的突出特点。唱功中,行腔转调,发音吐字,都有一定规矩和要求;做工有手、眼、身、法、步,都要经过专门的严格训练;念白分韵白和口白,都要具有音乐性;武打要干净利落,稳妥准确,轻捷灵便。

(二)表演程式化

戏曲表现手段的程式,也是戏曲艺术的重要特点。特别是在古典戏曲中,上下场,唱、做、念、打和音乐伴奏,以及服装、化妆(图5-3-1)、布景、道具等,都有一定规矩,这就叫做"程式",如武打有许多固定的套子,对白有程式,唱腔有板式,舞也有程式。在演一出戏时,如何运用手势、如何运用眼神(图5-3-2)、身体如何动作、头发如何甩动、步子怎样走,都是有讲究的。连怎样表现人物的喜、怒、忧、思、悲、恐、惊等感情,也全都提炼美化成一套完整程式。程式是戏曲区别于话剧等其他戏剧艺术的主要特点。在现代戏曲中,有些程式已被打破。

图5-3-1 化妆

图5-3-2 身法和眼神

(三)表演和表现的虚拟性

从表演的角度看,在戏曲舞台上,采取上下场的分场方法,可以自由地处理舞台的空间和时间。舞台上的地点和时间随演员的表演而变动,演员离开舞台,地点和时间就不存在了。如越剧《十八相送》中梁山伯送祝英台,从书亭到长亭,走了十八里,一路上穿村庄,过小桥,傍井台、进庙堂,眨眼之间场景数变。

从表现的角度看,戏曲舞台上的很多景物和人物动作都是虚拟的,如以鞭代马,持桨当舟等虚拟动作,可以使人联想到骑马、行舟等。与此同时,伴随着人物的虚拟动作,观赏者的大脑中会因联想而产生出高山、平地、江河、湖海、厅堂、卧室等场景,瞬息之间,厅堂、卧室又可转化为长街、小巷等。

(四)音乐性

相对于话剧而言,戏曲艺术富于音乐性。戏曲表演要运用唱、念、做、打诸种艺术手段,每一种手段都与音乐有不可分离的关系。唱,本来就是一种音乐的表演手段,这自不待说。念白虽不是歌唱,却要有音乐性,要求它在声调上有抑扬、有顿挫,节奏上能与歌唱相协调。至于做功、武打,这都属于形体动作,但戏曲舞台上的形体动作又不是生活动作的直接模仿,而是具有舞蹈性的表演,它是强烈的、夸张的、富于节奏感的。因此这种形体动作与音乐紧密地结合在一起,融化于音乐的节奏之中。传统戏曲表演要求演员熟悉锣鼓经,亦即各种锣鼓点子的组合形式,身段动作要与锣鼓经合拍;熟练的演员离开锣鼓的配合就觉得无法动作,情绪无从发挥,也就是这个道理。

二、中国戏曲剧种举例

在众多的中国戏曲剧种之中,比较流行和著名的剧种有:京剧、昆曲、越剧、豫剧、粤剧、秦腔、川剧、评剧、晋剧、汉剧、潮剧、闽剧、河北梆子、湘剧、黄梅戏、湖南花鼓戏等五十多个剧种,尤以京剧流行最广。下面我们重点介绍几种:

(一)京剧

京剧是在徽调和汉戏的基础上,吸收了昆曲、秦腔等一些戏曲剧种的优点和特长逐渐演变而形成的一个剧种。

京剧音乐属于板腔体,主要唱腔有二黄、西皮两个系统,所以京剧也称"皮黄"。京剧常用唱腔还有南梆子、四平调、高拔子和吹腔。京剧的传统剧目约在一千个左右,常演的约有三四百个,其中除来自徽戏、汉戏、昆曲与秦腔者外,也有相当数量是京剧艺人和民间作家陆续编写出来的。京剧较擅长于表现历史题材,故事大多取自历史演义和小说话本。既有整本的大戏,也有大量的折子戏,此外还有一些连台本戏。

京剧角色的行当划分比较严格,早期分为生、旦、净、末、丑、武行、流行(龙套)七行,以后归为生、旦、净、丑四大行,每一种行当内又有细致的进一步划分。"生"是除了大花脸以及丑角以外的男性角色的统称,又分老生(须生)、小生、武生、娃娃生。"旦"是女性角色的统称,内部又分为正旦、花旦、闺门旦、武旦、老旦、彩旦(摇旦)。"净",俗称花脸,大多是扮演性格、品质或相貌上有些特异的男性人物,化妆用脸谱,音色洪亮,风格粗犷。"净"又分为以主唱工为主的大花脸,如包拯;以做工为主的二花脸,如曹操。"丑",扮演喜剧角色,因在鼻梁上抹一小块白粉,俗称小花脸。

京剧脸谱(图5-3-3)是具有民族特色的一种特殊的化妆方法。由于每个历史人物或某一种类型的人物都有一种大概的谱式,就像唱歌、奏乐都要按照乐谱一样,所以称为"脸谱"。它是根据人物身份和性格的不同而分别采用不同的颜色。红色的脸谱表示忠勇和义烈,如关羽、姜维、常遇春等;黑色的脸谱表示刚烈、正直、勇猛甚至鲁莽,如包拯、张飞、李逵等;黄色的脸谱表示凶狠残暴,如宇文成都、典韦等。蓝色或绿色的脸谱表示一些粗豪暴躁的人物,如窦尔敦、马武等;白色的脸谱一般表示奸臣、坏人,如曹操、赵高等。现在,京剧脸谱艺术已经成为广大戏曲爱好者非常喜爱的一门艺术,国内外都很流行,已经被大家公认为是中华民族传统文化的标志。

图 5-3-3 京剧脸谱

(二)昆曲

昆曲早在元末明初之际(14世纪中叶)即产生于江苏昆山一带,它与起源于浙江的海盐腔、余姚腔和起源于江西的弋阳腔,被称为明代四大声腔,同属南戏系统。是我国古老的戏曲声腔、剧种,原名"昆山腔"或简称"昆腔",清朝以来被称为"昆曲",现又被称为"昆剧"。

昆曲的伴奏乐器,以曲笛为主,辅以笙、箫、唢呐、三弦、琵琶等(图5-3-4)。昆曲的表演,也有它独特的体系、风格,它最大的特点是抒情性强、动作细腻,歌唱与舞蹈的身段结合得巧妙而和谐。

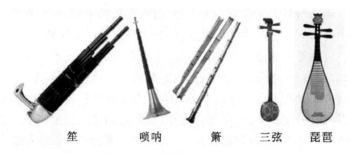

笙　　唢呐　　箫　　三弦　　琵琶

图 5-3-4　昆曲伴奏乐器

该剧种于 2001 年 5 月 18 日被联合国教科文组织命名为"人类口述遗产和非物质遗产代表作"称号。2006 年 5 月 20 日,昆曲经国务院批准列入第一批国家级非物质文化遗产名录。

(三)越剧

中国五大戏曲(京剧、越剧、黄梅戏、评剧、豫剧)剧种之一,亦有"全国第二大剧种"之称。清末起源于浙江嵊县,即古越国所在地,因此而得名。它由当地民间歌曲发展而成。主要流行于浙江、上海、江苏、福建等地,在海外亦有很高的声誉和广泛的群众基础。

越剧长于抒情,以唱为主,声腔清悠婉丽,优美动听,表演真切动人,极具江南地方色彩。越剧演员初由男班演出,后改女班或男女混合班,现多由女班来演。

2006 年 5 月 20 日,经国务院批准,越剧列入第一批国家级非物质文化遗产名录。

(四)豫剧

豫剧,也称河南梆子、河南高调。因早期演员用本嗓演唱,起腔与收腔时用假声翻高尾音带"讴",又叫"河南讴"。在豫西山区演出多依山平土为台,当地称为"靠山吼"。因为河南省简称"豫",所以解放后定名为豫剧。是河南省的主要剧种之一。

豫剧一向以唱见长,在剧情的节骨眼上都安排有大板唱腔,唱腔流畅、节奏鲜明、极具口语化,一般吐字清晰、行腔酣畅、易为听众听清,显示出特有的艺术魅力。

(五)黄梅戏

黄梅戏,旧称黄梅调或采茶戏,是中国的五大剧种之一。黄梅戏发源于湖北、安徽、江西三省交界处的农村,与鄂东和赣东北的采茶戏同出一源,其最初形式是湖北黄梅一带的采茶歌。清道光前后,产生和流传于皖、鄂、赣三省间的黄梅采茶调、江西调、桐城调、凤阳歌,受戏曲青阳腔、徽调的影响,与莲湘、高跷、旱船等民间艺术相结合,逐渐形成了一些小戏。经过一段时间的发展,又在吸收"罗汉桩"、青阳腔、徽调的演出内容和表演形式的基础上,产生了故事完整的本戏。

黄梅戏唱腔委婉清新,分花腔和平词两大类。花腔以演小戏为主,富有浓厚的生活气息和民歌风味,多用"衬词"如"呼舍"、"喂却"之类。著名曲目有"夫妻观灯"、"蓝桥会"、"打猪草"等。平词是正本戏中最主要的唱腔,常用于大段叙述、抒情,听起来委婉悠扬,著名曲目有"梁祝"、"天仙配"等。现代黄梅戏在音乐方面增强了"平词"类唱腔的表现力,常用于大段抒情、叙事,是正本戏的主要唱腔;突破了某些"花腔"专戏专用的限制,吸收民歌和其他音乐成分,创造了与传统唱腔相协调的新腔。黄梅戏以高胡为主要伴奏乐器,加以其他民族乐器和锣鼓配合,适合于表现多种题材的剧目。

(六) 川剧

川剧是中国戏曲中十分罕见的以昆、高、胡、弹、灯五种声腔为一体而构成的剧种。主要流行于四川、云南和贵州省。

川剧的表演艺术有深厚的生活基础,并形成了一套完美的表演程式,真实细腻,幽默机趣,乡土气息浓厚,特别善于采用托举、开慧眼、变脸、钻火圈、藏刀等特技来刻画人物性格。传统剧目极为丰富。

川戏锣鼓在川剧音乐中起着举足轻重的作用。常用的小鼓、堂鼓、大锣、大钹、小锣(兼铰子)统称为"五方"(图5-3-5),加上弦乐、唢呐为七方,由小鼓指挥。

川剧的行当划分极为严谨,分生、旦、净、末、丑、杂等六类。

堂鼓　　　大锣　　　　大钹　　　　小锣

图 5-3-5 川剧的几种伴奏乐器

第四节 中国古代舞蹈

早在八千多年前,我国的舞蹈艺术已经产生。近年来,各地出土的大量陶塑舞俑、乐舞图和玉雕舞者形象等都说明,舞蹈艺术不仅在我国的发展一直未间断,而且始终处于一种繁荣的状态。

一、先秦舞蹈管窥

近年来,我国各地相继出土了一些有关先秦时期中国舞蹈的实物资料,其中战国时期的玉舞人和乐舞图最为精彩,也最能说明一些问题。如图5-4-1这件战国时期的连体玉舞人,两人屈膝扭胯成S形,长袖挥舞,衣带飘逸,配合默契。从这件玉舞人我们可以看出,战国时期的舞蹈不仅关注人体的动作美,而且已经注意服饰、舞蹈节奏等对舞蹈整体美感制造的辅助作用。

图5-4-1 玉舞人

1978年在湖北随州市曾侯乙墓出土了一件彩绘乐舞图鸳鸯漆盒(图5-4-2)。器腹两侧绘有乐舞图。其中,右侧绘的是一幅乐舞图(图5-4-3)。其中一人持捶敲打乐器,旁边的佩剑"武士"正随着音乐翩翩起舞。从这幅乐舞图上面,我们起码可以解读出这么几个方面的信息:一是舞者飘举的长袖证明了《韩非子·五蠹》中所说的"长袖善舞"的先秦舞蹈美学思想,说明了先秦时期人们已经开始重视服装和道具在舞蹈魅力制造方面的作用。二是从这幅乐舞图中我们还可以看到舞蹈与音乐的密切关系。

图5-4-2 彩绘乐舞图鸳鸯形漆盒

图5-4-3 乐舞图

二、汉代舞蹈管窥

近年来,我国各地出土的汉代乐舞俑为数不少,同时也出土了一批玉舞人。从这些文物上面,我们可以解读出汉代舞蹈发展的基本状况。如图5-4-4这两件1986年出土于河南永城芒山镇僖山汉墓的白玉舞人佩。舞人身体扭动的姿态呈现出一种曲线美,飘动的长袖透射出了一种轻歌曼舞的意境,拖地长裙衬托出舞者的优雅。这些都显示了舞蹈艺术的本质特征。

图5-4-4 白玉舞人佩

图5-4-5 东汉乐舞俑

如图5-4-5是1955年1月于广州一座东汉墓出土的乐舞俑。乐舞俑一组四件,其中三件为乐俑,一件为舞俑。乐俑中一人在弹奏、两人似手持打击乐器。舞俑长袖宽衣,长裙拖地,右手在前做抒情动作,左手向侧后挥舞,衣袖飞舞,呈翩翩起舞状。这组陶俑生动地再现了汉代歌舞表演的场面。这组歌舞俑既具有轻歌曼舞的风格,同时又具有较强的节奏感。

西汉时期,国家政治稳定,经济繁荣,乐舞艺术得到蓬勃的发展,长袖舞就是当时所盛行的舞蹈之一。长袖舞的特点是舞者扬举长袖,在空中飘扬,给人以飘洒的美感和出神入化的神韵。如图5-4-6是1954年在陕西省西安市白家口出土的西汉女舞俑。女俑长发,前额中分,颈后挽髻,发梢左垂,身穿交领右衽深衣,深衣褶袖内露长舞袖。这件彩绘陶舞俑抓住了舞女舞动长袖的一刹那,把轻盈、舒展而柔美的长袖舞刻画得生动传神。

图5-4-6 西汉女舞俑

图5-4-7 百戏俑

汉代是中国乐舞、杂技等"百戏"艺术空前发展的时期,舞蹈常常和"百戏"结合在一起表演。《乐府诗集》中记载:"自汉以后,乐舞寖盛"。图5-4-7是现藏于陕西历史博物馆的百戏俑。该组陶俑塑造的是三个正在歌舞者,整体给人以节奏鲜明、舞步劲健的感觉。这是西汉时期蓬勃向上的时代精神的体现。

三、隋唐舞蹈管窥

隋唐时代是中国艺术蓬勃发展和空前繁荣的时代,舞蹈艺术在这一时期也进入了鼎盛期,并且与音乐艺术高度融合。这一点可以从近年来出土的大量文物上面得到印证。

图5-4-8是现藏于西安博物院的隋代黄釉乐舞女俑。其中两人奏乐,一人舞蹈。从舞者的姿势来看,隋代舞蹈依然追求人体美与生命活力的表现。但从服饰来看,隋代舞蹈服饰已经开始从汉代的宽袍大袖向紧身简洁过度,以便更好的凸现人体的曲线美。

图5-4-8　隋代黄釉乐舞女俑

到唐代,各种民间乐舞形式经过改造发展为宫廷乐舞。唐代宫廷乐舞按艺术风格可分为"软舞"和"健舞"两类。唐代软舞以舞动长袖或飘带为主,舞者低身举袖,犹如燕起纷飞,格调高雅,美不胜收;健舞动作矫健,节奏明快。两种舞蹈的规模一般都不大,多是独舞或双人舞,但是动作技巧水平较高。如,著名的《霓裳羽衣舞》属于"软舞",由西域传过来的《胡旋舞》则属于"健舞"。

图5-4-9是现藏于中国故宫博物院的一组唐代乐舞俑,其中6人奏乐,两人舞蹈。舞蹈者所表演的舞蹈为典型的软舞。图5-4-10是1991年9月在河南孟津县的出土一组唐代彩绘乐舞陶俑。这组彩绘乐舞陶俑造型优美、栩栩如生。彩绘乐舞

陶组俑,共计10件,其中乐俑6件,舞俑4件。现由洛阳市博物馆收藏。6件女乐俑均呈跽坐状。俑头梳双髻,身着半臂衫,长裙铺地,表情专注,作吹奏或弹奏乐器状。在乐俑的伴奏下,4件女舞俑翩翩起舞。乐舞俑表情温婉,面部丰满圆润,形体优美异常,突出表现了人体形态美。从舞俑的姿态来看,是当时非常流行的软舞。

图5-4-9 唐代乐舞俑　　　　图5-4-10 唐代乐舞俑

值得注意的是,唐代舞蹈打破了汉代以来舞蹈和杂技并存的局面,成为独立表演的艺术品种,其舞种之多样,舞姿之新颖,气魄之宏伟,都是空前的。近年来出土的文物可以证明这一点。

图5-4-11 唐代黄釉陶女舞俑　　　　图5-4-12 唐舞伎图

图5-4-11是现藏于西安大唐西市博物馆的一对唐代黄釉陶女舞俑。女舞俑身着圆领半臂,下着曳地长裙,身体左倾,左臂抬起,长袖飘拂,潇洒自如,风格雍容大度,舞姿优美。这是唐代流行的双人舞蹈。图5-4-12是昭陵陪葬墓李勣墓出土的双人对舞图。两舞伎相对翩翩起舞,面容俊秀,体态窈窕,梳双环望仙髻,着朱红色广袖衫,束腰,穿条纹长裙,婀娜多姿,舞姿轻盈。这幅图真实的描绘了唐代双人对舞表演的真实情景,具有极高的史料价值。

到宋代,舞蹈艺术在民间又开始兴盛起来,这也与宋代词曲艺术的空前繁荣有很大的关系。限于篇幅,我们这里就不赘述了。因为关于中国舞蹈起源与发展的研究,那是历史学家和艺术史们的事,我们没有必要在那上面耗费精力。我们在这里列举舞蹈艺术文物实例的目的只是想通过对历史资料的分析和研究,弄清楚中国舞蹈的独特魅力。

通过以上实物资料的分析和研究,笔者把中国舞蹈的特点概括为十六个字:以情带舞,形神兼备,舞乐相偕,富于意境。

(1)以情带舞。舞蹈长于抒情,善于情绪表现。它是以生命状态呈现的方式来表情达意的,动作、节奏、人体造型是其基本表现手段,人体本来的自然魅力和生命本身的活力是其关键的抒情元素。舞者主要是运用人体的动作和姿态造型来抒发欢愉之情,或宣泄郁闷情绪,观者通过舞者动作节奏、力度、造型等生命状态,把握舞蹈所抒发的情感。

舞蹈动作是由情感孕育而成的。情感作为一种生命的内驱力,直接促使着表达愿望的产生。当其不能用有声语言来表达时,肢体语言就派上了用场,这就是所谓的"情动于中而形之于外"。中国古代舞蹈强调的舞之以心、动之以情实际上就是强调以情带舞,使舞蹈动作富于情调和感染力量。

(2)形神兼备。舞蹈以人的形体为媒介,通过表情、姿态和形体动作的力度、幅度与角度等的变化来表达内心的情感。舞蹈动作不是生活动作的自然模仿,而是经过提炼和升华之后的感情载体。中国古代的舞蹈十分讲究形神兼备,刚柔并济,虚实相兼,动静结合,要求一招一式都要有神韵、有内涵,是一种生命激情的释放。能够使观众在欣赏舞蹈时,看到的不仅是身体的跳跃,而是灵魂在舞动。

(3)舞乐相偕。舞蹈虽然具有造型艺术的一些特点,似乎是一种动态的造型艺术,而实际上它更偏重表现和抒情,而不是模仿和再现。从上面这些出土文物可以看到,中国古代的舞蹈始终与音乐紧紧的联系在一起。音乐不仅赋予了舞蹈一种特殊的魅力与神韵,而且为舞蹈动作增添了浓厚的抒情色彩。动作节奏与音乐的和谐统一是中国传统舞蹈的一大特点。

(4)富于意境。舞蹈的世界是感情的世界。舞蹈表演者用传达情感的舞蹈语言,创造具有诗情画意的舞蹈形象,旨在唤起观众的情感体验,使其通过想象与联想进入到一种艺术情境,从而获得强烈的美感体验。为了有效地把观众带进一种情境,中国传统舞蹈特别重视动作的轻慢与音乐的配合来加强意境的创造。

第五节 中国古代艺术的基本精神

中国艺术植根于中华民族生活的土壤,不仅表现了中华民族的思想、感情、意志、理想和追求,而且具有中华民族文化精神的内涵,其艺术精神既涉及古典哲学、美学和宗教,又涉及意境、气韵、神似等问题。因此,中国艺术的思想特征主要表现在以下几个方面:

一、强调美与善的统一

中国古代教育以"六艺"为主要内容。这六艺是礼、乐、射、御、书、数,其中礼、乐居首位,两者并为一体。这里的乐除了指声乐、器乐外,还包括诗歌、舞蹈、传说和雏形戏剧。历代儒学家都把"乐"看做是道德感化和政治教化的手段。孔子认为,君臣同听音乐便可"和敬",乡邻、亲族同听音乐便可"和顺",家庭中同听音乐便会"和亲",总之,音乐的价值在于"和合君臣父子,附亲万民"。孔子把"乐"看作人们修身成仁和兴邦治国的根本。荀子的《乐论》专门论述了音乐的审美、教育作用。认为乐"可以善民心""移风易俗",可以使"民和""民齐""兵劲城固"。

正是因为中国传统文化的主流思想将艺术看做是道德教化的手段,因此,强调美与善的统一成为中国艺术的一大创作原则。正是在这一思想的影响下,中国戏曲的传统剧目大多以道德教化为内容。

二、追求情与理的统一

典型化是艺术表现不可或缺的重要方法,而典型化的基本特征就是超越现实之外,又在情理之中。中国古代艺术强调情感表现,追求情与理的统一。这一点,贯穿于中国古代艺术的方方面面。不论是霍去病墓的马踏匈奴,还是东汉的青铜雕塑马踏飞燕,均是情与理统一的典范之作。从另一方面讲,中国艺术一向讲究义理表现,力求给人以启迪与思考,这一点在书法艺术中表现得最为突出——中国书法作品的内容绝大多数都是启人心智的格言或经典言论。

三、追求意境美

中国艺术历来十分重视意境创造,力求通过外在景物的描绘将内心的思想感情充分表现出来。在这一思想的指导下,中国画十分重视情境描绘,经常把诗与画,直接融入于一个画面之内,形成一个完整的统一体。王维是唐代著名的山水画家,又是著名的大诗人,他是我国古代诗画结合的典型。苏轼在《书摩诘蓝田烟雨阁》中说道:"味摩诘之诗,诗中有画;观摩诘之画,画中有诗。"诗中有画,是指诗的意境鲜明如画;画中有诗,是说画中有诗一般的意境美。有人形容诗是无颜色的画,画是有颜色的诗。无论是诗还是画,都描写一种意境,抒发一种感情,二者的基本精神是相通的。

历史上还出现过许多著名的题画诗。题画诗是咏叹画的意境,诗在画面中所占的位置,也构成画的一部分,这是诗画的融合。唐代的题画诗十分盛行。以诗咏画,以诗意发挥画意,进而以诗境开扩画境,诗画结合,画的意境可以直接来自诗人的想象和感情。杜甫的题画诗尤为精彩。《杜工部集》中有题画诗十八首,这些题画诗很深刻地将绘画的艺术效果描述出来了,说明杜甫的诗心和画意是相映成趣的,是一致的。

中国的园林艺术和诗文、绘画紧密结合,园林中有诗情画意,绘画中有园林佳景,诗文中也常常描写园林,杜甫的"名园依绿水,野竹上青霄",两句诗就描绘的是园林佳景。

四、追求意趣,讲究人与自然的和谐统一

中国艺术向来追求自然意趣,将审美与表现个人情怀结合起来。这一艺术精神产生于中国传统文化的土壤——孔子说:"仁者乐山,智者乐水"。庄子认为道是"美"的,天地是"美"的,并明确指出"天地有大美"。正是在这样的思想影响之下,中国艺术总是强调人与自然、生命的欲望与现实社会的伦理道德要求两者统一。

中国山水画到宋元时期已发展到高峰,十分注意人和自然的和谐统一,感情上也相互交流。北宋山水画以客观整体地描绘自然为特色,使山水画富有深厚的意味。图5-5-1是钱选幽居图卷。图中湖光山色静谧幽淡,秀石零落坡边岸角,青松虬曲其上,村居掩映树石之间,一叶小艇驶向水平如镜的湖中,对岸碧峰起伏,参差错落,楼阁为茂林所环抱,茅舍隐现丛树兀石之后,幽居之景、之境、之情、之趣毕现于纸上。整幅图画把美丽的自然景色和画家对自然景色的深刻感受融为一体,和谐而又统一,给人以美的感受。

图5-5-1 钱选幽居图卷

中国古代园林既收入了自然山水美的千姿百态,又凝集了社会艺术美的精华。当我们漫步于园林,眼前展现的是美丽的天然图画,所感受到的是活的艺术形象,是大自然美的缩影。园林中的借山借景的艺术手法,可以使观赏者产生一种辽阔的视野,这种辽阔也包含人和自然的和谐而又统一。

五、力求神似,讲究气韵

中国艺术向来不求形似,力求神似。正是在这一精神的影响下,中国画不像西洋画那样追求细节的逼真,而是重在写意。画人物,着力表现人物的精神和个性;

画山水,重在表现美的境界。

在力求神似方面,古代书画家提出了"以形传神"的主张并且付之于实践。王维绘画的特点是有强烈的主观抒情性,他的画"纵笔潜思,参与造化","画思入神"。绘画能入神,得神似,也就有了诗的情韵和意趣。苏轼画的朱竹,风致潇洒,别有情趣,是因为他画出了竹子的精神。据说有人为此责难道:"竹子有红色的呢?"苏轼回答:"难道竹子有墨色的吗?"可见画竹用红色还是用墨色,那是无关紧要的,关键是要能体现竹子的精神,反映出画家善美人性的哲思。

第六章 汉字书法与中国画

  汉字书法和中国画既是中国文化的核心元素,也是中国文化的两大亮点。这两种文化样式虽然具有一定的艺术特质,但其艺术性是处于从属地位的。关于这一点,我们可以从两方面来看:一方面,汉字书法和中国画创作的主要目的不是审美表现,而是表达思想、表现志趣或寄托精神,另一方面,人们对于书法和国画作品的选择主要目的不是作为装饰,而是作为自我鞭策、警示或激励的座右铭,或者作为一种兆启好运的吉祥物,或者说作为一种精神图腾。因此,汉字书法和中国画首先是国学,其次才是艺术。

第一节 正确认识书法和中国画

  由于各方面的原因,汉字书法和中国画虽然具有广泛的群众基础,但是基础知识的普及一直没有跟上,绝大多数习练者和鉴赏者对于汉字书法和国画的认识处于一种感性的状态,其中,有很多人对汉字书法和中国画的认识有所偏差,认识偏差的主要表现是把书法和国画当成了单纯的艺术。

  对汉字书法和中国画认识上的偏差,不仅会直接导致习练和创作进入误区,而且会使欣赏陷入迷茫,使收藏出现失误。当代书法创作之所以进入了误区,正是因为对书法缺乏正确认识所造成的。很多书者把书法当成了单纯的艺术,企图从艺术的角度寻求突破,结果弄巧成拙,有的把字写得形体怪异,有的写得大小比例失衡,有的写得笔画粘连不清,更有甚者,把毛笔书法写成了美术字……这样的作品都是不入流的。为什么说它们不入流呢?因为从严格的意义上讲,汉字书法从内容上要能够给人以启示、激励或者鼓舞,能引导人积极向上,从形式上看,要能够使人感受到真善美,看到气韵、风骨和精神,能够体会到做人的道德精神。举例如下:

  图6-1-1是启功先生的一幅行书作品。这幅字用笔清新爽利,自然率真,笔画伸缩有度;结体端庄秀丽,字字立得正直平稳,每一字精神饱满,富于神采;字与字相处和谐,映带谨严。整幅字真善美兼备,观之使人神清气爽。

  图6-1-2是清代刘春霖的一幅楷书作品。这幅字用笔清爽、细腻,笔画舒展大方,墨色润泽,结体温和、端庄、秀美,字字显得精神饱满,富有韵味。整幅字真善兼具,美感十足,观之使人心气平和,心境豁然。

第六章　汉字书法与中国画

图 6-1-1　启功书法

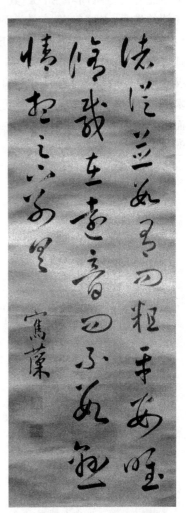

图 6-1-2　清·刘春霖楷书　　图 6-1-3　清·祁隽藻草书

图6-1-3是清代祁隽藻的一幅草书作品。这幅字用笔干净利落,笔画凝练,结体自我约束,字字精神饱满,同时又透着谦和之气。整幅字给人的印象是简洁明快,笔力劲健,纯净清爽。

通过以上几个例子可知,汉字书法的创作旨在通过点画之真、立字之善和神韵之美等来表现一定的人生思想和道德精神。因此,一幅好的书法作品,首先立字要善,点画要真,字与字间要体现出谦和礼让、相互观照等精神。立字要善,首先表现为结字要端正,不可歪斜,更不能怪异,其次表现为每一个字的大小要适度,放在整幅作品中不能有霸占空间和"挤压"其他字的情况,再次是任何一字都不能妨碍整幅作品气韵的贯通;点画要真,首先表现为行笔自然爽利,既不矫揉造作,也不拖泥带水,更不能有修补描画痕迹,其次表现为笔画干净,起得爽快,收得利落,再次表现为点画有精神、有活力、有韵味,不可有残损的痕迹。

与汉字书法一样,中国画也属于国学的范畴,是一种思想表现形式,其思想性重于艺术性,艺术性是为思想的表现服务的。说得更透彻一些,中国画关注的是人的塑造而不是审美反映。这一点决定了中国画的写意性,即追求神似,不苛求形似。举例如下:

图6-1-4 齐白石国画

图6-1-5 修筠拳石图

图6-1-4是齐白石的一幅国画,画中的形象是几竿竹子和一只山鸡,虽然竹子的形象在"形似"方面和实际的竹子存在较大的距离,但整幅画所表现的思想是十分明确的——竹子象征着平安,山鸡代表着吉祥,整幅画所表现的思想是吉祥平安。图6-1-5是元代夏杲的《修筠拳石图》,画中一丛茁壮成长的青竹,竹丛旁边是大小不等的几块拳石,其中,竹象征着平安,石象征着安稳、踏实、坚固等,整幅画所表现的"安稳"的主题十分鲜明突出。从国学的角度看,这两幅画思想表现十分到位,都是上乘之作。

图6-1-6这幅画,画的也是竹子,不仅竹子形象画得高度"形似",而且构图的情境性也很好,但其所要表现的主题思想是模糊的。虽然从审美的角度看,此画既"形似",又有意境,但恰恰是其高度的"形似"和一眼就能看到的意境,使得这幅画思想内涵显得十分单薄,因此,从国画的角度来看,这是一件低劣的作品。

图6-1-6 武智画作

中国画的国学性还有一个十分突出的表现是借助于题画诗来凸显和强调画作的主题思想。题画诗的使用,不仅可以揭示画作的思想内涵,便于人们欣赏和理解,而且可以提高画作的品位。举例如下:

图6-1-7这一组国画共四幅,内容分别为葫芦、寿桃、竹石、荷花,每一幅画上都有一首题画诗。葫芦的题画诗是"葫芦携福禄,双至兆吉祥。瓠佑人安康,蔓带福运长。"寿桃的题画诗是"花开春风暖,叶生草木香。枝杆养正气,果益人寿长。"竹石的题画诗是"天地有大爱,灵物生人间;竹养人气节,石佑家富安。"荷花的题画诗是"子安心神宁,叶带祥瑞风。荷开诸事顺,莲佑百代兴。"这四首题画诗从不同的侧面表现人们美好的愿望,人文内涵丰富,思想深刻,画作的真正价值已经超出了艺术的范畴,国学性十分突出。

图6-1-7 黄高才《福寿安和图》

值得注意的是,中国画还经常采用"四条屏"的表现形式,用四幅画来表现同一主题思想,其中,用四幅画分场景来表现一首诗所描绘的意境、借以强化主题思想是中国画的一大亮点。如图6-1-8,这四幅画分别画的是春天晴日、夏天雨中、秋天风中和冬天雪中的竹子,四幅画四种意境,象征着人生的风风雨雨。四幅画的画题分别是"春晴看骨气""夏雨观贞操""秋风知劲节""冬雪见精神",四个画题连起来正好是一首诗:春晴看骨气,夏雨观贞操,秋风知劲节,冬雪见精神。这首诗既表现了竹傲骨铮铮、守节不屈的精神,又表现了竹高洁的品质,借以表现一种君子人格。

除题画诗外,很多国画作品还用主题句来点明画作的中心思想,这也是中国画国学性的一个重要表现。图6-1-9是一幅《竹石图》,画中的竹子象征着人的气节与精神,石头寓意着安稳,画上的主题句是"竹养人气节,石佑家富安"。这幅画的构图和用笔有两个明显的倾向性:一是竹子生机勃勃,精气神十足,骨气和节气突出,二是石头着墨较重,厚重感十足,同时立得坚实、稳当。这样的构图和用笔本身具有凸显主题的作用,再加上画龙点睛的主题句,画作的思想就显得更加的清楚。

图 6-1-8　黄高才《晴雨风雪图》

总之,汉字书法和中国画主要关注的不是审美,而是人的思想与道德精神。其创作目的旨在涵养人的思想、鼓舞人的精神、优化人的心性、坚定人的信念和激发人的生活热情等。因此,我们说汉字书法和中国画属于国学的范畴,是一种独特的思想表现形式。虽然汉字书法和国画都具有一定的艺术特质,但其艺术性是处于从属地位的。这也就是说。不论是汉字书法和中国画的创作,还是欣赏,首先要着眼于思想表现,这样才不会进入误区。

图 6-1-9 黄高才《竹石图》

第二节 汉字书法的基本要素

汉字书法以点画和汉字的形体为基础,通过笔画的形态,墨色的枯润浓淡,以及行笔的急缓、轻重等来体现一种道德精神,借以优化人的心性,影响人的行为,提升人的思想,促使人道德的完善和人格的提升。

汉字书法的基本表现手段是用笔、用墨、结体和章法,这四个部分也是书法的基本要素。

一、用笔

用笔是指使用毛笔书写点画的方式方法,以及行笔的路径和尺度等。用笔具体包括三个方面的内容:一是毛笔笔锋着纸的深浅和轻重,即人们常说的提、按、顿、蹲;二是毛笔笔锋在纸上运动速度和方向变化等,即用笔的挫、回、转、折等;三是行笔路径和尺度。

用笔不仅决定着点画的形态和结体的面貌,而且体现着做人的道德精神,反映着书写者的人格。请看图 6-2-1 这幅书法作品。这幅作品用笔谦恭,点画行至适度,不露锋芒,结体恭谨,意态谦和,但精神饱满。整幅作品不论从真善美的角度来看,还是从人格关照的角度来品鉴,均无可挑剔。由此字我们不难判断书者心性平和、为人谦恭、正直,做事沉稳。

图6-2-1　清·朱益藩行书七言联　　图6-2-2　刘会芹行书

再看图6-2-2这幅书法作品。这幅作品用笔温和,点画谦恭厚道,结体端庄典雅;行笔自然,点画本真,用笔谦恭,结体真善美兼备。整幅字中,无一画显张扬意态,无一字有"独大"和挤占等倾向。

一幅字从用笔的角度看,主要有三点:一是从真的方面看,看点画的书写是否自然,是否有修改的痕迹,有没有故作姿态的情况等。二是从善的角度看,点画是否合度,既不能猥琐,也不能肆意伸张,更不能有轻狂等姿态。三是从结体来看,首先要善。结体之善,既表现在立字端正,处位本分,无挤占空间和挤压其他字的情况,又表现在一字本身点画要搭配自然、和谐、神凝,不能有"离散"的情况,同时字的大小在整篇中要和谐,不能过大或过小。总之,从书法用笔方面看,不论是就点画来讲,还是就结体来说,真和善是美的前提,没有真和善,就没有美可言。

二、用墨

用墨是指书写过程中对于墨色的选择与使用,其中包括调墨、蘸墨和着墨等。墨色既决定着字迹的神采、气韵和精神,同时又能表现字的风骨,因此,汉字书法运用墨色的浓淡枯润来体现字的风骨、精神和气韵等。

关于墨色,人们常用浓、淡、枯、润四个字来概括,这是墨色的四种基本类型。不同的墨色具有不同的表现力和表现效果,现分别介绍如下。

(一)浓墨

就墨本身而言,浓墨是指含水量相对较少,写出来的笔画浓黑的墨;就墨色而言,浓墨是指颜色浓黑,字迹与纸色对比十分强烈的一类墨色。

浓墨写出来的字墨色浓艳,笔画丰盈,字富于神采和精神。浓墨是汉字书法使用最普遍的一种墨色类型,用于楷书、隶书和篆书既能表现出稳健和庄重感,又能使字显得体态丰盈、精气神十足,用于行书,使字显得有神采、有活力。浓墨在草书中的使用以章草为多,今草很少,狂草极为罕见。浓墨在章草中使用,除了具有在楷书和隶书中使用的效果外,还使字显得更有活力;在今草中使用,使字具有神采飞扬、气韵充盈之美。如图6-2-3这幅作品就是用浓墨书写的,字迹显得精神饱满,富于神采。

(二)淡墨

就墨本身而言,淡墨是浓墨加水以后的一种状态——用这种墨写出来的字颜色相对较淡;就墨色来讲,淡墨涵盖的墨色变化范围较大,是层次十分丰富的一种墨色。

用淡墨写出的字呈现出多种多样的风格,有的清健脱俗,有的俊秀飘逸,有的古朴淡雅……墨中含水比例不同,字迹深浅不同,风格自然不同。因为淡墨缺乏厚重感,不宜用于楷书、隶书和篆书,用之,字会显得柔弱无骨,缺乏精神,难成上品。行书和草书用淡墨,既易于表现灵动、清逸之态,也能表现出气韵流动之感。如图6-2-4这幅作品墨色相对较淡,笔画有轻盈与灵动感。

不论是浓墨,还是淡墨,单纯使用都会有一定的局限性,因此,历代书家大多喜欢浓淡兼用。浓淡兼用可以回避两者的不足,将墨的表现力发挥得恰到好处。如图6-2-5这幅作品墨色浓淡结合,使字的形态变化显得灵活生动,行间行气轻逸顺畅。

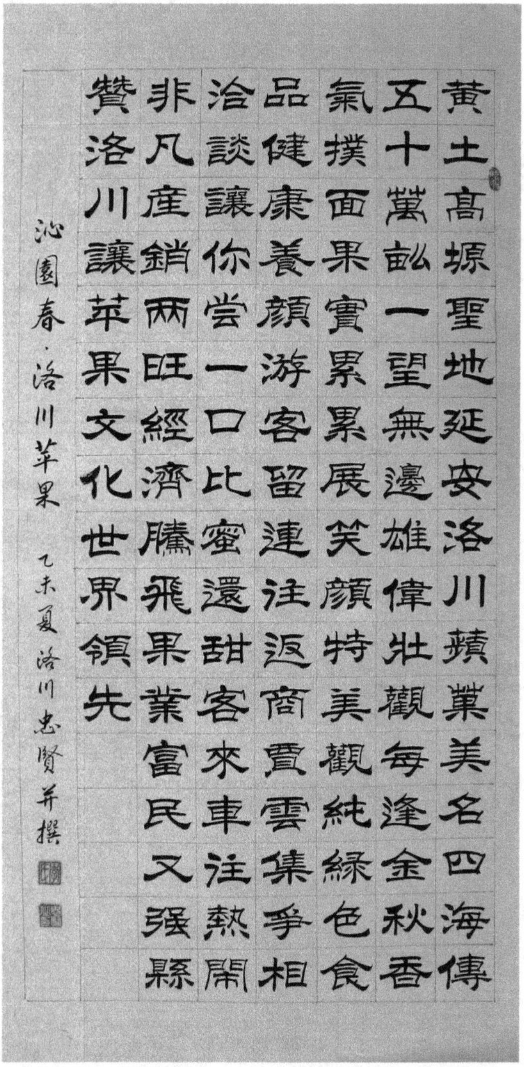
黃土高塬聖地延安洛川蘋果美名四海傳
五十萬畝一望無邊雄偉壯觀每逢金秋香
氣撲面果實累累展笑顏特美觀純綠色食
品健康養顏游客留連往返商賈雲集爭相
洽談讓你嘗一口比蜜還甜客來車往熱鬧
非凡產銷兩旺經濟騰飛果業富民又强縣
贊洛川讓苹果文化世界領先
沁園春·洛川苹果
乙未夏 洛川忠賢并撰

图 6-2-3 李忠贤隶书

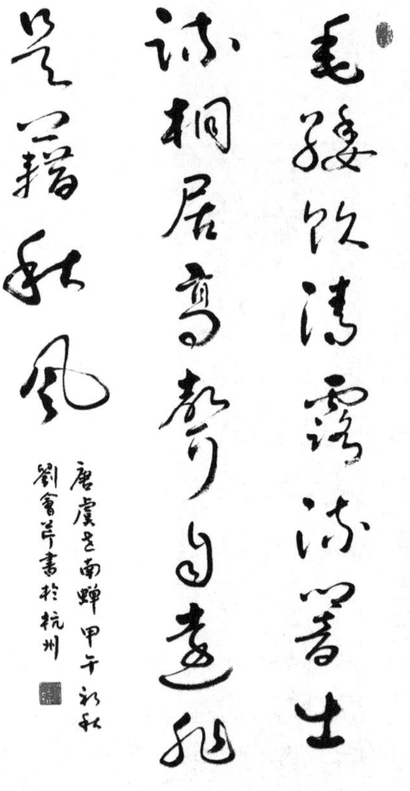

图 6-2-4 刘会芹草书 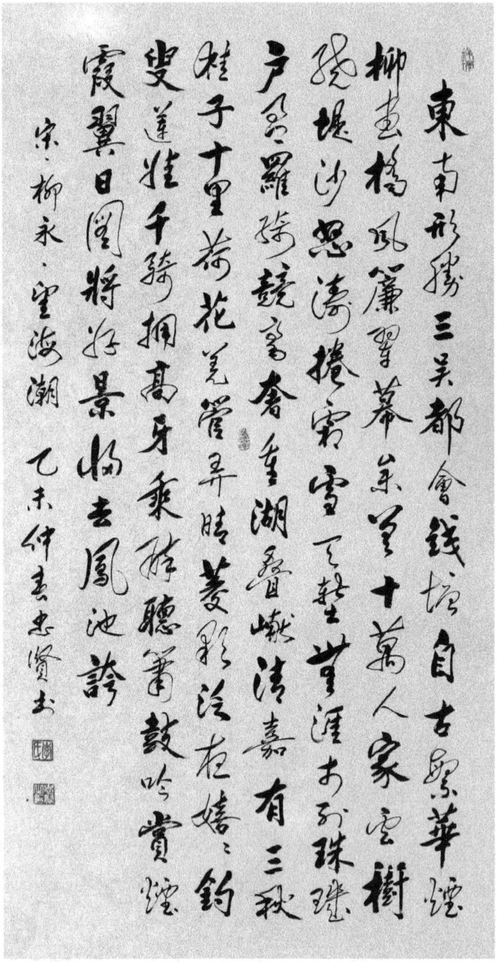　　　　　　图 6-2-5 李忠贤行书

（三）润墨

"润"字在这里的意思是湿润、润泽，与干枯、枯燥相对。就蘸墨而言，"润"就是笔锋入墨相对深沉，浸墨比较透，触纸有淋漓之感；就写出的笔画来看，润墨从视觉上给人以细腻、滋润、温和的感觉，具有一种可以意会的生机、活力与气韵。

用润墨作书，写出来的字显得精神饱满、富有活力，笔画韵味十足。润墨适用于各种书体，在楷书、隶书和篆书中和浓墨结合使用，既能够使字神采外显、圆润饱满，又能够增加字的气韵精神；在行书和草书中使用，与淡墨结合，既能使字不失飘逸之美，又能够增加字的气韵与活力。如图 6-2-6 这幅作品，用润墨书写，字迹既显得温和,同时又富于神采。

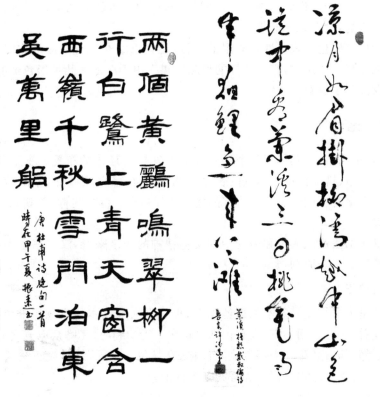

图6-2-6 李振远隶书　　图6-2-7 许德昌书法

(四)枯墨

"枯"在这里是干枯、干燥的意思,与湿润相对。就蘸墨来讲,"枯"就是笔锋浸墨不透,相对干燥;从墨迹的角度看,枯墨是指写出来的笔画墨迹有干枯、粗放的意味。书法中的枯墨主要有飞白、枯笔、渴笔三种情态:飞白,就是笔迹中有丝丝露白的情况;枯笔,就是用蘸墨很少的笔锋,采用按笔手法磨擦纸面写出来的笔画,其基本特征是笔画呈现出毛而不光的线状笔触;渴笔,是指用蘸淡墨较少的笔毫,以迅疾有力的笔法磨擦纸面写出来的枯涩苍劲的笔迹。

前面我们讲的浓墨和淡墨是就墨中含水量而言的,润墨和枯墨主要是从笔毫蘸墨的高低和多少而言的。用润墨书写,字显得有血有肉,精神饱满,用枯墨书写,字显得有筋骨。如图6-2-7这幅作品,用枯墨书写,字显得很有风骨。

浓淡枯润是书法用墨的四种基本表现形式。不论是浓淡，还是枯润，都是相对而言的，没有一个严格的标准。与此同时，哪一种书体适宜用那种墨色，也是就一般情况而言的，没有统一的规定。

因为单一墨色的表现性是有限的，所以历代书家在进行书法创作时都是将几种墨色结合起来使用的，有一些好的作品一幅字中干湿浓淡几种墨色兼有，将墨的表现力发挥到了极致。

三、结体

结体，也叫结字，具体指每个字点画间的安排与形体的布置。汉字各种字体，皆由点画联结、搭配而成。笔画的长短、粗细、俯仰、缩伸，偏旁的宽窄、高低、欹正，构成了每个字的不同形态。要使字的笔画搭配适宜、得体、匀称、美观，必须在结体上下功夫。

从汉字书法观照人生和表现中国文化精神的角度来看，汉字书法中字的结体必须遵循以下几个原则：

（一）端正

"正"是中国文化最基本的道德思想，也是做人最基本的道德标准。从字如其人的角度看，人品正则书正，人心正则书正——无功利心、无哗众取宠之心、无沽名钓誉之心等，其书必正。字正方能入高格、有品位。因此，结体端正是汉字结构最基本的要求，也是评判一幅字优劣的基本标准。

纵观汉字书法的历史，从金文、石鼓文到小篆，从隶书、楷书到行书、草书，在长达几千年的发展过程中，汉字的结体始终以"正"为基本标准。下面，我们来看几个例子。

图6-2-8是西周时期的"匽侯"青铜盂（现藏中国国家博物馆）铭文拓片，仔细看一下这张拓片上的字，每一个字的立字都力求端正；图6-2-9是清代摹刻的秦《会稽刻石》拓片（局部，现藏浙江省博物馆），其中每个字的结体都端正平稳；图6-2-10是东汉《熹平石经》残碑拓片（局部，现藏上海博物馆），其中不仅每个字的结体平稳端正，而且包括点画的取势都追求平正；图6-2-11是北魏刘根造像碑（局部，现藏河南博物院）拓片，仔细看一下此碑，其中只有个别字因摹刻时没有放正外（如第三行第四个字"人"字），字的结体都是端正的。

图 6-2-8 "匽侯"青铜盂铭文拓片　　图 6-2-9 会稽刻石拓片（局部）

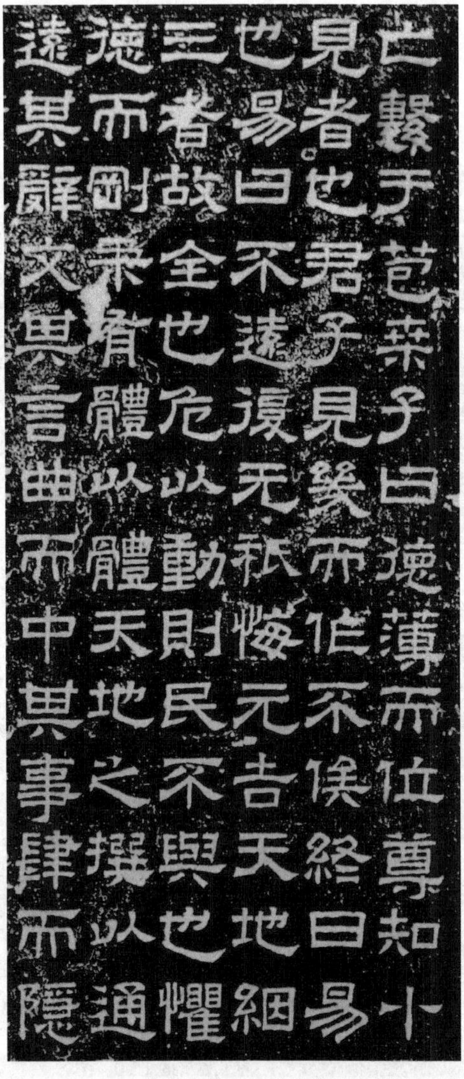

图 6-2-10　东汉《熹平石经》残碑拓片（局部） 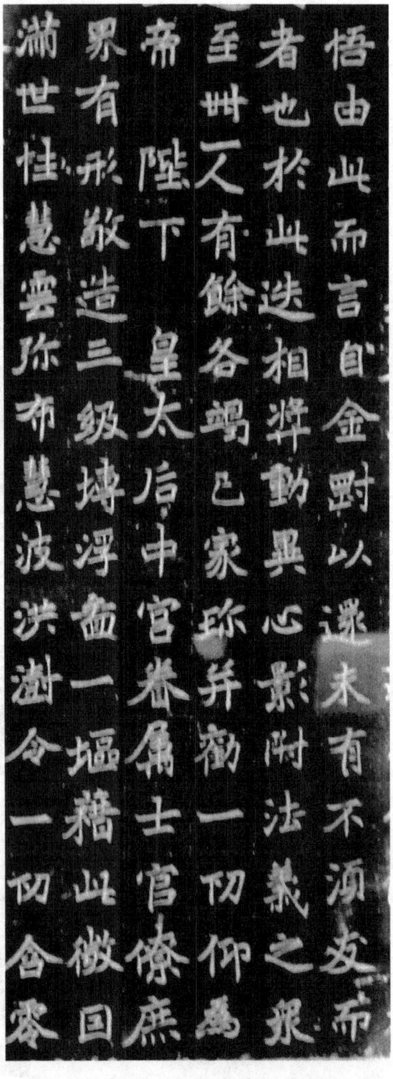　　图 6-2-11　北魏刘根造像碑拓片

　　总之，结体端正是汉字书写最基本的要求，这一要求不仅适用于金文、篆书、隶书和楷书，同样适用于行书和草书。事实上，历代真正优秀的书法大家不论是写行书，还是写草书，都追求结字的端正，如行书《兰亭序》，虽然立字稍有倾侧之势，但字的重心依然是端正平稳的；再如草书怀素的《圣母贴》，字的结体端正，立字十分平稳。

（二）安稳

　　平安和稳定是中国文化的基本理念，也是中国人的一种生活向往，作为书写人生和表现中国文化精神的汉字书法,结体要力求平稳,这是书写汉字必须坚持的一个原则。

纵观汉字书法的历史,不论是金文、石鼓文和小篆,还是汉隶、魏碑和唐楷,立字都讲求安稳。如图6-2-12是现藏于中国国家历史博物馆的西周"颂"青铜壶铭文的拓片(局部),仔细观察其中的每一个字,字的重心都很平稳。图6-2-13是三国时期曹操所书的"衮雪"二字,字的结体端庄,重心平稳。

图6-2-12　西周"颂"青铜壶铭文拓片(局部)

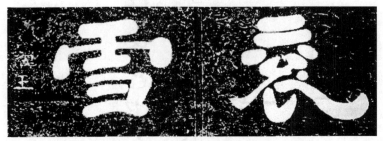

图6-2-13　"石门十三品"之《衮雪》拓片

重心平稳是结字的一个基本要求,这一点在任何时候都不能含糊。重心不稳是结体的大忌,试想,一个字重心不稳、不碰自倒,何谈骨气、精神与风采?如图6-2-14这幅书法作品,因为"雪里梅华"四字立字安稳,所以显得很有风骨和精神。

图 6-2-14 王志宏书法

(三)谦和

　　一字之美,关键并不在它的形态,而是在于它所表现出来的精神。就一个字的结体来讲,不论是独体字点画组合的妥帖,还是合体字构字部件共处的和谐,都要体现出"和"的基本精神。如图 6-2-15 这幅书法作品,字的结体十分谦和,无一字显傲气或霸气。

图 6-2-15 刘会芹书法

在结体上要很好地体现出"和"的精神,必须做到三点:一是一字之内点画的搭配既要有凝聚力,同时还不能"拥挤";二是构字部件既要团结、不要离散,还不能有挤压、互斥,以及重心失衡等情况;三是在整幅作品中,字的形态要内敛、意态要谦和,笔画不要随意伸张——既不能挤占空间,也不能侵犯其他字。这三点有任何一点做不到,结体就失和。

(四)均衡

均衡包括两个意思:一是就一个字本身来讲,点画轻重的搭配和构字部件的轻重变化与组合要确保字结体的匀和,说得更明白一些,就是上下、左右的轻重要均衡,不要出现头重脚轻、左轻右重或左重右轻等问题。二是就整幅字来讲,所有单字字符的大小、笔画的肥瘦等要协调,不能出现个别字字符很大、笔画特别肥厚或特别纤细等问题。

汉字书法虽然强调通过字符大小和笔画肥瘦的变化使字的形态更加生动活泼,但变化要适度、协调,确保立字的平稳和章法的均衡。利用字的大小和笔画的肥瘦变化来调节整幅字的生气,特别要注意两个问题:一是每一个字要"合群",不要出现鹤立鸡群的问题,特别是非主题字不要写得大。二是利用笔画的肥瘦、长短、轻重来实现字的形态变化时,要根据字的构造、点画的处位和势态等灵活掌握,确保字上下和左右轻重的平衡,不能出现头重脚轻、一侧沉重等问题。

(五)神凝

人们在评价一幅字的时候,常常提到"精气神"三个字,这三个字主要是针对字的结体而言的。字书人生,人活的就是精气神,有精气神,人就会乐观向上。字也一样,有精气神,就会使人看了精神振奋。

就结体来讲,点画搭配紧凑、构字部件团结紧密,字就神凝,神凝精气神就足,当然,紧凑也好,团结也罢,都要有度,不可拥挤和憋气。神凝是结字的基本要求之一,遵守这一要求,必须努力做到两点:一是点画搭配力求外松内紧,不可松弛离散;二是构字部件要相互依靠,不能有背离倾向。

以上几个原则,既是规矩,也是标准。一幅作品单就结体来讲,只有很好地坚持了这些原则,才算得上入格,违反了其中任何一个原则,就是不入格的东西——连"格"都入不了,就更谈不上优秀了。

四、章法

章法是指书法作品的整体布局。讲究章法的安排,就是不仅要把每个单字写好,而且要使构成一幅作品的所有字组成和谐的整体。无论字与字间、行与行间,还是天头、地脚、题款、钤印,都作一番精心设计,力求各个元素合理布局,使作品呈现出一种整体上的和谐美。

书法作品的章法主要包括这几项内容：一是书法作品的幅式，二是书法作品正文的布局安排，三是分行布白，四是呼应、避让与映带，五是书法作品的落款，六是书法作品的钤印。

(一)幅式、布局与落款

幅式是指书法作品的篇幅形式。一幅书法作品给人的第一印象首先是幅式。幅式不同，书法作品正文的布局方式、题款和钤印规矩等都有所不同。一般情况下，书法作品的幅式主要有以下几种。

1. 条幅

条幅，也叫直幅，装裱好也称作立轴，具体指竖向直挂的长条作品，其长与宽比例比较大——竖向尺寸较长，横向尺寸较短。条幅尺寸一般为一整张宣纸顺长对裁，也有其他尺寸的。

条幅主要有两种表现形式：

(1)两行或三行式。两行的基本布局法则：在适当留出天头地脚和左右两边留白的基础上，正文的两行文字和落款大致按 2∶2∶1 分配有效着墨面积。每行上下字的联系要紧凑，两行间要彼此呼应，一个基本的参照标准是上下字距要小于行距。落款写在第二行的左侧，占有效着墨面积的五分之一(指竖行宽度)，整体上一般处于竖幅的下半部分，也有处于上半部分的，款字可写成一行或两行。如图 6-2-16 这幅作品(董其昌行书轴，现藏湖南省博物馆)。

三行的基本布局法则：正文按三行布置，整个着墨面积按三行平分，其中最后一行要留出落款的地方——因实际情况而定，以不小于整行长度的四分之一、不大于整行长度的二分之一为宜，书写时上下字要紧凑，行距要大于字距，三行之间的关系要和谐。落款在末行下部，底端略高于一、二两行正文的位置。如图 6-2-17 这幅作品(清俞樾隶书轴，现藏山东省博物馆)。

(2)一行式。当字数较少时——写一句格言、警句或一句诗词等，条幅作品常常采用一行式的布局形式来呈现。一行式的基本布局规则：有效着墨面积大致按 4∶1 划分，正文部分占 4 或 3，落款部分占 1 或 2；正文字迹的大小、扁长等因字数多少而定，要确保字间距适度——要确保气韵贯通，但不能拥挤，要有避让，但不能离散。当落双款时，落款占 2，上下款各 1；当落款为单款时，落款占 1，款字一行书写。

由于条幅的长宽比相差较大，条幅章法安排的关键在于处理好正文与落款的主次关系，行间距和字距要力求恰到好处，特别是上下字一定要紧凑，否则，就会影响气韵的贯通。

第六章 汉字书法与中国画

图 6-2-16　董其昌行书轴　　　图 6-2-17　清俞樾隶书轴

2. 对联

将一副对联的内容用两个条幅来书写，一个条幅上写上联，一个条幅上写下联，这种由两个条幅组成的形式称作对联。对联章法的基本规则：一般来讲，一联的字数在十字以内的，上、下联单行居中竖写，上下联的字要同位对齐；一联字数在十字以上的，则要根据情况写成双行或多行的形式。

十字以下对联的落款分为双款和单款两种。落双款时，上款写在上联右边，位置偏上，下款写在下联左边，位置偏下，上下款要形成错落对应关系。上款一般写诗句的作者、篇名等内容，如"黄高才题无字碑联"，下款写书者的姓名、字号，以及书写地点、时间等内容，如"刘会芹书于咸阳"。若是赠送作品，上联写明被赠者的名或号、称谓及雅正、惠存等字样，如"许德昌先生惠存"。若是别人请你写的一幅作品，上联则写请你作书人的名或号，称谓外加上"嘱书"等字样。如图6-2-18。单款一般写在下联左侧中间偏下的位置。款字内容包括书写时间、作者的名号，也可只写作者名或号。印章盖在款字下方，一般以两方为宜，印与印之间要适当拉开距离——以一印大小的距离为宜。

图6-2-18　蔡元培行书联　　图6-2-19　安梦才书法

3. 竖幅

竖幅，也叫中堂，是指竖行书写竖向悬挂的长方形作品，因最初大多悬挂于厅堂正中而得名。中堂尺寸一般为一整张宣纸的大小，常见的尺幅主要是三尺、四尺、五尺和六尺，还有尺幅小一些的，但数量比较少。中堂可以写一首诗、一篇短文或者一段话等字数较多的内容，也可以只写几个大字，甚至只写一个大字。中堂一般单独悬挂，也可以根据其内容配楹联组成一组悬挂。

因为尺幅相对比较大，所以中堂的章法安排相对难度要大一些。中堂章法安排的基本法则：首先明确正文内容，考虑好正文安排的基本形式，在此基础上定行数和字的大小，其次要明确款字的多少，落款的位置和所占着墨面积的大小，使正文与落款所占的版面空间既主次分明，又轻重适度。如图 6-2-19 安梦才书法。

中堂的章法布局特别忌讳两个问题：一是落款着墨面积太小，款字拥挤，或者着墨面积过大，整个版面重心失衡；二是款字大小和正文不协调——既不能接近正文，也不能太小，太小有被正文挤压的视觉问题，使整个布局有沉重和压抑感。

中堂的落款有两种方式，一是写在末行正文的下方，二是写在正文末行的左侧。不论是写在哪里，在整体布局时首先要纳入通盘考虑，事先应留出余地。款的底端一般不能与正文底线平齐。中堂钤印，印章要小于款字，盖印一般需离开一字以上位置，盖在款字的下方，不要盖在款字左侧，容易造成离散感。

4. 斗方

斗方是指竖行书写的着墨区域为正方形的作品。斗方一般尺幅较小，常见的主要是三尺和四尺宣纸对裁的书画作品。也有把四尺宣纸裁为八份的小斗方，称为"小品斗方"，或"斗方小品"。

斗方章法安排的基本法则：斗方书写的正文内容一般按四行至六行排列，这样具有整体上的均衡与稳重感。因为尺幅小、行列多，所以行距和字距的比例一定要把握好，字距要小于行距，确保行间气韵贯通。特别要注意，即使采用行列都对齐的布局形式，行间距和字间距也要有所区别，不然章法会显得单调、散乱，缺乏凝聚力。

由于尺幅方正，平衡问题十分敏感，斗方的款字以不大于正文字符的二分之一为宜。落款可写在末行正文的下方，也可在正文后面另占正文行宽的一行书写——根据款字多少可写成一行或两行。不论采用哪种形式落款，布局时应事先留出余地。款字的底端要略高于正文底线。

5. 横披

横披，也叫横幅，是指条幅横书的作品。横披作为匾额时，大多悬挂在亭、阁、馆、舍的醒目位置。作为匾额使用的横幅作品,字体多为楷书、隶书和行书,也有古朴的篆书。横幅书法作品很少使用草书创作。

横披章法安排的基本法则:因为字少而大,横披一般自右向左一行书写,字间距要均匀。落款在末字左侧的,一般为短款和穷款,款字大小要适度,款字上下的位置都不要与正文字的上下界线齐平;落款在正文下方的,可以灵活掌握。如图6-2-20。

图6-2-20 孟庆刚书法

6. 长卷

长卷,也叫手卷、横卷,是书法作品中竖写横向展开比较长的一种幅式。因为这种幅式的作品长度远远大于宽度,并且长度太长很难悬挂欣赏,一般用手边展开、边欣赏、边卷合,因而有"手卷"之名。手卷的内容大多为一篇完整的文章或者一组诗词。手卷篇幅较短的有三、四米,长的可达十米以上,宽度一般为30至68厘米之间。卷首外有"题签",卷内开头有"引首",后有"题跋"。

7. 条屏

条屏是指由多幅规格相同的中堂或条幅等组成的一组作品,最常见的是四条屏,即由四幅条幅作品组合而成的一组作品。构成条屏的几幅作品内容一般都具有相关性,或是同主题的,或是同作者的,或是思想互补的,等等;构成条屏的几幅作品,所书内容的字数一般是相同的。

8. 册页

册页是指将小幅作品装裱后装订成册的一种形式,构成册页的各幅作品,其内容或相互连贯,或单独成立。常见的册页有八开、十二开、十六开等,作品的幅数没严格规定。册页也可以书画合册。大多数册页用于不同的作者在上面创作——因为便于携带,常常是书法家集体题字或创作的理想选择。

9. 扇面

扇面是指随扇形书写的作品。扇面幅式有两种：一种是接近椭圆或者就是圆形的团扇面形式，书写时要尽量使着墨区充实。一种是折扇式，这种格式书写时，以折痕分行，呈圆心辐射状，上宽下窄，外大内小。扇面书写必须注意：不可过密，密则满；不可过松，松则散。

(二)钤印

一幅作品在题好款后，还要在姓名下方钤盖印章。印章在书法作品中除了作为作者凭信之外，不仅具有装饰和衬托的作用。钤印恰到好处，如锦上添花，画龙点睛。使用不当，不仅会破坏作品的形式美，而且会使书作的价值降格。

1. **书法用印的分类**

书法作品所用的印章分为名章和闲章两大类。

(1)名章。名章又分为姓名印和款尾印两种。姓名印的印文为创作者的姓名，常见的形式为正方形，通常钤盖在款文之下。款尾印的主要作用是使书法章法形式更为完善，一般为创作者的字、号等，一般为正方形，视其情况钤在款末或姓名印后，起到收气敛势、画龙点睛的作用。在一幅书法作品中，名章是不能缺少的。

(2)闲章。书法作品上所用的闲章大致分为以下三种：

①引首章，也叫起首印，又称随形印。这种印适用于从右至左竖行书写的书法作品，一般钤在首行一、二字间右侧的虚疏处，或者与第一字下端齐平。起首印一般不用方形，而以长方、圆形、半圆形、椭圆形、自然形、肖形等为好。印文常用阳文，以一至四字居多，其内容多为明志、自勉或斋馆名等内容。不得与落款内容重复。起首印一般不得大于名章，以免头重脚轻。

②拦腰印。这种印主要是用来调整款式与字势、点画与结体的整体效果，使一些不尽如人意的点画、结体得到补救，使章法具有节奏感。拦腰印多用于条幅，钤在第一行右边中间或中间上下处，内容多为作者的籍贯、属性的肖形等，应比起首印和姓名印小。一般为小圆、小长、小方形，多用于行、草书作品中。

③肖形印，是十二生肖或作者尤为喜爱的与书作内容有关的各种动植物形象之印。此印使用较为灵活，视作品情况，既可作为起首印用，也可作为拦腰印用。作为起首印时，一般与方形的名章配合使用。

书法作品上使用闲章，其内容都应与正文自然切题。

2. **书法用印的基本规则**

钤印在一幅书法作品中起着至关重要的作用，盖好了能给作品起到画龙点睛和增

色的作用,盖不好就有了画蛇添足之嫌。一般来讲,书法用印要遵守以下规则:

(1)在一幅书法作品中,用印一般以一、二方为宜,最多不得超过三方。

(2)书法作品的用印大小要与款字匹配,一般来讲,印章不能大过款字。

(3)在钤盖名章时,落款为名,印一般为字或号;落款为字或号,印一般为姓名。款有姓,则用印为名印;款无姓,或用道号、别号者,则应视其情况采用姓名印或姓名分印。

(4)印文宜规范,一般以大、小篆为主,间用古隶,不能用楷书、行书和草书。

第三节　汉字书法的书体及典范

汉字书法从甲骨文书法算起,距今至少已有三千五百多年的历史了。自秦汉始,汉字书法艺术快速发展,至魏晋南北朝以后,历代书家辈出,出现了一大批引领时代、影响后世的书法大家,产生了难以数计的传世佳作。下面简要介绍一下汉字书法各种书体的基本特点,同时列举一些历代公认的典范,以便大家对汉字书法有一个比较透彻的了解。

一、篆书

篆书是大篆、小篆的统称。广义的大篆包括甲骨文、金文、籀文和战国时期的六国文字,其特点是保存着古代象形文字的明显特点,字的形态生动。虽大小各异,但立字端正,字与字间相处和谐。小篆也称"秦篆",这种汉字书体是在金文和石鼓文的基础上删繁就简地整理和规范下来的。小篆的笔画线条圆匀,章法自然,结字端庄,给人挺拔秀丽的美感。下面我们分别看一下几种篆书体的形态面貌。

图6-3-1是西周早期的青铜器商尊(现藏宝鸡青铜器博物馆)内底铭文拓片。由这张拓片我们可以看到,商代至西周早期的金文象形的特点十分明显,字的结体形态生动活泼,大小互有差异,立字都力求端正平稳。图6-3-2清朝咸丰年间拓印的战国秦石鼓文的拓片(局部,现藏湖南省博物馆)。从这张拓片可以看到,石鼓文形体的大小已趋于统一,字的笔画已比较圆匀,结体已相对规矩。图6-3-3是清代乾嘉年间拓印的宋代摹秦峄山刻石的拓片(局部,现藏湖南省博物馆)。由这张拓片可以看到,小篆体笔画圆匀爽利,字的结体清雅秀美,立字端正,富于精神。

第六章 汉字书法与中国画

图 6-3-1 商尊内底铭文拓片

图 6-3-2 清咸丰年间拓战国秦石鼓文

图 6-3-3 清乾嘉拓宋摹秦峄山刻石

二、隶书

隶书,亦称汉隶,是为了书写的便捷在篆书基础上创造出来的字体。其基本的创新方法是把小篆加以简化,同时把小篆匀圆的线条变成平直方正的笔画,这样就便于书写了。隶书起源于秦朝,最早由秦代书法家程邈整理而成,在秦代的官方文书中也开始使用。经过秦和西汉的发展,隶书在东汉时期完全成熟并达到应用的顶峰,因此,书法界有"汉隶唐楷"之说。隶书分"秦隶"(也叫"古隶")和"汉隶"(也叫"今隶")两种。

　　隶书是汉字中常见的一种庄重的字体。隶书的出现是汉字演变史上的一个转折点,奠定了楷书的基础。隶书书体的基本特点是结构略微宽扁,横画长而直画短,讲究"蚕头雁尾""一波三折"。

　　隶书这种书体成熟于汉,以东汉碑刻为其重要范本——也就是人们所说的汉碑。汉碑中,现藏于西安碑林的《曹全碑》、山东曲阜的《乙瑛碑》和山东东平的《张迁碑》都是其中的典范。

1. 《曹全碑》

　　《曹全碑》,全称《汉郃阳令曹全碑》,汉隶名碑,刻于东汉中平二年(公元185年),现藏陕西西安碑林博物馆。图6-3-4是《曹全碑》的拓片(局部)。由此拓片可以看到,《曹全碑》书体为隶书,其用笔逆入平出,运笔稳健,结构舒展;字迹娟秀清丽,结体扁平匀称,舒展超逸,笔画平正,长短兼备。特别值得关注的是,其字磔波往往写得比较长,常常轻轻下按,然后顺势挑出,缓逸流畅,富于神采。

图6-3-4 《曹全碑》拓片

2.《乙瑛碑》

《乙瑛碑》,全称《汉鲁相乙瑛请置孔庙百石卒史碑》,东汉永兴元年(公元153年)刻,原石现存山东曲阜孔庙。图6-3-5是《乙瑛碑》的拓片(局部),由此拓片可以看到,此碑结体方整,立字正直平稳,法度严谨,用笔方圆兼具,笔画厚朴,平正中显稳重大气,是汉隶成熟期的典范作品。此碑波画的"逆入平出",以及起笔处的逆势形迹含而不露,是其最值得效法的地方。

对于《乙瑛碑》,历代书家赞誉甚多。如,清方朔说:"字字方正沉厚。"清翁方纲云:"骨肉匀适,情文流畅。"清代梁巘说:"学隶书宜从乙瑛碑入手"(《评书帖》)。

图6-3-5 《乙瑛碑》　　　　　图6-3-6 《张迁碑》局部拓片

3.《张迁碑》

《张迁碑》,亦称《张迁表》。碑石原在山东东平州(今山东东平县),今置泰安岱庙炳灵门内。《张迁碑》是东汉晚期作品。图6-3-6是《张迁碑》局部拓片。《张迁碑》主要用方笔,点画棱角分明,立字平正,结构谨严,整体上给人以沉厚感。此碑字形偏于古拙,结体有篆体结构形迹,字形方正,沉着有力。

三、草书

草书是为了书写简便在隶书的基础上创造出的一种书体。草书始于汉初,其特点是保留字的主体形态或梗概,结构简省,笔画飘逸灵动,点画变化自如,给人以洒脱、自由等美好印象。这里,特别要注意的是"保留字的主体形态或梗概",这是草书最基本的书写法则。

草书有章草、今草和狂草之分。章草是一种由隶书草化而来的书体,因而笔画隶书的意态十分明显。图6-2-7是汉章帝草书,这是章草的典范之作。从这幅字可以看到,章草笔画简洁,方圆兼济,行笔圆转,一些横捺笔画波挑鲜明,有隶书味道。章草结体紧凑,自律谦和,字字独立,一字之中,笔画多有相连。

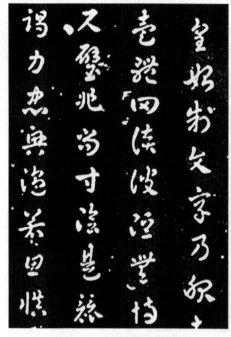

图6-3-7 汉章帝草书

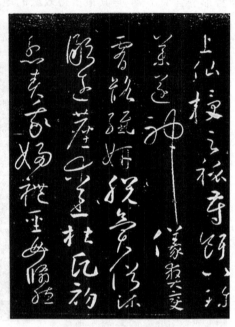

图6-3-8 《圣母贴》

今草是在章草的基础上去除了隶书笔意而形成的一种草书体,这种书体因为突破了章草点画波磔的规矩,书写更加自由灵活,行笔自然,刚柔相济,疏密相宜,字的形态更加舒展,气韵更加生动。今草字与字间可以相互独立,也可以有连带。图6-3-8是怀素的《圣母贴》,由此帖可以看到,今草的点画比较自由,字的结体更加灵动。

今草这种书体经过历代发展,现在已经成为草书的主流,字的点画更加随意,结体更加自由,更有利于表达书者的志趣、思想和精神。如图6-3-9这幅作品(刘会芹书),行笔自然,字的笔画变化丰富、行止有度,结体刚柔相济,字与字之间避让有序,整幅作品透露着谦和之气。

第六章 汉字书法与中国画

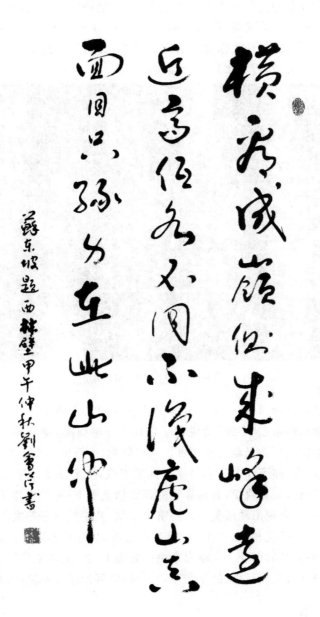

图6-3-9 刘会芹草书

狂草是在今草的基础上将点画连绵书写,其笔势狂放不羁,笔画圆曲,线条飘逸,字形狂放多变,气韵贯通,浑然一体。从图6-3-10中大家可以看到,狂草作品用笔大胆、豪放,能够最大限度地表现书者的情绪,笔画连绵,有一种舞动美,所以从中可以看到活力,看到率真,看到洒脱。

图6-3-10 张旭《肚痛贴》

草书的章法虽难以定形,但也有其必须遵循的几个原则:一是气势贯通、气韵生动。正如唐张怀瓘在《书断》所说:"字之体势一笔而成,偶有不连而血脉不断。"有时虽点画不作连写而仍需气脉相贯。一字如此,一行也如此。要能上下承接,左右瞻顾,意气相聚,神不外散。字与字之间的贯气,主要靠上下字之间的欹侧斜正的变化,有揖有让,互相映带,有时靠势的露锋承上引下,有时靠急速的回锋以含其气,在静止的纸上表现出动态美。二是富于变化,其中包括字的大小、疏密、用笔轻重,欹正等。三是虚实相生。"实"指纸上的点画,即有墨的黑处;"虚"指纸上点画以外的空白,即无墨的白处。在草书章法的处理上,要"虚者实之","实者虚之",虚中有实,实中有虚,互补互生,使字与字,行与行之间能融为一体,缜密无间。

四、楷书

楷书,又称"真书"、"正书",兴于东汉时期,是兼采隶书、草书之长而创造的字体。楷书一方面吸收隶书结构匀称、笔画清晰的优点,并将隶书的波折笔形改为平直,方扁字形改为方正,另一方面取草书的简易之长,并回避了草书缺乏规范性的不足,因此,楷书相对草书来说,是化草为正;相对隶书来说,是化繁为简。楷书的出现,标志着汉字作为方块字的定型,最大限度地实现了汉字简、明、美三者的统一。

楷书的特点主要表现为三点:一是笔画平正,结体整齐,工妙于点画,神韵于结体。平正而不呆板,齐整而不拘谨。二是笔画的规律性强。三是笔法劲健。

楷书是最能体现汉字形体特点的一种书体,也是汉字书法最基本的一种书体,历代书法家中以楷书著名者颇多,其中以"楷书四大家"为代表。他们分别是唐朝的欧阳询(欧体)、颜真卿(颜体)、柳公权(柳体)和元朝的赵孟頫(赵体)。

1. 《九成宫醴泉铭》

《九成宫醴泉铭碑》是唐代碑刻。魏徵撰文,欧阳询正书。碑文记述唐太宗在九成宫避暑时发现醴泉之事。此碑是欧阳询晚年得意之作,历来为学书者推崇,被后世喻为"天下第一楷书"或"天下第一正书"。

图6-3-11是《九成宫醴泉铭碑》(局部)拓片。此碑用笔劲健有力,笔画硬朗,结体紧凑,立字精神气十足;字形略显修长,行笔险劲而不失平稳,收笔干净有力。此碑一点一画形神兼备,结体立字正直稳健,是学习楷书的绝佳范本。

2. 《多宝塔感应碑》

《多宝塔感应碑》全称《大唐西京千福寺多宝塔感应碑》。岑勋撰文,颜真卿楷书,徐浩隶书题额,史华镌刻。唐天宝十一年(公元752年)四月立。

图6-3-12是《多宝塔感应碑》局部拓片。此碑用笔厚道,笔意温和,结体严密,立字端庄典雅,一点一画中可见书者的谦和与恭敬之心。

3. 《玄秘塔碑》

《玄秘塔碑》为唐代碑刻,柳公权书,现藏陕西西安碑林。楷书28行,行54字。

柳公权真、行、草三体都有很高的造诣,尤工于正书。他初学王羲之,继学欧阳询、颜真卿,最终融合诸家笔法,独创一格,自成一家,史称"柳体"。柳体兼取欧体之方,颜体之圆,下笔斩钉截铁,干净利落,笔力遒劲峻拔,结构严谨,并有爽朗开阔之精神和清劲方正之风采。如图6-3-13。

柳公权用笔之道,富有深刻哲理。唐穆宗曾问他用笔之法,他说:"心正则笔正,笔正则可法矣"——这句话当为书者的座右铭。事实上,书写品格,一个人的品行、修养等都能够在其书法作品中体现出来。

4. 《汲黯传》

赵孟頫兼长篆、隶、真、行、草,尤以楷、行书著称于世,其书风遒媚、秀逸,结体严整、笔法圆熟,世称"赵体"。《汲黯传》(图6-3-14)被认为是赵孟頫的传世小楷名篇。

图6-3-11 《九成宫醴泉铭碑》(局部)

第六章 汉字书法与中国画

佛觉而有娠是生龙象之徵
撝出家礼藏探经法华在手
而可息尔后因静夜持诵至
六年撝建兹塔既而许王玙
发源龙兴流注千福清澄泛
泛表于慈航塔现兆于有成
方用壮禅师每夜于筑阶所

图 6-3-12 《多宝塔感应碑》局部拓片

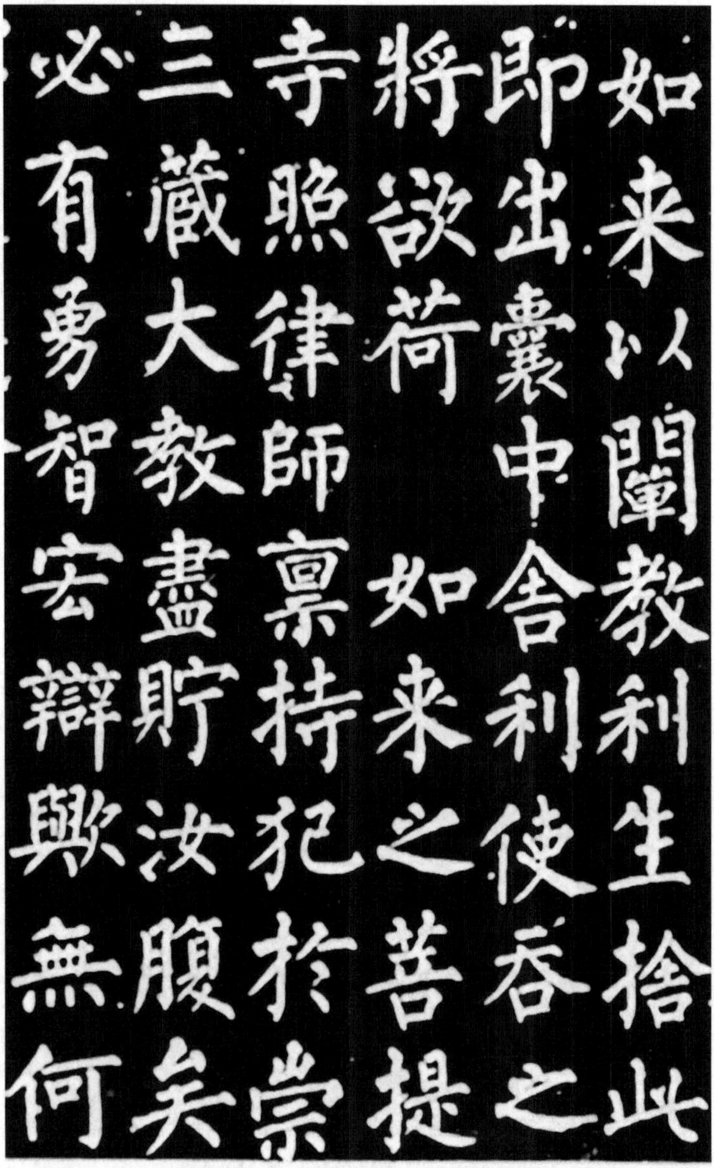

图 6-3-13 《玄秘塔碑》局部拓片

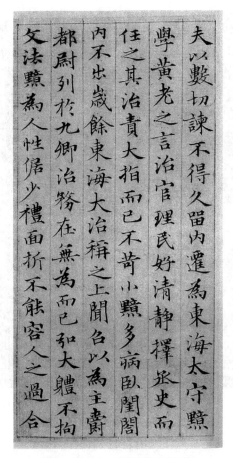

图 6-3-14 《汲黯传》(部分)

在楷书一族中,魏碑是独具魅力的一个重要部分。魏碑是对南北朝时期北朝的碑碣、摩崖和墓志铭等石刻文字的总称,其中以北魏的书法为典范。魏碑也叫魏楷,是和晋朝楷书、唐朝楷书并称的三大楷书书体。魏碑中,《郑文公碑》和《张猛龙碑》是两个典范和代表。

如图 6-3-15 和图 6-3-16。从这两碑的例字来看,魏碑书法笔画法度谨严、笔意硬朗、精气神十足,字的结体端庄、稳定、厚朴;笔画舒展、大方,结体刚劲而富有生气。魏碑书体上承汉隶,下开唐楷,兼有隶楷两体的神韵。清朝康有为在《广艺舟双楫》中对魏碑有极高的评价:"古今之中,唯南碑与魏为可宗。可宗为何?曰有十美:一曰魄力雄强,二曰气象浑穆,三曰笔法跳跃,四曰点画峻厚,五曰意态奇逸,六曰精神飞动,七曰兴趣酣足,八曰骨法洞达,九曰结构天成,十曰血肉丰美,是十美者,唯魏碑南碑有之。"

图6-3-15 《郑文公碑》例字　　图6-3-16 《张猛龙碑》例字

五、行书

行书是在楷书的基础上发展起来的一种介于楷书和草书之间的一种字体。行书体的产生既弥补了楷书书写速度较慢的不足，又克服了草书难于辨认的缺点。从本质上讲，行书实际上是楷书的草化或草书的楷化。就一幅行书作品来讲，楷法多于草法的叫"行楷"，草法多于楷法的叫"行草"。

行书的特点主要表现为两点：一是在用笔方面，点画以露锋入纸的写法居多，以简省的笔画代替繁复的点画，以圆转代替方折，笔画与笔画相连接的地方，常常带出一个小小的附钩，使笔画更为流畅、活泼，互相映带照应，气势也更为连贯；二是在结体、布局和用墨方面，大小相兼，收放结合，疏密得体，浓淡相融。

由于行书这种书体点画和结体自由灵活，最能表现书者的个性，一产生就备受人们的喜爱，传世作品很多。其中，影响力最大的是王羲之的《兰亭序》。

《兰亭序》，又名《兰亭集序》《兰亭宴集序》等，晋代书法家王羲之撰写。《兰亭序》相传之本,共二十八行,三百二十四字,章法、结构、笔法都很完美,后人评之"右军字体,古法一变。其雄秀之气,出于天然,故古今以为师法"。因此,历代书家都推《兰亭序》为"天下第一行书",临摹者数不胜数。

图6-3-17是冯承素所摹《兰亭序》的一部分。《兰亭序》表现了王羲之书法艺术的最高境界。作者的气度、精神、襟怀、情愫,在这件作品中得到了充分表现。古人称王羲之的行草如"清风出袖,明月入怀",堪称绝妙的比喻。

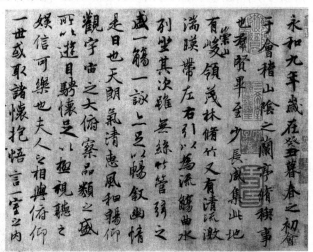

图6-3-17　冯承素摹《兰亭序》(神龙本)局部

继王羲之之后,很多书家在行书方面卓有成就,例如黄庭坚、赵孟頫、刘墉等。他们的行书作品都堪为后世学书的范本。

第四节　中国画的特点

中国画,又称国画,是一门区别于西洋画的"学""艺"兼备的学问。中国画不拘泥于外表形似,更强调神似。它以毛笔、水墨、宣纸为特殊材料,大胆而自由地打破时空限制,具有高度的概括力与想象力,可以最大限度地实现思想与精神的表现。

中国画是一种思想与情感的表现手段,相对于西洋画注重于美的再现,它更加关注人的心性优化、思想启迪与精神激励等,"学"的成分远远大于"艺"。概括起来讲,中国画具有以下几个特点:

一、重在写意

中国画是一种表达思想、情感和志趣的方式。中国画虽然也关注事物之美,但更多关注人的精神世界,因此,中国画创作在大多时候不是以审美作为出发点,而是以思想表现作为创作的目的。正是因为重视思想表现,中国画不刻意追求景象描绘的形似,而是力求其神似。

因为中国画重在写意,所以景象描绘在很多时候不能惟妙惟肖。描绘过于逼真,常常会使人的思维停留于景象本身而忽视作品所表现的思想,因此,中国画的最佳表现是"妙在似与不似之间","似"可以使欣赏者明白所画的内容,"不似"可以把欣赏者的思维引向深入,使其准确把握画作的思想。

图6-4-1和图6-4-2画的都是葡萄。其中,图6-4-1描绘过于逼真,接近写实,人们在看到这幅画的时候,马上会想到葡萄果实的甜美,这样思维就被引向了生活,画作的思想性就容易被人忽视;图6-4-2所画葡萄与现实中的葡萄有较大距离,写意性很强,人们看到这幅画时,先要确定画的是什么,继而从国画表现思想的角度展开联想和思考,思维沿着人生思考的方向走下去,这样就很容易把握画作的主题。通过上面两个例子的比较大家应该明白,中国画在景象描绘方面要坚持"妙在似与不似之间"的原则,这样才能很好地表现思想。

图6-4-1 伯阳示例

图6-4-2 齐白石花鸟画

中国画的写意性还有一个十分重要的表现就是通过细小物象的描绘和点缀来反映意趣。通过意趣的表现来唤起人们的情感体验,优化人们的心性,激发人们的生活热情,振奋人们的精神。如图6-4-3这幅花鸟画,画中的主体物象是一丛鸢尾花,点缀物象是一只蜻蜓和一只蜜蜂,创作者通过这样的构图来表现自然的意趣,借以激发人们的情趣,从而舒展人的心境。

图6-4-3 王雪涛花鸟画

总之,中国画重视人的心灵观照与精神塑造,对真善的关注大于审美。在表现手法上,中国画重在写意,淡化写实性,这样可以使物象或情境的思想内涵更容易显露出来。

二、意象性强

中国画与西洋画的最大不同是西洋画大多重写实,逼真地描绘事物之美,这样的画作很容易让人看透,并且一看就能获得审美体验,但很少能引发人的想象与联想。中国画不刻意追求形似,但力求意到,所画物象常常在似与不似之间,这样的画作要求欣赏者意会,即看到画上的墨迹后进入想象与联想的状态,先知道画上画的什么,继而明白作者为什么要画这些东西,从而弄清画作要表现的主题——在这样的过程中,欣赏者的大脑中始终存在着事物的意象。下面来看两个例子。

图 6-4-4 和图 6-4-5 两幅画上的石头都是简单的几笔勾染而成的,与现实中石头的形态、质感等都有很大的距离,人们之所以能够确定它们是石头,关键是通过联想和想象的还原,在大脑中形成了石头的意象。两图中小草等其他物象能够被欣赏者确定是什么,也是意会的结果。

图 6-4-4　黄高才国画　　图 6-4-5　李苦禅《鹭柳春风图》

中国画的意象性还有一个十分突出的表现是人们常常通过画内之象联想出一系列的画外之象,从而把握画作的主题。如图6-4-6,画中的主体物象是一丛竹子,配景是竹笋和拳石。欣赏者看竹竿,可以看到骨气和节气,联想到铮铮铁骨的硬汉形象;看枝繁叶茂和竹笋簇拥的景象,感受到生机与活力,联想到奋发向上和自强不息;看根部的杂草与乱石,联想到处贫不改节、穷且益坚等君子风范……一幅好的中国画作品,常常能够把欣赏者的思维引向画外,使其浮想联翩,从而获得人生感悟。

图6-4-6　黄高才花鸟画

图6-4-7　李苦禅《香之祖草》

中国画意象性的第三个表现是常常采用诗化的表现手法,寥寥几笔勾画物象或描绘情境,把人引进想象与联想之中,使人的大脑中形成一种意象或意境,从而把握作品的主题。如图6-4-7这幅花鸟画,寥寥几笔勾画了一丛兰花的形象,触发欣赏者充分展开形象与联想,使其深刻理解"香之祖草"的思想内涵。

三、依意取象

中国画的非写实性决定了它不拘于物象和时空的限制,可以根据思想表达的需要,把原本存在于不同时空中的物象依据作者的创作意图组合起来。如图6-4-8这幅画为了表现生活情趣,唤起人们热爱生活的情感,将原本属于不同空间的几种形象组合在一起。人们在欣赏这幅画的时候,思维自然而然地进入到生活的联想,而不会去推敲画面上的几种物象到底能不能画在一起。

图6-4-8　吴昌硕国画

中国画依意取象的第二个方面是根据所要表现思想的需要来选材。例如,如果要表达人们渴望平安、稳定的美好愿望,可以以象征安稳的石头和象征平安、清雅的竹子为主要构图元素,如图6-4-9;如果要表达人们渴望幸福和衣食富足等美好愿望,可以以象征福禄的葫芦为主要构图元素,如图6-4-10。

中国画依意取象的第三个重要表现是在构图时常常遵循中国文化的传统理念与思想精神,这也正是历代画论强调画作者必须具备良好的文化素养的原因。例如,画葫芦时,整幅画面上只画两个葫芦,寓意"福禄双至",一幅画面上画五个葫芦,寓意"五福临门"。图6-4-11是一幅《长寿图》,画面的主体物象是寿桃。整幅画上为什么要画9个寿桃,一方面取"长久"之意,另一方面取"九"所含有的"阳"的意思,整幅画寓意精神矍铄,幸福长久。

第六章 汉字书法与中国画

图 6-4-9 黄高才《竹石图》

图 6-4-10 黄高才《福禄图》

图 6-4-11 黄高才《长寿图》

四、笔法清雅

因为中国画重视人的内心观照,力求通过生活情趣与自然意趣的表现来陶冶人的情操,净化人的灵魂,因此,在表现手法方面很少浓墨重彩,更多的是用清雅的笔法来表现清新淡雅的意境,或塑造脱俗的形象等。以人物画为例。中国画中的人物画在表现女性美的时候,一般是用线条勾勒出清秀的脸庞和脖颈,通过衣饰的纹理来表现身体的曲线美,表现手法十分高雅。如图6-4-12这幅张大千的《蕉荫仕女图》(现藏四川博物馆)和图6-4-13这幅清代朱本的《对镜仕女图》(现藏故宫博物院)。

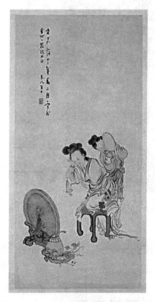

图6-4-12 张大千《蕉荫仕女图》　　图6-4-13 朱本《对镜仕女图》

同样是风景,中国画一般采用淡雅的笔墨描绘出一种清新的意境,使人观之获得心旷神怡的感受;油画则特别重视色彩的使用,给人以强烈的视觉性审美冲击。如图6-4-14这幅山水画,画中的"山里人家"在清新的背景上显得十分幽静和清爽,观之如仙境,令人神往;图6-4-15这幅油画中也有"山里人家",房前柴火成垛,周围树木葱茏,杂草漫径,画面的主景部分在明媚的阳光之下给人以温暖的感觉,整幅画面生活气息十分浓厚,观之使人不由自主地进入到生活的想象与联想之中。

图6-4-14 张大千浅绛山水画　　图6-4-15 李海龙写生作品（油画）

中国的花鸟画大多用笔简洁、洒脱，笔调轻松、活泼，画作或内涵思想，或富于意趣，或有所象征……大都脱尽俗气，清净高雅。

五、题材丰富

由于中国画是一种思想表现形式，在反映对象的选择方面不受其审美因素的限制，因而题材十分丰富，不仅人物、事物、景物皆可入画，而且历史人物、成语故事、民间传说等均可以成为创作素材。图6-4-16这幅花鸟画，寥寥几笔表现了成语故事"螳螂扑蝉"的主题，其意是告诫人们，自鸣得意时，要防止招惹祸端。图6-4-17这幅人物画取材于苏武牧羊的故事，画作所表现的是一种气节和精神。

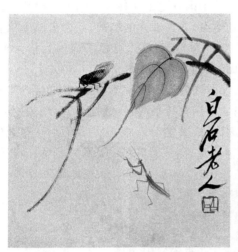
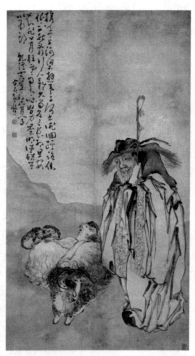

图 6-4-16 齐白石《螳螂扑蝉》　　图 6-4-17 黄慎《苏武牧羊图》

中国画题材的丰富性还突出表现在人们赋予了很多自然物以思想内涵,使这些自然物成为了思想或精神的象征。与此同时,因为中国画本身是一种生活与生命的观照,其中所画的任何物象都能够引起人们的想象与联想,所以,对于中国画来讲,可入画的东西不可胜数。例如,虫草入画,可以表现这样或那样的意趣,能够舒展人的心境,优化人的性情;蔬果入画,可以唤起人们对生活的联想,激发人的生活热情,等等。

第五节　中国画的分类及名作举例

按题材来分,中国画可分为人物、花鸟、山水三个大类。从思想表现的角度来看,三种画品,各有境界。人物画表现的是社会生活中人与人的关系;山水画所表现的是人与自然的关系,将人与自然融为一体;花鸟画则是表现大自然的各种生命与意趣,借以唤起人们的生活热情,振奋人们的精神等。

一、人物画

人物画是以人物形象为画面主体的绘画的通称。中国的人物画,力求人物个性刻画得逼真传神,气韵生动、形神兼备。其传神之法,常把对人物性格的表现,寓于环境、气氛、身段和动态的渲染之中。故中国画论上又称人物画为"传神"画。

中国画中的人物画以关注人生为基本点,或表现人的精神,或使人感受到生活的美好,或通过形象引发人们对社会人生的思考,都是以有益于人的人格完善、更好生存和生活为创作的出发点的。下面,我们来看几个例子。

图6-5-1是明代唐寅的《侍女吹箫图》(现藏浙江省博物馆)。这幅画工笔兼用写意,仕女形象生动,体态造型优美;衣饰用笔线条流畅,顿挫宛转,气韵生动;敷色浓艳鲜明,技法精工,尤其对细部的刻画,极其生动传神,这是我们对这幅画的第一印象。再仔细观察,不难看出,仕女神情忧郁,一支箫管,吹不尽忧愁。很显然,这幅画旨在表现一种人生的思考。

图6-5-1　明·唐寅《侍女吹箫图》

图6-5-2是清代李方膺的《钟馗》图轴(现藏浙江省博物馆)。画中的形象是一个袖手而立,眼睛微睁,显得十分悠闲的钟馗形象。画上的题诗是:"节近端阳大雨风,登场二麦卧泥中。钟馗尚有闲钱用,到底人穷鬼不穷。"

图6-5-2 清·李方膺《钟馗》图轴

钟馗是中国民间传说中的一个"神"人,以捉鬼闻名。据北宋沈括《梦溪补笔谈》记载:唐明皇患疾近一月,忽梦二鬼。小鬼窃得皇上玉笛及杨贵妃之紫香囊奔逃,大鬼乃捉小鬼刳其目,然后擘而啖之。大鬼道:"臣为钟馗,即武举不捷之士也,誓与陛下除天下之妖孽。"唐明皇醒后,即病愈,便召画工吴道子,嘱其按梦中情景画钟馗捉鬼图,道子挥笔即成,明皇见后,竟与所梦一模一样,惊叹不已。后来,钟馗画渐渐走入民间,绘制钟馗画大都作于五月端午节这一天,或者端午节的前后几天。到了清代,江南苏、浙一带的居民大都在农历五月于大门或堂中挂钟馗图一月,以期驱邪除害、祛凶引福。

将画面形象和题诗综合起来看,这幅画当是对社会问题的一种思考——钟馗原本是一位赐福镇宅的圣君,向来以正气浩然,刚直不阿,为人正直,肝胆照人而著称,现在连他都睁一只眼闭一只眼了,人间的灾难就不可避免了,这不,眼看到手的收成被大风大雨给毁了。

二、山水画

山水画,俗称风景画,是指以描写自然景色为主要内容的绘画。中国的山水画在魏晋南北朝已经出现并有所发展,但这一时期的"山水画"大多还是作为人物画的背景的。从隋唐开始,山水画作为一个独立的种类问世,这一时期的重要代表是王维的水墨山水和王洽的泼墨山水。五代至北宋时期,山水画有了长足的发展,这一段时间里名家辈出,佳作大量涌现,其中,米芾、米友仁的水墨山水和赵伯驹、赵伯骕的青绿山水,南北竞辉,将山水画创作推向高峰。

中国山水画最大的一个特点是用清新的笔触描绘一种清、新、净、幽的意境,将人带进一种物我两忘的境界,从而使人清心寡欲,心性平和,包容大气。

(一)山水画的构图元素

山水画的构图元素包括山、水、石、树、房屋、楼台、小桥、人物、小船……以及标志春、夏、秋、冬的特征性风景等。其中,山、水、石、树是其不可缺少的基本元素。

在中国文化的传统理念中,山远离闹市,不染红尘,是清净之地,是修身养性的最佳去处,这是其一;其二,山是自然界中最沉稳、最厚重和藏金含玉的事物,它象征着安泰、安宁、依靠、财富之源等。因此,中国画中的山,一是代表着清净之地,是一种心灵的归宿,二是平静、安稳之所,是人们精神的依靠,三是财富之源的象征。中国的山水画,尤其是文人画,在创作时主要关注的是精神,取前两种意思,而人们在把山水画作为一种吉祥物悬挂时,主要取后两种意思。

老子说:"上善若水。"水在中国文化中具有极其丰富的思想内涵。首先,从自然的角度看,水具有清新、清爽、平和等含义;水是生命之源,活力之源,财富之源。其次,从水泽万物的角度看,她与世无争,无私奉献。再次,水可以淘洗一切,舒展人的心境。第四,水具有包容的气度。第五,水象征着纯洁。

中国画中的树不仅标志着生机与活力,而且是"林"的代名词,清新、幽静、掩映是其境界。房屋不仅是人的栖身之所,而且是温暖、祥和和安宁的象征。

山水画把以上这些大美的事物有机地组合起来构成图画,旨在描绘一种绝物欲、弃贪念的境界,借以美化人们的心境,优化人的心性,涵养人的精神。因此,中国山水画的创作要特别注意心灵的观照,通过一景一物的描绘反映出人的道德精神。

(二)山水画的分类

根据画法、着色等的不同,山水画主要分为浅绛山水、青绿山水、金碧山水、水墨山水和没骨山水等。现简要介绍如下。

1. 浅绛山水

浅绛山水画是中国画最常见的画种,这是一种在水墨勾、勒、皴、染、点的基础上,以赭石为主色敷色的淡彩山水画。浅绛山水以树、石、云、水为主要表现内容,多用来表现深秋和早春时节及斜阳夕照的景色。其特点是素净淡雅,清澈纯净,意境清新。这种设色方法,始于五代董源,成熟于元代黄公望。图6-5-3是明代蓝瑛的《仿黄公望山水图轴》(现藏上海博物馆)。从这幅画可以看到,浅绛山水设色清爽淡雅,画面清新纯净,意境高远,观之令人心旷神怡。

图6-5-3 蓝瑛《仿黄公望山水图轴》

2. 青绿山水

青绿山水是用矿物质石青、石绿作为主色的山水画。根据笔法和着色的不同，青绿山水分为大青绿和小青绿。大青绿大多只勾轮廓，很少用皴笔，着色浓重；小青绿一般是在水墨淡彩的基础上，敷罩青绿。青绿山水始创于唐代的李思训，两宋之交形成了金碧山水、大青绿山水和小青绿山水三个门类，到南宋时期走向成熟，南宋的赵伯驹和赵伯骕以画青绿山水著名。

图6-5-4是南宋赵伯驹的《江山秋色图卷》（局部，现藏故宫博物院）。此画中的山石经过勾皴后施以青绿重色，流水也着青色，整个画面山青水碧，意境清新。

图6-5-4　南宋赵伯驹《江山秋色图卷》（局部）

3. 金碧山水

金碧山水是以泥金、石青和石绿三种颜料作为主色的着色山水画。金碧山水比青绿山水多了泥金一色。在金碧山水中，泥金主要用于勾染山廓、石纹、坡脚、沙嘴、彩霞，以及宫室、楼阁等建筑物。金碧山水形成于唐，其开山性的代表人物是李思训、李昭道父子。

图6-5-5是张大千的一幅金碧山水画（现藏四川省博物院）。从画中我们可以看到，远景的彩霞，中景的山廓，近景的坡脚，都用泥金敷色，整个画面显得温暖明丽。

图 6-5-5　张大千金碧山水

4. 水墨山水

水墨山水，也叫水墨画，是指纯用水墨所作之山水画。水墨山水的特点是通过墨色的浓淡变化来反映景物的层次，讲求"以形写神"，追求一种"妙在似与不似之间"的神韵。整体上给人以清素、浅淡、意境高远的视觉感受。

图 6-5-6 是清代罗牧的山水条屏。从这幅画我们可以看到，水墨山水画中不论是山石的明暗，景物的主次、远近等都是通过墨色的浓淡变化表现出来的。

总的来看，中国画中的山水画主要是一种情志的抒发，大多表现的是人们对闲适、自由和无忧无虑生活的向往。

图 6-5-6 罗牧山水条屏

三、花鸟画

在中国画中,凡以花卉、花鸟、鱼虫等为描绘对象的画,称之为花鸟画。特别要注意的是,在中国绘画中,花鸟画是一个宽泛的概念,除了严格意义上的花卉和禽鸟之外,中国绘画中的"花鸟"还包括了畜兽、虫鱼等动物,以及树木、蔬果等植物。因此,花鸟画是中国画题材最丰富,最具思想性和表现力的一个部分。

按照画法来分,花鸟画可分为工笔、写意和兼工带写三种。工笔花鸟画是先用浓、淡墨色勾勒形象,再按事物本身色彩浓淡的变化规律分层次着色的一种花鸟画,这种花鸟画高度形似,接近于写实,形神兼备。写意花鸟画是用简练、概括的笔法描绘形象,力求神似,物象处于"似与不似之间"之间,这种花鸟画是中国花鸟画的主流。介于工笔和写意之间的称为兼工带写花鸟画。

作为一种思想与情感的表现形式,按思想内容来分,中国花鸟画主要分为三大类:一是表现思想与情感的,二是表现志趣和寄托精神的,三是表现生活意趣的。现举例简介如下:

1. 表现思想和表达情感的

作为一种思想和情感的表达方式,中国的花鸟画十分关注人的内心世界,常常借助于形象的描绘来表现思想和表达感情。例如,水中画一对鸳鸯、空中画一对蝴蝶,大老虎身边画两只小老虎,大羊的身边画一只跪着的小羊等,都是在表达情感。除了借助于有生命的事物进行类比性表现外,创作者还常常把感情寄予在花草、蔬果等上面。如图6-5-7这幅画,画上的物象是一个长长的丝瓜,其象征意为长相思,所以画题为《相思长 情更长》。

2. 表现志向和寄托精神的

托物言志是花鸟画最常用的一种表现手法,花鸟画中表现志向和寄托精神的一般都借助于这种表现手法。如图6-5-8这幅画,画中的物象是葡萄。葡萄在中国文化中是多子多福的象征,其中的"多福"取意于葡萄的谐音"福到"。这幅画的画题是《福到》,画作要表现的正是人们渴望幸福的美好愿望。

3. 表现生活意趣的

这类作品主要是截取人们侍花弄草、养虫观鱼等生活片段,表现人们的闲情逸致,唤起人们对美好生活的联想,激发人们的生活热情。如图6-5-9这幅花鸟画,无华的叶子,清瘦的枯枝,振翅欲飞的鸟雀,所有构图元素都有自然的意趣。

以上分类只是按照画作的基本思想倾向来分的。实际上,由于很多自然物被赋予了多种象征意义,入画后具有多方面的思想内涵。如图6-5-10这幅画。首先从用笔的自由和随意可以窥见作者的率性与洒脱,心灵受到一定的陶冶,内心的物欲被淡化。继而,我们从构图可以看到,梅花虽处贫寒之中,但依然热情似火,尽情奔放,体现出了一种积极向上、乐观豁达精神。与此同时,我们还可以看到,虽生于贫寒,依然傲骨铮铮,表现出了一种气节和精神。

图 6-5-7 黄高才《相思长 情更长》

图 6-5-8 黄高才《福到》

第六章　汉字书法与中国画

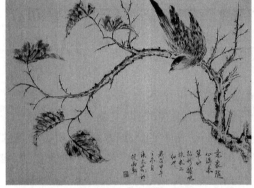

图 6-5-9　张文莉花鸟画

图 6-5-10　吴昌硕《梅石图》

　　从思想表现的角度来看，中国画中的花鸟画是思想内涵最为丰富的一个大类，凡入画的花鸟几乎都有他们各自的象征意义。例如，梅花的基本象征意是坚强、高雅和忠贞，与此同时，梅花又有"五福花"之称谓，五个花瓣分别代表着快乐、幸福、康健、和顺和平安五种含义。兰花有"四清君子"之称，是纯洁、坚贞的象征。总的来讲，中国画"学问"的一面在花鸟画中表现得十分突出。

第七章 中国古代人文成就管窥

中国文化与西方文化的最大区别是更多地关注人生,关注人的心性修养。在这一思想的影响下,中国文化的人文性更加突出。这一点不仅体现在传统伦理道德方面,而且表现在文学、艺术、史学、哲学和教育等各个方面。加之中国具有文字可考的历史5000年以上,具有文物可以佐证的历史9000年以上,并且在长达5000年的时间里,中国的文明史一直延续而从未中断过。因此,中国文化的人文积淀特别深厚。因为关于中国传统伦理道德和中国古代艺术前面已有专章论述,下面我们仅就中国古代的文学、史学、哲学和教育四个方面的主要成就做一简单介绍。

第一节 中国古代文学

中国古代文学是中国传统文化中最具活力的一个部分,深刻而生动地体现了中国文化的基本精神,具有更多的人文色彩和理性精神。如《女娲补天》(图7-1-1)、《后羿射日》(图7-1-2)等神话所表现的都是伟大的人格力量,体现了中国文化以人为本的精神。《夸父逐日》《精卫填海》等神话体现了中华民族刚健有力、自强不息的精神。

图7-1-1 女娲补天雕像

图7-1-2 后羿射日雕塑

站在文化的视角来看中国古代文学,我们不仅可以看到中国古代文学成果丰硕、积淀深厚,而且可以真切地感受到其巨大的精神魅力。

一、中国古代文学的文化精神

中国古代文学是传统文化中最容易为现代人理解、接受的一种形态,是现代人了解传统文化的最佳窗口。中国古代文学的文化特征主要表现为丰富的人文思想、强烈的忧患意识、文以载道的人文传统和追求和谐的艺术境界。

(一)"文以载道"的人文传统

文以载道是中国文学一个根本性的创作原则,正是在这一原则的指导之下,中国历代的文学作品都讲求思想性,具体表现为歌颂光明正义,批评黑暗腐朽,倡导道德修养和道义担当。如杜甫在《自京赴奉先县咏怀五百字》中,以"朱门酒肉臭,路有冻死骨"的诗句揭示了广大民众水深火热的痛苦生活,表达了自己的忧国忧民之情。柳宗元的《捕蛇者说》深切地表达了对劳动人民的怜恤之情。在这些作品中,我们看到的是作者勇于担当道义的志向与情怀。

纵观一部中国文学史,我们可以看到,不论是什么样的文学样式,不论是哪一个时代的作品,其中所载之"道"是极其丰富的。概括起来讲,主要有以下几个主题:

1. 再现生活之美,激发人的生活热情

从《诗经》开始,中国文学就重视对生活美的再现,借以激发人的生活热情。如《诗经》开篇的《周南·关雎》,以水鸟和鸣起兴,吟咏男女之间的恋情,就给人一种温暖和谐、十分甜蜜的感觉。陶渊明以"采菊东篱下,悠然见南山"清新之境抒发了人们对闲适、平静的生活的向往之情。

2. 歌颂真善美,鞭挞假恶丑

中国文学秉承中国的伦理道德精神,始终高扬真善美的旗帜。《诗经》中的作品,无论是写恋爱、劳动,还是写政治、战争,无不以善良的情感和愿望为出发点。如《采薇》写成边生活,却从士兵对家和亲人的思念着笔,表达了人们对和平的向往之情。直到唐代,中国边塞诗仍然保持了这些体现人性、人情味的特色。孔子说:"诗三百,一言以蔽之,曰:思无邪。"(《论语·为政》)

3. 倡导博爱精神

中国古代文学受中国传统文化"爱民"思想的影响颇深,积极倡导博爱精神。如陶渊明的《杂诗》(其四):"落地为兄弟,何必骨肉亲。得欢当作乐,斗酒聚比邻。"他的《桃花源诗》中呈现的世界,是一个没有君主,没有压迫,没有剥削,男耕女织,幼有所长,老有所养,人心淳朴而又酷爱自由的新天地。

苏东坡晚年贬谪海南，与黎族人民相处，最能体现他的爱民情怀。他的《被酒独行》："半醒半醉问诸黎，竹刺藤梢步步迷。但寻牛矢觅归路，家在牛栏西复西。""总角黎家三四童，口吹葱叶送迎翁。莫作天涯万里意，溪边自有舞雩风。"东坡与黎族人民，无论男女老幼，尽都亲如骨肉。在东坡心中，对淳朴的黎胞不仅泯没了华夷观念，而且致以最高的赞美与敬意。

4. 以天下为己任的道义担当

中国历代的作家们勇于担当道义，积极参与政治，以天下为己任，努力实现人生理想。从杜甫的"致君尧舜上，再使风俗淳"(《奉赠韦左丞丈》)，到陆游的"死去原知万事空，但悲不见九州同。王师北定中原日，家祭无忘告乃翁。"我们看到的是以天下为己任的精神。

5. 令人感奋的气节操守

中国文学精神有一种孟子所说的"大丈夫"气概，很多作品着力表现一种令人感奋的气节操守。如李清照的《绝句》："生当作人杰，死亦为鬼雄。至今思项羽，不肯过江东。"文天祥《过零丁洋》："人生自古谁无死，留取丹心照汗青。"再如班固的《苏武传》，其中那不屈的民族气节令人感奋不已。

6. 自强不息的进取精神

自强不息是中国文化的基本精神，受这一精神的影响，中国文学历来将表现自强不息的进取精神作为主题。从屈原的"路漫漫其修远兮，吾将上下而求索"，到李白的"乘风破浪会有时，直挂云帆济沧海"都是这一精神的写照。

(二)现实主义与浪漫主义相互辉映

现实主义和浪漫主义是文学创作的两个基本方法。现实主义创作方法的特点，是要求作家按照生活本来的样子来写作，强调艺术形象的真实性。它要求从细节、情节、环境到人物外貌与内心的描写，都要符合生活的逻辑。作家思想感情和倾向性应该通过具体生动的形象和画面自然流露出来，而不是作家自己直接说出来。而浪漫主义就不同了，它的特点是作家按照理想中的生活来写作，强调理想性。它要求作家充分表现对理想社会的热烈追求，而不必拘泥于对现实生活的客观描绘。它常常采用幻想的形式、虚幻而离奇的情节，运用大胆的夸张手法。这类作品总是以想象丰富、情节离奇、感情充沛、语言华丽而见长。

中国文学在几千年的发展历程中，一直呈现出现实主义与浪漫主义双峰并峙、相互辉映的局面。从上古神话的浪漫主义，到《诗经》的现实主义，再到楚辞的浪漫主义，中国文学早在先秦时代就奠定了现实主义与浪漫主义双峰并峙的坚实基础。

在汉乐府民歌中，既有《上山采蘼芜》这样的现实主义精品，又有《上邪》这样的浪漫主义佳篇，同时还有《孔雀东南飞》那样浪漫主义和现实主义结合的力作。

到了唐代,以杜甫现实主义诗歌与李白为代表的浪漫主义诗歌各呈异彩。杜甫的名篇"三吏""三别",真实地反映了唐代的社会生活景象。读他的《石壕吏》,我们仿佛目睹了安史之乱时官吏深夜捉人,老翁偷偷地翻墙逃走,老妇悄悄开门觑看以及吏呼妇啼等一幅幅具体、逼真的悲惨场景;而读李白的诗歌,我们则钦佩他那种奇特的想象和大胆的夸张。例如《梦游天姥吟留别》,诗人一会儿把你引入仙境,一会儿又把你带回人间,时而又借用神话传说,来抒发自己的理想。

到明清时代,中国文学的现实主义与浪漫主义都更加成熟。在小说《红楼梦》中,曹雪芹笔下的林黛玉、贾宝玉,他们无论是吵闹啼笑,还是吟诗作画,都鲜活生动,真实性很强。小说《西游记》则不同,吴承恩笔下的孙悟空,手拿千钧棒,一个筋斗十万八千里。他一会儿腾云驾雾大闹天宫;一会儿摇身一变去降妖伏魔。作者的想象奇特大胆,将读者也带入到想象之中。

值得注意的是,中国文学的现实主义与浪漫主义有两大亮点:一是广泛应用于一切文学样式。以散文来看,曹植的《洛神赋》是运用浪漫主义手法的精品,柳宗元的《捕蛇者说》则是现实主义的佳作,而苏轼的《赤壁赋》则是将现实主义手法与浪漫主义手法结合起来的典范;以戏剧来看,《赵氏孤儿》是现实主义为主要创作手法的典范,《牡丹亭》是浪漫主义的杰作——其中的杜丽娘,为了纯洁自由的爱情,可以死而复生,而《窦娥冤》则是现实主义与浪漫主义结合的产物。二是现实主义与浪漫主义相互辉映。在中国文学史上,很难看到现实主义与浪漫主义相互对立的现象,而结合、相容与互相辉映的现象十分普遍,很多作家以现实主义与浪漫主义作为自己文学创作的双翼。如白居易的《琵琶行》是现实主义力作,而他的《长恨歌》又把浪漫主义手法发挥到极致。

总之,中国文学的发展史是现实主义与浪漫主义同步发展,相互促进,互相辉映的历史。

二、中国古代文学的辉煌成就

中国古代文学呈现出"一代有一代之所胜"的壮观景象,每一个时代都有其代表性的文学样式,并且这些代表性的文学样式在特定的时代达到巅峰状态后,其艺术成就很难被后人所超越,从而成为后代文学创作永久性的艺术典范。

(一)上古神话

中国的上古神话一诞生就显示了自己的独特魅力——中国上古神话中神的形象都是道德的化身,他们惩恶扬善,无私奉献,注重道德修养,具有圣洁和高尚的情操。而西方神话尤其是希腊神话中神的形象多为智慧和力量的化身,大大小小的天神都是世俗的,是满身人间烟火味的形象;众神之王宙斯狂放不羁,拈花惹草,在神界与人间留下了一大串风流债。其他众神也都有着极为相似的品性。

在倡导道德修养的同时,中国古代神话着力于对献身精神的崇尚和礼赞。如中国的创世神话中,盘古在完成了天地开辟任务之后,就将自己的双眼化成了日月,将四肢与头颅化成了五岳,将血脉化成了长江与黄河,将毛发化成了山林与草木,将肌肉化成了泥土,将筋骨化成了金石,而他身体上的寄生物则变成了人类。后来的始祖神继承了创世神的这一精神,并将它发扬光大,为中华民族创造了可歌可泣的业绩。燧人氏发明火历经千辛万苦种种磨难;炎帝为发明医药而尝尽百草,几经生死。《淮南子·修务训》说神农"尝百草之滋味,水泉之甘苦,令民知所辟就,当此之时,一日而遇七十毒";先秦史书则言大禹为治水十年奔走,三过家门而不入。

不只是神具有献身精神,中国上古神话中的英雄同样也具有无私奉献与牺牲的精神。如为逐日而死的夸父、射日除弊的后羿、因填海而死的精卫等均在人们的心目当中占据着崇高的地位。

中国上古神话的神还有一个重要的性格特征是护佑苍生。他们均以天下苍生为重,把造福人类视为他们的根本职责。如炎帝、黄帝、尧、舜等莫不如此。同时,中国神话传说中的上古大神们并不以天下为己有,而是举贤授能,并且素有"禅让"的美德——尧年老后把帝位传给了舜,而舜同样也将帝位传给了大禹。

中国神话崇尚道德的精神,奠定了中国文化崇"德"的基础,也为后世文学创作树立了典范。

(二)《诗经》

中国第一部诗歌总集《诗经》,收录了自西周初年到春秋中叶五百年间民间诗人及公卿列士的作品共305首诗,其中的160首"风"诗是采自周王朝京都以外15个地区的民歌;另有105首"雅"诗是周代京都地区的民歌和士大夫作品;还有40首"颂"诗是当时朝廷祭祀朝拜时用的乐歌。

《诗经》的精华主要集中在风诗部分。风诗是民间的歌唱,有新鲜的生活气息、新鲜的思想感情和新鲜的艺术手法。部分雅诗也给我们描绘了先民创业的艰难历程,吐露出古代有识之士对国家命运的忧患情绪。

《诗经》对于中国文学的贡献主要在于两点:

一是确立了中国诗歌的现实主义传统。其作品不论是讽喻,还是抗争,不管是伤世,还是歌咏劳动生活,抑或是歌颂美好的爱情、抒发爱国情怀,都具有一种独特的精神特质。对此,孔子说:"《诗三百》,一言以蔽之,曰'思无邪'"(《论语·为政》),孔子还说《诗经》可以起到"兴、观、群、怨"的功用(《论语·阳货》),这些对后世文学忠实于生活、积极地反映生活都产生了重要影响。从《诗经》的"饥者歌其食,劳者歌其事",到汉代乐府民歌的"感于哀乐,缘事而发",建安时代曹操等人古题乐府的"借古题写时事",唐代诗人杜甫创作新题乐府时的"即事名篇,无复依傍",白居易倡导的新乐府运动所主张的"文章合为时而著,歌诗合为事而作",一直到元代杂剧、明清小说乃至现当代小说,中国文学始终贯穿着一条现实主义的红线,使自身更紧密地贴近生活,承担起"时代歌手"的重大职责,并且不断取得辉煌的成就。

二是为后世诗歌创作树立了艺术典范。《诗经》中的作品以四言为主,大量采用重章叠句格式,运用赋、比、兴等修辞手段,具有极强的艺术感染力,被后世尊为经典,对中国文学产生了巨大而深远的影响。

(三)《楚辞》

楚辞是战国后期产生于南方楚国的一种新的诗歌体裁。《诗经》以后,我国诗坛沉寂了大约三百年;楚辞的出现,把中国诗歌推向了第二个高峰。

如果说《诗经》确立了中国诗歌的现实主义传统,在南方楚地民歌基础上发展起来的楚辞则是中国诗歌的浪漫主义先声。与《诗经》质朴的现实主义创作方法有所不同,楚辞是浪漫主义的,它感情奔放,想象奇特,文采华美,风格绚烂,且具有更浓郁的楚国地方特色和神话色彩。与《诗经》古朴的四言诗体也有所不同,楚辞的句式较为灵活,句末常带有一个"兮"字,句中使用许多楚国的方言词语,在节奏和韵律上独具特色,更适于表现丰富复杂的思想感情。

战国时期的楚辞作家屈原(图7-1-3),是中国文学史上第一位伟大的爱国诗人。他的《离骚》代表了中国楚辞作品的最高成就。《离骚》以博大的意境、奇伟的构思和浓烈的浪漫主义色彩,将现实生活与幻想世界、国家命运与个人际遇,以及

图7-1-3 屈原雕像

奇丽的自然景象与错综的激烈情怀交织于笔端,使全诗波澜壮阔、起伏跌宕、绚丽多彩,字里行间充溢着诗人高洁的品格和对祖国、对人民的无限热爱与眷恋,不愧为中国文学史上一颗璀璨夺目的明珠。

(四)先秦散文

春秋战国时期,诸侯争霸,战争频繁,政治风云多变,士阶层空前活跃,很多人为展现自己的治国韬略,以期实现政治理想,著书立说,招徒授学,宣扬自己的主张,互相辩难,形成了百家争鸣的局面。

先秦诸子散文就是在这样的历史背景上产生的,代表性的作品有《论语》《墨子》《孟子》《庄子》《荀子》和《韩非子》等。这些作品的共同特点是各抒己见,旗帜鲜明,放言无惮。如孔子提倡仁义礼乐,墨子主张兼爱尚贤,庄子主张自然无为,韩非子则大倡法术势。与之相应,文风上也各具个性和风格。如《论语》简括平易、迂徐含蓄,《墨子》质朴明快、善于类推,《孟子》气势恢宏、辞锋雄辩,《庄子》汪洋恣肆、文思奇幻,《荀子》浑厚缜密、比喻繁富,《韩非子》严峻峭拔、论辩透辟。语言上,它们都善用比兴,善于取象。如《庄子》"寓言十九",引物连类,取象之深厚,为诸子之最。在文体发展上,先秦诸子散文首先确立了论说文的体制。从语录体的有观点无论证,到论点明确、论据充分、逻辑严密、结构完整的专题论说文,显示了我国论说文发展的大致风貌。此外,先秦诸子散文中一些故事叙述,颇类小说,为后世的叙事文学提供了营养。

先秦诸子散文不仅在思想、文化领域内对中华民族几千年灿烂文化有着极其深远的影响,为千秋万代留下了极其宝贵的精神财富,为人类文化做出了极其巨大的贡献,而且对后世散文创作产生了极为深远的影响。

(五)汉赋

最能代表汉代文学成就的是汉赋。汉赋是在汉代涌现出的一种有韵的散文,它的特点是散韵结合,专事铺叙。从赋的形式上看,在于"铺采摛文";从赋的内容上说,侧重"体物写志"。赋是汉代最流行的文体。在两汉 400 年间,一般文人多致力于这种文体的写作,因而盛极一时,后世往往把它看成是汉代文学的代表。从战国后期开始的骚赋,到汉武帝以后的大赋,再到汉末的小赋,汉代几乎所有的文学家都是写赋的高手,被称为汉代的四大赋家的分别是司马相如、扬雄、班固和张衡,其中又以司马相如最为有名。

汉赋对中国文学发展的影响主要表现为以下两点:

一是在丰富文学作品的词汇、锤炼辞句、描写技巧等方面,都取得了一定的成就。建安以后的很多诗文,往往在语言、辞藻和叙事状物的手法方面,从汉赋得到不少启发。

二是从文学发展史上看,两汉辞赋的繁荣兴盛,对中国文学观念的形成,也起到一定促进作用。《汉书·艺文志》中除《诸子略》以外,还专设立了《诗赋略》,除了所谓儒术、经学以外,又出现了"文章"的概念。

(六)唐诗

诗歌在唐代文学中最有代表性,代表着中国诗歌史上的黄金时代。无论是过去的古体、新兴的近体,还是代表未来的词;无论在作家作品的数量和质量上,五言、七言、杂言,各种题材、形式、风格的作品,都是前所未有的,有些甚至是空前绝后的。

唐诗的发展过程大致可分四期,即初唐、盛唐、中唐、晚唐。其中尤以盛唐、中唐两个时期的诗坛最为光辉夺目。

盛唐期间唐诗出现了全面繁荣的高潮。由于国家繁荣,社会安定,诗人们可以由多种途径实现人生的追求。诗人们描绘了塞外大漠的奇异风光,塑造了边关健儿的英雄形象,同时也表达了保卫祖国、建立功勋的人生理想。相对而言,边塞诗更鲜明地体现了盛唐积极进取的时代精神,同时也集中体现了中华民族热爱和平、反对侵略、不畏强暴的民族性格。

富于浪漫气息和理想色彩的精神面貌在诗歌中的体现就是盛唐气象,盛唐气象最杰出的代表首推李白(图7-1-4)。李白热情地讴歌现实世界中一切美好的事物,而对其中不合理的现象毫无顾忌地投之以轻蔑。这种追求解放,追求自由,虽然受到现实的限制却一心要征服现实的态度,乃是中华民族反抗黑暗势力与庸俗风习的一股强大精神力量的典型体现。

图7-1-4 李白白玉雕像

图7-1-5 杜甫雕像

与李白齐名的伟大诗人杜甫(图7-1-5)的诗堪称安史之乱前后唐帝国由盛转衰的生动的历史画卷,因而被后人誉为"诗史"。杜诗中充满着忧国忧民的忧患意识和热爱天地万物的仁爱精神,是儒家思想核心精神的艺术表现,也是中华民族文化性格的形象凸现。

在艺术风格上,李白的诗飘逸奔放,杜甫的诗沉郁顿挫,既具有鲜明的个性特征,又具有丰富的内涵,从而对后代诗歌的审美趋向产生了深远的影响。

中唐诗坛有两个主要流派。一个以白居易为首,主要继承了杜甫正视现实、抨击黑暗的精神,强化了诗歌的讽谏功能;在艺术上则以语言通俗流畅、风格平易近人为特点。另一个流派以韩愈为首,主要继承了杜甫在艺术上刻意求新、勇于创造的精神,特别致力于在杜诗中稍露端倪、尚未开拓的艺术境界。就诗歌风格的多样性和诗人艺术个性的独特性而言,中唐诗坛有如百花齐放,比之盛唐诗有过之而无不及。

(七)宋词

在唐诗走向成熟的时候,民间又产生了新的诗歌形式:曲子词。它在中唐前后被一些诗人学习掌握,到晚唐时文人依声填词已成风气,并出现了温庭筠为代表的代表着词成熟的婉约大家。至此,词已经成为一种与诗并行的独立文学样式。

词至宋代发展到极致,是宋代文学最有代表性的形式。宋词名家辈出,流派众多,后人往往把宋词划分为婉约词派与豪放词派两大流派,但事实上这两种词风在宋代并不是一直平分秋色的。

从晚唐以来,词在题材走向和风格倾向上都形成了自己的独特传统,因而被称为"艳科"。伴随着这种题材走向和轻柔靡曼的音乐,其风格倾向也自然而然地以婉约为主。北宋的词坛几乎是婉约词一统天下,当然词人们在题材走向、风格倾向等方面仍是争奇斗艳、各呈异彩的。李清照与南宋词人姜夔、吴文英也分别以清新、清空和深密的艺术风格丰富了婉约词的词风。

到北宋中叶,苏轼(图7-1-6)首先对革新词风作了巨大贡献。他打破了词为艳科的题材领域,增添了高昂雄壮的因素,并且使词的语言风格出现了豪放、高妙、

图7-1-6 苏轼雕像

飘逸的新因素。苏轼的词,从传统的"花间"走向了广阔的社会人生,具有鲜明的艺术特色。其《江城子·老夫聊发少年狂》等作品开创了豪放一派词风。他的《水调歌头·明月几时有》《念奴娇·大江东去》等则在词的诗化和散文化方面作出了大胆而成功的尝试,在词史上具有独特的地位。其后,辛弃疾在苏词基础上极大地开拓了词的境界,其《破阵子·为陈同甫赋壮词以寄之》《永遇乐·京口北固亭怀古》《水龙吟·登建康赏心亭》等爱国词章,激情充沛、慷慨悲壮、笔力雄厚,显一代词宗典范。

(八)元曲

元代文学的主流是元曲,包括杂剧和随之产生的散曲。其中杂剧代表着元代文学的最高成就,它是在历代歌舞、讲唱、杂戏等各种表演艺术长期发展的基础上形成的。其中元代前期主要流行由金代院本和诸宫调演变而来的、以北方唱腔为基础的杂剧,中心由大都逐渐推向杭州,主要作家有关汉卿、王实甫、马致远和郑光祖等,有"元曲四大家"之称;元代中期以后,随着南方经济的发展,由宋代流传下的南曲戏文(简称南戏,也叫温州杂剧),吸收了北方杂剧的一些优点而重新兴盛起来,势头迅速盖过北方杂剧,到元末时已臻于成熟,代表作为《荆》《刘》《拜》《杀》"四大传奇"和高明的《琵琶记》。

元杂剧在中国文学史上有着划时代的意义。在此之前,占据文坛统治地位的是以抒情为主要功能的诗歌散文,而元杂剧则以叙事为主,这就使文学更贴近人民的生活,更直接地表现人民的喜怒哀乐,更广泛地反映社会现实。元杂剧的成功宣告了戏剧小说等叙事文学开始成为中国文学的主流。

散曲是金元时期中国北方兴起的一种合乐歌唱的诗歌新体式。随着词在宋代的日趋典雅和过于格律化,越来越不适合伶工艺人演唱,于是在民间俚曲小调基础上发展而来的散曲乘势崛起,并借助戏剧的力量,迅速成为诗歌发展的后起之秀。这一时期出现了马致远、关汉卿等杰出的散曲作家群。其中马志远的代表作《天净沙·秋思》:"枯藤老树昏鸦,小桥流水人家,古道西风瘦马。夕阳西下,断肠人在天涯。"寥寥数笔便将异乡游子远离故土的酸楚寂寞之情表现得淋漓尽致,堪称元代散曲中的绝唱。

(九)明清小说

明清时期是中国古典小说成就最高的时代。这一时期,无论是传统的文言、短篇,还是新兴的白话和长篇,各种题材、形式的小说蓬勃发展。

罗贯中的《三国演义》作为中国第一部长篇小说,描写了汉末与三国时代魏蜀吴三国之间的政治军事斗争,结构宏大,气势磅礴,情节曲折,成功地塑造了诸葛亮等一系列历史人物形象,代表了中国历史小说的最高成就。

施耐庵的《水浒传》是正面描写农民起义斗争的作品，塑造了鲁智深、林冲、宋江、武松等108位梁山好汉的艺术形象，达到了中国英雄传奇小说的艺术高峰。

吴承恩的《西游记》以孙悟空与唐僧师徒历九九八十一难赴西天取经的故事为题材，充满着神奇瑰丽的幻想，风格诙谐，是长篇浪漫主义小说的璀璨明珠。

曹雪芹的《红楼梦》以贾宝玉和林黛玉的爱情悲剧为主线，描写了一个贵族大家庭的兴衰过程，揭示了极为广阔的社会画卷，塑造了一大群血肉饱满的个性化人物形象，从艺术表现手法、艺术结构、艺术语言诸方面将中国小说艺术推向了炉火纯青的境地。可以说，《红楼梦》融各种文体于一身，汇中国传统文化于一体，将中国古代长篇小说的发展推向了极致。

传统的志怪、传奇等文言短篇小说也取得了总结性成果：清初蒲松龄《聊斋志异》更将中国古代文言短篇小说这种传统小说形式推向了顶峰。清中叶纪昀《阅微草堂笔记》的出现，在当时社会上引起了极大的反响。另外，明中叶后，在宋元话本小说基础上形成的白话短篇小说发展迅速，并在明末达到高潮，其代表作是"三言二拍"。

第二节 中国古代史学

我国是一个有着几千年历史的文明古国，中国古代史学的发展和繁荣，记载了这一悠久的历史。中国古代史学非常发达，保留下来的古代史籍之多，卷帙之富，是世界上少见的。

一、中国古代史学著作

中国古代史学从《尚书》和史诗《诗经》中的《雅》《颂》算起，历经二千余年，经过五个发展时期，取得了世所罕见的成就。

（一）先秦史学著作

早在上古时期，先民们就创造了灿烂的文化，其中口口相传的神话故事，可以看作中国历史的源头。到商代文字出现后，开始有了历史记录。

《尚书》是我国最古的官方史书，是我国第一部上古历史文件和部分追述古代事迹著作的汇编，它保存了商周，特别是西周初期的一些重要史料。《诗经》中的"雅""颂"反映周室东迁前各个历史阶段的社会情况和有关封国、征伐、农事等活动，都表现出明确的历史意识，具有重要的史料价值。《春秋》是中国传世最早的一部按年月日顺序记录的编年体史书。它原是鲁国的国史，全书一万八千余字，出自鲁国史官之手，经过孔子的整理。以后相继出现了一些叙述春秋战国时期史事的典籍,体裁不同,各有特色。如编年体的《左传》《公羊传》《谷梁传》等,其中《左传》叙事详备,文笔生动,是中国最早的一部史学名著,也是先秦史学的最高成就。

《春秋》《左传》以外,先秦的重要史学成就还有编年体史书《世本》《竹书记年》,记言体史书《国语》《战国策》《逸周书》等。

1. 《尚书》

《尚书》是我国早期的官方文件汇编,也是我国最早的一部古籍。《尚书》之名,始于西汉。"尚"是"上的"意思,《尚书》就是"上古的书"。《尚书》作为儒家经典,又被称为《书经》。

中国是一个尊重古训的社会。《尚书》这部记录古代圣王贤臣之言的著作,历来都受到人们的尊崇。书中的一些主要精神成为中国传统观念的源头。

(1)民主思想。《尚书》保存了一些原始社会末期的珍贵资料,闪烁着原始民主的光彩。其中,部落联盟议事会和禅让制度最为引人注目。《尧典》记录了几次议事会的情况。有一次,尧提出了三个议题,即讨论主管历法、政务和治理洪水的人选。在第一、二两个问题上,尧对有些部落首领的提案据理反对。而在第三个问题上,大家一致否定了尧的意见,推崇鲧担任这项使命,以致工程失败。舜就任后的头一次会议,也是根据四方酋长的一致意见,决定了几项重要的人事安排。这种平等的君臣关系,这样民主的议事制度,作为特定历史阶段的产物,虽然为时不长,但却影响深远。西周时,君王作出重大决策时,在独自谋虑和卜筮征求神意之外,还要谋及卿士和平民。只有所有的意见一致,才算是大吉大利。

(2)天人感应。人事影响天象,天意借种种祥异传达,这种自然界与人类社会的神奇的联系,是先民们的重要信仰。在《洪范》中列为九大法则之一的"庶征",就总结了人事影响气候的种种规律:政治清明,风调雨顺,冷热适时;反之,则风雨失调,寒暑无序。君臣们的故去对气候影响的时间长短不同,君一年,卿士一月,其他官吏一天。政治影响气候,气候影响收成,收成又影响政局,经过一个循环,统治者承担了自己行为的责任。《酒诰》总结商朝灭亡的教训说:"酒是用来祭礼的。而商纣沉湎于酒,臣民们十分怨恨,便也都酗酒放纵。酒气冲到天上,所以上天降下了亡国之祸。

(3)明德保民。君权神授,君主们按照上天的旨意治理万民。但是天命不长,它只保佑有德之人,而唾弃无德之辈。君主的有德与否,关键取决于民众。这就是《皋陶谟》所说的:"上天的聪明,来自民众的耳目。上天的奖惩,代表民众的意愿。上天和下民互相沟通。"夏桀残暴,老百姓恨不能与他同归于尽。(《汤誓》)商纣淫乱,人们巴不得早点亡国。(《西伯勘黎》)记取前朝覆灭的教训,弘扬德行,保佑民众,祈求天命的长久,成为《尚书》许多篇章反复谈论的话题。以此为基础,后来的儒家进一步提出"民本"思想,呼吁德治、仁政,从而使神学命题变成人学的命题,使明德保民由来自上天的外部约束变成为发展自内心的自我规范。这种思想对于缓和统治政策、体恤民情、兼顾劳动者的利益的历史作用，是显而易见的。

(4) 五行学说。《洪范》最先明确提出了五行的概念，论述了水、火、木、金、土的属性，以及它们同咸苦酸辛甘五味的关系，反映了当时人们对自然界的物质属性及其联系的认识。战国以后，五行观念被大大推广，派生出五德、五帝、五岳、五方、五色、五声、五祀、五兵等概念。五行之间的关系则被概括为"相生"、"相克"两种形式，并同阴阳思想结合，形成神秘的阴阳五行学说。

作为中国最古的一本典籍，《尚书》在中国历史上的影响是极其深远的。自汉代以来，它一直是儒家的重要经籍之一，为后世学子所研读。

2. 《春秋》

孔子依据周朝鲁国国史删削而成的《春秋》，是现存世界上最早的一部系统记事的历史文献。它早于西方史学之父希罗多德的著作约半个多世纪。《春秋》全书约16000余字，记载了公元前722年至前481年间的史事。《春秋》虽记事简约，却能历千载而影响不减。经学家认为它每用一字，必寓褒贬，因此，后世称曲折而意含褒贬的文字为"春秋笔法"。历史上，左丘明发微探幽，最先对这种笔法作了精当的概括："《春秋》之称，微而显，志而晦，婉而成章，尽而不污，惩恶而劝善，非贤人谁能修之？"

由于孔子编写《春秋》，在记述历史时，暗含褒贬，行文中虽然不直接阐述对人物和事件的看法，但是却通过细节描写，修辞手法的运用和材料的筛选，委婉而微妙地表达作者主观看法。后世作者为了阐述孔子的思想，撰写了专门的著作以解释《春秋》的内在涵义，特别是其中涉及礼的一些细节。这种作法被称为微言大义，或者春秋笔法，被中国古代的传统所褒扬。

《春秋》语言规范，用词讲究，如"杀"与"弑"，"卒"与"薨"，"侵"与"伐"等不同用法，可谓定褒贬于一字之间。中国史学之重伦理教化的传统即肇源于此。

3. 《左传》

《左传》是中国详备而又完整的早期历史著作，被认为是中国历史上第一部完备的编年体史书。《左传》对某些重大事件，抓住本质特征，进行了认真裁剪，能详尽其始末，在表达的方式上，有概述，有直述，有补叙，有追叙，有顺序，有倒叙，有分析，有议论。一句话，它的叙事富于故事性、戏剧性，还有紧张动人的情节，因而能给读者留下深刻完整的印象，这是它的成功之处。

《左传》采撷的史料也很丰富。其中许多是古代史书的记载，如楚《杌》、鲁《春秋》以及周、郑、宋、卫等国的故志、训典、语、令、世等书，也引用了不少前代的传说，还有《易》《书》《诗》《乐》。

《左传》不仅记载了春秋时期东周王和各主要诸侯国的盛衰兴亡，具有相当高

的史学价值,而且还为中国人道德精神的确立,提供了重要的历史依据。《左传》的文化精神主要表现在两个方面:

(1)重民思想。《左传》发展了西周以来"重德保民"的主张,基本上形成了具有本时代特色的重民思想。主要包括这几点:一是厚施于民。以晏婴为代表的开明派就是这样主张的。二是勤恤其民,人君必须去奢戒侈,若遇天旱水灾,必亲自安抚百姓而同甘共苦;若统兵打仗,必先让士卒吃饱喝足而不可先食。如此,就能赢得民心,否则,便是自己打败自己。三是开明政治。闻善即行,闻过则改。民口如川,只能疏,不可堵,对于他们的议论,执政者既应重视,也当宽容。

(2)无神论思想。轻神的思想在《左传》中也有不少反映。如季梁说过:"夫民,神之主也。是以圣王先成民后致于神。"叔兴、藏文仲等人不谈鬼神的存在与作用,认为自然的变化是无意志的"阴阳之事",而把吉凶祝福解释为人的行动招致的结果,主张用人力来消灾免难,这无疑又是一大进步。

4.《世本》

《世本》所记年代,上溯黄帝传说,下迄春秋时代。其可贵之处,首先在于它突破了当时史书的内容框架,首次将地理环境、姓氏、工艺制作等方面的内容纳入史书记载范围,开拓了中国古代史学的视野。其次,它开创了专题分载的体例,按帝系、诸侯、姓氏等分章叙述,开中国专题史研究之先例,为汉代司马迁的《史记》所继承。后世有关氏族方面的谱、志类的撰写,也深受其影响。

5.《战国策》

《战国策》是一部没有作者署名的史料汇编,继承了《国语》的体裁,具体反映了战国整个历史阶段诸侯各国的政治大事。它原来的卷帙极混乱,名称也繁复,有《国事》《国策》《事语》《短长》《长书》《修书》等。后经汉代学者刘向整理、校订,依国别编成体系,分东周、西周、秦、楚、齐、赵、魏、韩、燕、宋、卫、中山十二国国策,合为33篇,定名为《战国策》。

《战国策》中的各篇文章是由各国的史官和策士分别记录下来的,所记"继《春秋》以后,迄楚汉之起,二百四十五年间之事。"(刘向《战国策书录》)也就是上自公元前453年,下至前209年秦二世继位为止。记载了各诸侯国的政治、军事、外交等情况,特别是士这个阶层的活动,反映了当时各个国家、各个阶层之间尖锐复杂的矛盾和斗争,内容充实,描述生动,为我们提供了丰富的史料。

作者们不但严格地遵守了忠于史实的原则,而且对待史实的态度也是爱憎分明,对当时的社会生活中错综复杂的矛盾,给予了深刻的、真实的揭露,在揭露矛盾的过程中,反映出了人民群众的思想感情和愿望,表现出人民群众在这些矛盾中所起的巨大作用。

(二)秦汉史学著作

秦汉时期,产生了司马迁(图7-1-7)的《史记》与班固的《汉书》两部史学巨著。前者为第一部纪传体通史,后者为第一部纪传体断代史,它们奠定了中国古代史学发展的基础。西汉初年诸家史论和东汉末年荀悦撰写的第一部断代编年史《汉纪》,也是这个时期的重要史学成果。

图7-1-7　司马迁祠

1.《史记》

《史记》是中国第一部纪传体通史。它记述了上起传说中的黄帝,下至汉武帝太初年间(前104-前101年)约三千年的历史,计有130卷,包括二十本纪、十表、八书、三十世家、七十列传。《史记》集先秦史学之大成,将本纪、表、书、世家、列传五种体例汇于一书,突破了编年体的框架,创立了以记人物为中心的纪传体,成为中国历代正史体例的范例。"究天人之际,通古今之变,成一家之言"是司马迁编撰《史记》的宗旨与原则,也是《史记》的一大特色。它重视历史发展的客观规律,肯定人的历史作用,力求从古今历史的演变中给人以借鉴。这一撰史原则为后世史家所继承。

《史记》的编写为史学研究提供了宝贵的经验,具体表现为以下几点:

一是依据广泛的史料,并把这些材料与事实相印证。司马迁撰写《史记》不仅依据了大量政府收藏的典籍和档案,同时亲自收集了不少第一手材料。

史学家研究历史需占有丰富的史料,这还需有如下两点加以保证:一是善于运用史料。这包括对史料真伪的鉴别,对史料内容的正确理解等;二是敢于根据史料、史实直书。司马迁在这两方面都做得十分出色。

二是"究天人之际",即研究时势的变化与个人际遇的关系。司马迁认为:人是主宰自己和国家的主体力量。据此,他指出:政治清明,国家兴旺,是"君子用而小人退"的结果;政治昏暗,国家败亡,是"贤人隐,乱臣贵"所造成的。

三是"通古今之变",即探究历史发展的规律。司马迁认为,历史是发展的、变化的,历史上的各个环节是相互联系的。《史记》第一次运用通史体裁,把远古至汉数千年人类的历史一以贯之,并在这幅历史画卷中展现出各个时期的时代特点,以及礼法制度、人物风情的延革变迁。司马迁不仅强调历史发展的连续性,同时也注重历史的变化,这在《史记》中表现得尤为明显。

四是司马迁认为《史记》或历史研究应具有史学家自己的独特风格,"成一家之言"。在这一点上,司马迁为后世史学家树立了榜样。具体表现为《史记》首创了纪传体通史的体例形式,为后世纪传体史书的编纂树立了楷模,对中国史学的发展起了积极的推动作用。此外,《史记》还体现了司马迁的个性和他那独特的文学风格。

2. 《汉书》

东汉班固所撰的《汉书》是中国第一部纪传体断代史。它沿用《史记》体例而略有变更,记载了汉高祖元年(前206年)至王莽地皇四年(23年)共230年的历史。《汉书》的史学地位,不仅在于它对纪传体断代史的开创,还在于它在其他方面的突出贡献。《汉书》的十志,扩大了中国历史的研究范围,例如:《食货志》相当于一部两汉经济制度及社会生产力的发展史。《沟洫志》记载了秦汉时期规模较大的水利建设工程与治水政策。《地理志》是中国第一部以疆域政区为主体的地理专著,也是一部较早的历史地理著作。此外,《汉书》中的《西域传》《匈奴传》等,系汉代边疆少数民族历史沿革的专传,也是研究中亚、西南亚民族历史的珍贵史料。

《汉书》的最大特点在于记事系统而详尽,全面记载了西汉一代的史实,并补充了《史记》关于先秦时代所不足的部分。《汉书》在《史记》的基础上保存下来大量的有用史料,如另立吴芮、蒯通、张骞、李陵、苏武等传,补录晁错的《募民徙塞疏》、邹阳的《讽谏吴王濞邪谋书》、路温舒的《尚德缓刑疏》、韩安国与王恢论伐匈奴事等,收载文人学士的论章诗赋等,都为后人研究汉史提供了宝贵的资料。尤其是补录的文论奏疏多为经世致用之文,是有关西汉军国大计的重要文献,若非《汉书》收录,则可能失传了。

3. 《汉纪》

东汉荀悦奉汉献帝之命,将纪传体《汉书》改写成编年体《汉纪》,成为中国第一部编年体断代史。它以其时序清晰,辞约事详而与《汉书》并行于世。

(三)魏晋南北朝至隋唐时期的史学著作

魏晋南北朝至隋唐,中国史学进入了成熟期。政府设置了专职史官,从事史料的收集工作。同时还建立了传授历史知识的学馆。这一时期产生的《后汉书》《三国志》《魏书》等断代史著作达数百部,仅在24部正史中就有《三国志》《后汉书》《晋书》《宋书》《南齐书》《梁书》《陈书》《魏书》《周书》《北齐书》《隋书》《南史》《北史》,共13部,占了《廿四史》的半数以上。人物传记也十分发达,除典型的纪传体史书外,还有地域人物传记,如《会稽先贤传》《益部耆旧传》《襄阳耆旧记》等。

唐代的《通典》是中国典章制度史方面的巨著。它所创立的政书体,为史学的发展开辟了新的道路。刘知几的《史通》,则是一部系统的史学总结性著作,奠定了中国历史评论学的基础。所有这些,都是中国古代史学成熟的标志。

1. 《后汉书》

《后汉书》系南朝范晔所撰的一部断代史,记载了东汉光武帝至献帝时期近200年的历史。它以《东观汉记》为主要依据,博采后汉众家史书,订伪考异,删繁补略,裁剪得当。在内容上首创了不少新的类传,如《独行传》《方术传》《逸民传》,其《百官志》《舆服志》更为先前史书所缺乏。

《后汉书》除体例上的创新外,最显著的是观点鲜明,褒贬一语见的。如,他不为那些无所作为的大官僚立传,而为许多"操行俱绝"的"一介之夫"写了《独行列传》,充分地表明了他爱憎分明的态度;《党锢传》则正面歌颂了张俭、范滂和李膺等人刚强正直的风尚;在《杨震传》中,多处歌颂了杨震及其子孙廉洁奉公的家风;《宦者传》赞扬了蔡伦等"一心王室"的忠介之士。

《后汉书》虽然只有本纪、列传和志,而没有表,但范晔文笔较好,善于剪裁,叙事连贯而不重复,在一定程度上弥补了无表的缺陷。另外,因为记载东汉史实的其他史书多数已不存在,所以,《后汉书》的史料价值就更为珍贵。

范晔著《后汉书》,着力探讨东汉社会问题,贯彻了"正一代得失"(《后汉书》附《狱中与诸甥侄书》)的宗旨。书中的《王充王符仲长统传》,载王符《潜夫论》5篇,仲长统《昌言》3篇,都是探讨东汉为政得失的名作。他又于传末写了一篇长约600字的总论,对王符等人的言论做出评判,由他们的得失之议,引向更高层次的历史变化之论。

《后汉书》所以成为不朽的史学名著,也因为它在编撰上取得了很大成功。纪传体是一种综合体裁,在这种体裁中如何统筹全局,详略得当地再现史实,是个很棘手的问题。范晔对全书作了细致的整体规划,对史实进行了认真的剪裁。书中所述史实规避得法,彼此间既有照应,又不重复繁冗,表现出高超的史学技巧。通过他的妙手剪裁,《后汉书》井井有条地叙述了东汉一代的历史兴亡大势,错落有致地描画出东汉一代的社会、民情与人物百态。刘知几称赞《后汉书》"简而且周,疏而不漏"(《史通·补注》)。王应麟则说:"史裁如范,千古能有几人?"(王先谦《后汉书集解》引)这些都充分肯定了他的成就。

2. 《三国志》

《三国志》(图7-1-8)由西晋陈寿所撰,分载魏、蜀、吴三国历史,属国别史。它取材审慎,叙事简洁。其《东夷传》中记载的倭人邪马台国概况,是现存有关日本的最早史籍。

第七章 中国古代人文成就管窥

图 7-1-8 三国志

《三国志》在叙事中做到隐讳而不失实录,扬善而不隐蔽缺点。陈寿所处时代,各种政治关系复杂,历史与现实问题纠缠在一起,陈寿在用曲折方式反映历史真实方面下了很大功夫。《三国志》对汉魏关系有所隐讳,但措词微而不诬,并于别处透露出来一些真实情况。如建安元年(193年)汉献帝迁都许昌,本是曹操企图挟天子以令诸侯之举。陈寿在这里不用明文写曹操的政治企图,这是隐讳。但写迁都而不称天子,却说董昭等劝太祖都许,这就是微词了。另外,他在《荀彧传》《董昭传》和《周瑜鲁肃吕蒙传·评》中都揭露了当时的真实情况。陈寿对蜀汉虽怀故国之情,却不隐讳刘备、诸葛亮的过失,记下了刘备以私怨杀张裕和诸葛亮错用马谡等事。这也是良史之才的一个表现。

3.《通典》

唐代杜佑的《通典》,是中国现存的第一部专记历代典章制度沿革的通史,是中国史学史上又一部不朽名著。所载内容,上起传说中的黄帝,下迄唐玄宗天宝末年,分食货、选举、职官、礼、乐、兵、刑、州郡、边防九门。它博采历代群史,征引了大量的诏诰文书、臣僚奏议、行政法规及账册、大事记、私人著述等第一手史料,因而具有极高的史料价值。它一反过去史家轻视经济的传统,于九门之中,以食货为首,而食货之中又以田制居先,体现了杜佑食货为教化之本、以经济发展探讨政治变革等史学思想。

4.《史通》

唐代刘知几的《史通》,是中国第一部史学理论著作,分内外两篇,各十卷。内篇主要阐述史书源流、体例和编撰方法。外篇重点论述史官建置沿革和史事得失。它对唐代以前中国史学进行了系统深入的总结,是中国史学史上空前的壮举。《史通》以融会贯通、批判创新的姿态,在前人史学成就的基础上形成了较完整的史学理论体系。它提出了"古往今来,质文递变"的历史进化观,强调史学"为国家之要",提倡史家应注重史学与现实的密切关系。在历史编纂学方面,《史通》从史书写作的态度,史料的搜集鉴别与取舍、史评的标准到史书应载的内容,编纂的方法与写作技巧都作了专门的探讨,立论高远,深入系统。《史通》中的《疑古》《惑经》两篇,对盲目崇拜古人圣贤的观念作了大胆的批判。这些都对中国后来史学的发展产生了深远的影响。

(四)宋元时期的史学著作

宋元时期,中国古代史学进一步发展。司马光的《资治通鉴》、郑樵的《通志》、马端临的《文献通考》,代表了编年、纪传、典制三种体裁的通史撰述新成就;袁枢的《通鉴纪事本末》是纪事本末体史书的杰作。《旧唐书》《旧五代史》《新唐书》《新五代史》《宋史》《辽史》《金史》等 7 部"正史"的编撰,以及对于当代历史文献的整理,也都反映出史学健康发展的势头。

《资治通鉴》(图 7-1-9)是中国第一部编年体通史,由北宋著名史学家司马光主编。全书以时间为序,年经国纬,依次叙述上起周威烈王二十二年(前 403 年),下至后周世宗显德六年(959 年)计 1362 年的史事。它以资治为宗旨,多选事关国家盛衰、生民休戚的大事为全书主要内容,鉴前世之兴衰,考当今之得失,考证精详,用功极勤,在中国史学史上享有很高的声誉。

图 7-1-9 资治通鉴

《资治通鉴》的问世,使编年体史书更加成熟,这主要表现在以下几个方面:

首先,运用编年体编写通史。《资治通鉴》以前没有编年体通史,《资治通鉴》是我国第一部编年体通史。

其次,将考异的方法运用到编年体史书的撰写过程中,使编年体的面貌焕然一新。《资治通鉴》首先运用考异的方法去伪存真,选择史料。作者从多种材料中选取最可靠的材料,并记录比较各项材料的过程和取舍的理由。《资治通鉴考异》30 卷,就是作者考证材料的结果。

第三,《资治通鉴》在史事的记叙上发明了追叙法、预叙法和类叙法。追叙法即是在记叙某一事件的重要情节或某一个人物的重要活动时,顺便将其以前的一般情况加以交待。预叙法即在记某人某事的现状时顺便将其以后的一般情况作个交待。类叙法就是在记某人某事时,顺便将与之相关的人或事加以交待。这样,编年体的记叙方法就更加灵活了。

第四,早期编年体史书主要记叙政治、军事等史事,而典章制度等内容难以采入。《资治通鉴》虽也专详于政治、军事,但它对于历朝仪礼刑罚、职官、食货等典章制度方面的内容也有较多的记载。《资治通鉴》记载内容的广泛,为编年体史书开了先河。

(五)明清史学著作

明清两代,是中国古代史学走向近代史学的嬗变期。以《四库全书总目》《廿二史札记》《廿二史考异》《十七史商榷》《文史通义》为杰出代表,在史学的注疏,考证方面,取得了辉煌的成就。历史地理与方志如异军突起,进入了它的黄金时代,出现了《明环宇通志》《大明一统志》《重修大明一统志》《读史方与纪要》等史地学巨著。而最为突出的是,以李贽、顾炎武、黄宗羲、王夫之为代表的一批杰出史学家及其著作,以大胆的批判精神,赋予了明清史学以启蒙色彩。

1. **明代史学代表人物及其著作**

明代中叶李贽的《藏书》与《续藏书》,共载战国至明代1200个人物传记,并对一些人物与事件加以见解独到的专论或短评。顾炎武的《天下郡国利病书》是一部历史地理学名著,内容宏富,其中辑录了一些今已失传或罕见的地方史志、碑刻资料,因而价值很大。他的另一部学术名著《日知录》,博大精深,在经义、政事、世风、礼制、科举、艺文、古文、史法、天文等各方面都有精辟的论述,影响旷远。黄宗羲的《明儒学案》是中国最早问世的一部学术思想史专著,对明代各家学术宗旨,学派源流及有代表性的学术要点,作了深入的剖述,反映了一代学术全貌。王夫之的《读通鉴论》是中国史学史上的一部史论名著,对战国以前至宋元明时期的历史均有论及。它采用"理势合一"的历史观,对历代王朝的政治经济教训进行了总结评述。

2. **清代三大考史名著**

王鸣盛的《十七史商榷》、赵翼的《廿二史札记》和钱大昕的《廿二史考异》被誉为"清代三大考史名著"。

(1)王鸣盛的《十七史商榷》。王鸣盛(1722—1797),清史学家、经学家。江苏嘉定(今属上海市)人。乾隆进士。以汉学的考证方法治史,撰《十七史商榷》。《十七史商榷》,一百卷,对《史记》以下十三种正史,加上《南史》《北史》《旧唐书》《新唐书》《旧五代史》《新五代史》,实际是十九部正史进行文字校勘和典制事迹考订,因宋人习惯称为十七史,所以沿用旧称。所谓商榷,就是为十七史"改伪文,补脱文,去衍文,又举其中典制事迹,诠解蒙滞,审核踳驳"。全书考证词类讹误近两千条,成绩卓著。

(2)赵翼的《廿二史札记》。赵翼(1727—1814),清史学家、文学家。江苏阳湖(今武进)人。乾隆进士。中年辞官家居,专心著述,终老写作不辍。工诗善文,尤长于历史考据,著有《廿二史札记》。《廿二史札记》,三十六卷,附补遗一卷。全书按廿四史先后分卷编次,每部史书除校勘文字史事之讹误,对其编纂体例、沿革、方法及史料来源均分别予以探讨,并评其高下得失。尤为可贵的是,对古今社会之递变、历代之治乱兴衰也归纳专题,加以论述,从不同角度反映一个时代的社会风尚或政治特点。这种贯穿史事,专题归纳,对初学历史者尤为入门之径,所以它的作用与影响远在《廿二史考异》与《十七史商榷》之上。

(3)钱大昕的《廿二史考异》。钱大昕(1728-1804),清代史学家、汉学家。江苏嘉定(今上海嘉定人)。乾隆进士。钱大昕是乾嘉三大考据学家中成就最大的一位。其所著《廿二史考异》全书一百卷,着重于对史书按卷按篇进行校勘、典制考释和名物训诂等。重点是考订年代、官制、地理沿革和辽金国语、蒙古世系等。有的则列专题,集中有关资料加以说明。以考据的质量和水平而论,则该书位于三大考史著作之首。

3. 章学诚与《文史通义》

章学诚(1738-1801),清代史学家、思想家、方志学家。会稽(今浙江绍兴)人。乾隆四十三年(1778年)进士。一生精力都用于讲学、著述和编修方志。所著《文史通义》,与唐刘知几的《史通》并称史学理论名著。

《文史通义》是章学诚探讨古今学术、文史、教育等文章的汇编。它凝结了章学诚的毕生精力和思想精华,可以说是章学诚的代表作。作为一部集大成的史学理论著作,该书主要有这几个方面值得肯定:首先,它系统探讨了经、史间的关系,正式提出了"六经皆史"说。这就极大地扩展了史学研究与史料搜集的范围。其次,它反省唐宋以来的史学成就,认为不过是史纂、史考、史例、史选、史评,而均非"史学"。认为真正的史学应具备义、事、文三个要素,其中以义为史学的核心。第三,它发扬了刘知几"史家三才"的观点,提出优良的史家除了必备史才、史学、史识"三长"外,还必须具有史德。第四,在史学编撰方面,首次区分撰述和记注两类。尤其创立了一整套修志义例,对方志的体例、内容及材料的处理提出了一系列精辟的见解,开辟了中国方志学的新天地。

二、中国古代史学的文化精神

中国古代史学产生于中国传统文化的土壤,不仅从中国文化中汲取了丰富的营养,而且大大丰富了中国文化的内涵。中国史学一直强调的"以古为镜""德识为先"和"秉笔直书"等思想是对中国文化精神的传承和发扬。

(一)以史为鉴和以史教化

早在春秋时期,楚庄王的大夫申叔时论教育太子时说:"教之春秋,而为之耸善而抑恶焉,以戒劝其心……教之故志,使知废兴者而戒惧焉"(《国语》卷一七《楚语上》),其中包含了十分明确的以史鉴戒和以史教化的思想,并提出了史书有着"耸善抑恶"的作用。

以史为鉴戒,就是要根据史书对善人善事的褒扬,对恶人恶事的贬斥而加强道德修养和行为的规范;或者是从历史记载中汲取兴亡成败的经验教训,以制定和修正政治举措。《左传》明确地指出:"《春秋》之称,微而显,志而晦,婉而成章,尽而不污,惩恶而劝善,非圣人谁能修之?"(《左传》成公十四年)随着孔子的圣化和《春秋》被奉为经典,惩恶劝善的思想成为中国史学的基本精神。

以史教化的观念是以史鉴戒和以史惩劝的延伸,教化的内容大体不出鉴戒和惩劝的范围。但教化宗旨的实施则有着新的特点,一般是由史家与统治者联手,自觉地将教化用意熔铸于史著之中,最终达到辅治的目的。教化的对象也突破了申叔时那样专指太子等一类人物的狭窄范围,而拓展为整个社会。如唐玄宗接受裴光庭编修《续春秋传》的提议,即将"正人伦而美教化"作为宗旨(《册府元龟》卷五五六《国史部·采撰二》),明宪宗认为史书"劝于为善,惩于为恶,正道由是而明,风俗以之而厚,所谓以人文化成天下者,有不在兹乎!"(商辂《续资治通鉴纲目》卷首御制序)表明史学的惩劝内容可向整个社会施以教化。

(二)秉笔直书和寄寓褒贬

中国史学历来强调尊重史实、秉笔直书。继《左传》不虚美,不隐恶,确立"信史""直笔"的精神之后,古代史学家一路追随而来。《战国策》的作者们不但严格地遵守了忠于史实的原则,而且对待史实的态度也是爱憎分明,对当时的社会生活中错综复杂的矛盾,给予了深刻的、真实的揭露。司马迁写《史记》特别注意甄别材料的真伪,而且严格按照史料和史实直写。班固评论司马迁的《史记》时也说:"其文直,其事核,不虚美,不隐恶,故谓之实录。"陈寿对蜀汉虽怀故国之情,但在写《三国志》时却不隐讳刘备、诸葛亮的过失,记下了刘备以私怨杀张裕和诸葛亮错用马谡等事。这也是良史之才的一个表现。唐代史学家刘知几指出史书应如"明镜之明物","妍媸必露"。而要达到这种客观性要求,史家就必须做到"爱而知其丑,憎而知其善,善恶必书"。不仅如此,刘知几还强调史家必须有秉笔直书的境界和勇气,做到"仗气直书,不避强御","肆情奋笔,无所阿容"。清代史学家章学诚将秉笔直书、忠于史实的品德和无畏精神视为史学家必备之德,即"史德"。

在强调秉笔直书的同时,中国古代史学还十分推崇寓褒贬于叙事的"春秋笔法"。司马迁的"成一家之言"就是对这一精神的推崇与发扬——司马迁能在叙述过程中,寓论断于其中,写出事实的原委,让读者作出评论和结论。南宋的朱熹认为,史籍的编撰不仅在用词设句上要极为考究,对于史籍材料也要严格筛选,以达到阐明义理的目的。

(三)穷究与思辨精神

中国古代的史学家大都有一种穷究与思辨精神,他们特别重视史料的搜集、整理和选择。关于史料的选择,孟子提出了"尽信书则不如无书"(《孟子·尽心下》)的原则,对后来的史料考订方法有指导作用。司马迁修史重视"网罗天下放失旧闻",其中包括实地的调查采访。唐代刘知几在《史通》中全面总结了前人的史学成果,关于史料的搜集、鉴别与选择,他认为:"自古探穴藏山之士,怀铅握椠之客,何尝不征求异说,采摭群言,然后能成一家,传诸不朽。"同时指出要对史料予以细致地鉴别,反对"务多为美,聚博为功"的倾向。

值得注意的是,古人不仅在写史方面强调穷究与思辨精神,而且在读史方面也倡导思辨精神。程颐说:"每读史到一半,便掩卷思量,料其成败,然后却看,看不合处又更精思"(《近思录》卷三)。朱熹认为:"读史当观大伦理、大机会、大治乱得失。""凡观书史,只有个是与不是。观其是,求其不是;观其不是,求其是,然后便见得义理。"(《朱子语类》卷一一)

(四)德才兼备的史家评价标准

中国古代史学强调史家的责任感,要求直书实录,反对"曲笔",倡导审慎、认真的精神。这就要求史家必须具备为人正直的品质,更需要不计个人安危,"仗气直书,不避强御"的精神,以及严谨、求实的作风。因此,中国古代史论对写史者的素质提出了较高的要求。《隋书·经籍志》说:"夫史官者,必求博闻强识,疏通知远之士,使居其位,百官众职,咸所贰焉。是故前言往行,无不识也;天文地理,无不察也;人事之纪,无不达也。内掌八柄,以诏王治,外执六典,以逆官政。书美以彰善,纪恶以垂戒,范围神化,昭明令德,穷圣人之至赜,详一代之。"唐高宗的《简择史官诏》提出:史官应当"操履贞白,业量该通,谠正有闻"(载《唐大诏令集》卷八一)。这些论述涉及了史家应有的品德、见识、才干、学问等素质。刘知几具体提出了史家必备"三长":"三长,谓才也,学也,识也。"(《旧唐书》卷一○一《刘子玄传》)刘知几所说的史才,是指征选史料,驾驭体裁,撰写史文的才干;史学谓通晓历史,具渊博的历史知识;史识当见识深远,具有对史实、人物的观察鉴别与是非曲直的判断力。章学诚特别强调"史德"的重要:"能具史识者,必知史德。史德者何?谓著书者之心术也"。史家只有具备史德,心术才正,才不会用秉笔之权任情褒贬,肆意曲笔。

第三节　中国古代哲学

中国古代哲学是中国传统文化的精髓与活的灵魂。中国古代哲学对宇宙生成的独特认识和对生命意义的特别关注，深刻地影响了中国文化乃至东方文化的发展。不仅如此，以《老子》为代表的中国道家哲学思想和以孔子为代表的儒家哲学思想历来备受整个人类的关注。

在西方文化中，宗教处于核心地位；在中国古代文化中，哲学处于核心地位。中国文化精神的几大主题无一不体现着中国古代的哲学思想。"和合中庸"是人类和谐相处的最大智慧，"天人合一"是人类对自然最透彻的感悟，求真向善是人们立身的最大法宝。中国古代哲学以"重人生而不重知论""重了悟而不重论证""既非依附科学亦不依附宗教"的独特个性在世界哲学史上独树一帜。

一、中国古代哲学的基本成就

中国古代哲学萌芽于商周时期。西周初年的《尚书·洪范》就提出了五行学说，用金、木、水、火、土来阐释自然与事物的变化规律。西周时期流行的《周易》从自然界中选取了天（乾）、地（坤）、雷（震）、山（艮）、火（离）、水（坎）、泽（兑）、风（巽）八种事物作为自然形成和万物起源的基础，体现了朴素的唯物主义思想。与此同时，它又以上述八卦来说明自然现象和社会关系，体现了朴素的辩证法思想。到春秋战国时期，诸子蜂起，百家争鸣，奠定了中国哲学思想异彩纷呈的基础。在此基础上，中国哲学经过两千多年的发展，形成了许多流派，涌现了众多的哲学家。从总体上来看，中国哲学的成就主要集中在以下四个方面：

(一) 先秦哲学

先秦时期，在诸子蜂起、百家争鸣的历史背景下，产生了儒、道、墨、名、法、阴阳、纵横、农、杂等各家哲学，其中最为重要的是儒、墨、道三家。

1. **先秦儒家哲学**

儒家学说的奠基者是周公旦，完善和首推者是孔子（图7-3-1），其主要代表人物为孔子、孟子、荀子等；其经典著作为《论语》《孟子》《荀子》和《礼记》。

儒家哲学的核心理念是以人为本。孔子曰："天地之性人为贵"，"仁者，人也，亲亲为大"。作为《四书》之一的《中庸》，在它的天人合一的思想中，具体地阐述了人为宇宙中心的思想：人与天、地并列为三，与天地同尊，并处于天地中心的地位。同时，儒家认为人是宇宙中最有灵性的生物。

图 7-3-1 孔子雕像

在以人为本这一核心理念之下,孔子推出了"仁"的思想,孟子继承和发展了孔子"仁"的思想,并且为"仁"找到了人性的根据,即人天生就有"恻隐、羞恶、辞让、是非"四种善端的萌芽,经过一番"修身"、"养性"的培养,就可以发展成为仁义礼智"四德",而且他进一步以这种人性论为基础,提出了"仁政"学说。孟子对儒家学说的另一重大发展,是建构了一个天人合一的思维模式,以及与之相应的尽心、知性、知天的认识路线,"尽其心者,知其性也;知其性,则知天矣。存其心,养其性,所以事天也。"(《孟子·尽心上》)

2. **先秦道家哲学**

道家的代表人物是老子(图 7-3-2)和庄子。老子建构了一个以"道"为核心的哲学体系。他认为,"道"既是宇宙万物的本原,又是天地万物运动变化的规律,同时也是人们在社会生活中应该遵循的准则。他用"道"来说明宇宙万物的产生和演变,提出了"道生一、一生二、二生三、三生万物"(《老子·四十二章》)的观点;他

图 7-3-2 老子骑青牛雕像

提出"道法自然"(《老子·二十五章》)的做事准则,并且倡导了"不争"的处世原则。

庄子继承和发展了老子"道法自然"的观点,认为"道"产生天地,天地和气产生万物,物生是气的"聚",物灭是气的"散";他认为"道"是无限的,强调事物的自生自化,否认有神的主宰,这些观点都包含了丰富的辩证法思想;他认为人要按自然本性生活,就要消除名利欲望,保持心灵的恬淡虚静。

3. *墨家哲学*

墨家是先秦时期与儒家双峰并峙的学派,同被称为"显学",墨子(图7-3-3)是墨家的创始人。墨子提出"兼爱"的思想。他认为当时天下的种种纷争,世风日下,是"以不相爱生也"(《墨子·兼爱中》),要稳定社会秩序,就要使人们"兼相爱,交相利",即"视人之国若视其国,视人之家若视其家,视人之身若视其身"(《墨子·兼爱中》)。在认识论方面,他制定了作为认识真理准则的"三表":"上本之于古者圣王之事";"下原察百姓耳目之实";"废以为刑政,观其中国家百姓人民之利"(《墨子·非命上》),把人民群众的经验和实际利益作为判断是非的标准,这在真理标准问题的探讨上,确实是一个贡献。

图7-3-3 墨子铜塑像

(二)两汉经学

两汉经学是以先秦儒家思想为基础发展起来的经院哲学体系,它以宣扬天人感应,君权神授为特色,其代表人物是董仲舒。

董仲舒认为,天人是相互感应的,感应的根据是天人皆有阴阳,而阴阳消长的原因,在于五行的"相生"和"相胜",五行生胜,才导致了宇宙间万事万物的生成变化,诸如自然界的四时代谢,社会上王者四政(庆赏刑罚)选用,个人四气(喜怒哀乐)转换。

从"天人感应"论出发,董仲舒提出了他的"性""情"说,性是先天素质,其中包括贪仁或称善恶两方面,情是"人欲",虽然人性中有善质,但要变成现实的善,还需要一番严格的修炼的功夫,这就是要按照"三纲五常"的标准严格要求自己,发挥善性,克制人欲,最终达到善的境界。董仲舒以他的天人感应论为基础,对君臣、父子、夫妻之间的主从关系,作了全面系统的神学论证;同时提出了仁义礼智信五常之道,是包括王者在内的所有人的修身正己的道德要求。"三纲""五常"结合起来,从而形成了一个完整的社会规范系统。对维护社会稳定的作用是非常巨大的。董仲舒还将天道和人事牵强比附,企图论证"道之大原出于天,天不变,道亦不变",假借天意把封建统治秩序神圣化、绝对化。

两汉经学是中国文化在先秦学术大发展的基础上以儒家学说为主体所进行的第一次整合。三纲五常的伦理规范,一方面是对先秦儒家崇尚仁义、注重个人修养思想的继承;另一方面,则是从社会制度的角度,以明显的自觉意识,从社会控制的角度,对先秦儒家修养论的理论性发展。

(三)中国佛教哲学

佛教自印度传入后,通过由汉代到唐代六百余年的消化,中国人创造了自己的中国化的佛教哲学。中国佛学渗透了中国哲人的智慧,特别是道家、儒家和魏晋玄学的哲理。中国化的佛教宗派,主要有天台宗、华严宗、法相宗和禅宗,其中禅宗是中国佛教中流传最长,影响最大、最中国化、最世俗化的宗派。

禅宗认为现实世界的一切,都依存于心,法和佛也就在"心"中,强调向内心追求成佛的道路。他所谓的"自性迷,佛即众生;自性悟,众生即佛"(《坛经》)就是他的"见性成佛"理论的简明概括。禅宗还提出了"凡夫即佛"的命题,凡夫与佛的区别只在一念之差,只要能自我超脱,现实的苦难人间即是彼岸的安乐世界,这样,禅宗把佛性由遥远的彼岸移到现实的、此岸的"凡夫"心中。禅宗强调顿悟与直觉,这种顿悟的修行的方法,不需要进行累世的苦修苦练,也不需要布施财物,只要靠自己的灵知,一刹那间有所领悟,便可达到成佛的境地,这实在是一种简便快捷的"成佛"方法。从认识论的角度看,顿悟成佛方法,是一种直觉认识方法。

(四)宋明理学

宋元明时期,是中国文化和哲学发展的又一个高峰。由于宋明时期中国哲学的主要代表形态是理学,人们习惯上多以"宋明理学"的概念来称呼这一时期的哲学。

宋明理学以儒学为主干,吸收了佛道的智慧,建立了以理气论、心性论为中心的道德体系。宋明理学发端于北宋,创始人为周敦颐、邵雍、张载、程颢、程颐;成熟于南宋,朱熹为集大成者,建立起比较完备的理学体系;兴盛于明代,王守仁发展了陆九渊的学说,建立起心学体系,与程朱理学相抗衡。

1. 周敦颐的精神修养方法

怎样成为圣人,是宋明理学家研究的主要问题之一。对此,周敦颐的回答是"主静",他又进一步说"主静"就是"无欲"的状态。他的第二篇主要著作是《通书》,在《通书》中可以看出,他说的"无欲",与道家和禅宗说的"无为"和"无心",是基本一样的,可是,他用"无欲",不用"无为"、"无心",这表明他企图撇开佛家的出世性质。《通书》中说:"无欲则静虚动直。静虚则明,明则通。动直则公,公则溥。明通公溥,庶矣乎!"(《周濂溪集》卷五)。

宋明理学家的"欲"字常指私欲,或径指自私。有时候在"欲"字前面加上"私"字,是为了使意义更明白些。周敦颐这段话的意思,可以以《孟子》的一段话为例来说明,这个例子是宋明理学家常常引用的。《孟子》这段话是:"今人乍见孺子将入于井,皆有怵惕恻隐之心,非所以纳交于孺子之父母也,非所以要誉于乡党朋友也,非恶其声而然也。"(《孟子·公孙丑上》)照宋明理学家的说法,孟子在这里所描述的是,任何人在这种场合的自然自发的反应。人在本性上根本是善的。因此,他固有的状态,是心中没有私欲的状态,或如周敦颐说的"静虚"状态。应用到行动上,它会引起立即要救孺子的冲动,这类直觉的行动就是周敦颐所说的"动直"。照宋明理学家的说法,心无欲,则如明镜。镜的明,好比心的"明";镜的立即反映,好比心的"通"。心无欲,则对于外来刺激的自然反应,落实在行动上都是直的。由于直,所以"公";由于公,所以一视同仁,也就是"溥"。这就是周敦颐提出的怎样成为圣人的方法,也就是像禅僧的方法一样:自然而生,自然而行。

2. 程颢的"仁"的观念

万物一体是程颢主要的哲学观念。在他看来,与万物合一,是仁的主要特征。他说:"学者须先识仁。仁者浑然与物同体,义礼知信皆仁也。识得此理,以诚敬存之而已,不须防检,不须穷索。……此道与物无对,大不足以名之,天地之用,皆我之用。孟子言万物皆备于我,须反身而诚,乃为大乐。若反身未诚,则犹是二物,有对,以己合彼,终未有之,又安得乐?《订顽》意思乃备言此体,以此意存之,更有何事。'必有事焉而勿正,心勿忘,勿助长',未尝致纤毫之力,此其存之之道。"(《河南程氏遗书》卷二上)

"必有事焉","勿助长",这是孟子养浩然之气的方法,也是宋明理学家极其赞赏的方法。在程颢看来,人必须首先明白他与万物本来是合一的道理。然后,他需要做的一切,不过是把这个道理放在心中,做起事来诚实地聚精会神地遵循着这个道理。这样的工夫积累多了,他就会真正感觉到他与万物合一。所谓"以诚敬存之",就是"必有事焉"。可是达到这个合一,又必须毫无人为的努力。在这个意义上,他一定"未尝致纤毫之力"。

在程颢看来,万物之间有一种内在联系。孟子所说的"恻隐之心","不忍人之心",都不过是我们与他物之间这种联系的表现。可是往往发生这样的情况,我们的"不忍人之心"被自私蒙蔽了,或者用宋明理学家的话说,被"私欲",或简言之,"欲",蒙蔽了,于是丧失了本来的合一。这时候必须做的,也只是记起自己与万物本来是合一的,并"以诚敬存之"而行动。用这种方法,本来的合一就会在适当的进程中恢复。

3. 朱熹的哲学思想

朱熹是宋代理学的集大成者,他的理、气、心、性的范畴,不仅继承了孔孟,周程的思想,而且还吸收了佛道两家的思想内容。他将上述范畴熔铸为"天理",将儒学的伦理规范、道德精神提升为宇宙本体,然后再通过"理本气末,理一分殊"来论证世界万物的产生及其统一性,以"性即理"为中心命题,从宇宙本体论中推衍出人性与物性,并以天地之性与气质之性来论证人性中的善恶问题,最后在通过居敬穷理的修养功夫达到人性的完善,人性与天理的统一。朱熹把理气论和心性论融为一体,形成了一个比较完备的理论思想体系,它适应了统治阶级重视纲常伦理,强化中央集权的需要,因此成为中国封建社会后期的统治思想,并对以后的中国政治、思想和文化产生了深远的影响。

4. 王守仁的"心学"

王守仁是宋明理学中"心学"的集大成者,其"心即理""知行合一""致良知"的学说,颇具特色。他断言"夫万事万物之理不外于吾心","心便是天理",否认心外有理、有事、有物,"心外无物"是说物不可离心而独立存在,"心外无理"是说理在心中,而不能独立于主体之外,从而凸现了"心即理"的本体论。"知行合一"是王守仁心学体系中的又一重要内容,他从"知行本体"的概念揭示"知行合一"的内涵,知是指人的意识,主要是道德意识;行是指人的一切行为,包括主观见之于客观的践履行为和纯主观的心理行为。所谓"知行的本体"是指知行的本来意义,即真知行。"知"中包含"行",知而必能行。所以知行不可分为二,而是合一的。王守仁的"知行合一"论,强调的是道德意识与道德实践的合一,由此看来,这是一种道德哲学。"致良知"学说:所谓"致良知",即是扩充良知,一方面除去心中的自私念头和不正当欲望,保持善良心地;一方面在现实生活中接受磨炼,习行践履,把心中的善意具体地表现出来,由此看来,"致良知"实际上是一套修养德性的工夫。

宋明理学作为儒学发展的重要阶段,将中国哲学的思维水平提高到一个新程度,其理论意义和价值应值得肯定。

二、中国古代哲学的基本特点

中国哲学与西方哲学、印度哲学并称人类哲学三大体系。西方哲学重视理性分析,强调个体与科学逻辑。中国哲学与西方哲学的最大不同是以整体综合、直觉感悟为基本特征,用以观照人与群体中的他人、人与宇宙整体的根本关系。概括起来说,中国古代哲学有以下几个基本特点:

(一)重人生

中国古代哲学产生于中国文化的土壤,深受中国文化以人为本思想的影响,因此,特别注重人生的研究。儒家哲学中所讲的心、性、情、气、意、良知等都表示对人生、人性以及人的生命的一种认识。道家从另一个角度给予人生以极大的关注,强调理想的人生境界——精神的逍遥与解脱。那飘逸洒脱,高洁绝尘的风骨精神,历来是道家所向往的人生境界。中国佛教则把追求净化超世,从而达到"槃盘"的境界作为人生的终极目标。把儒家的真性,道家的飘逸,佛教的超脱融合起来,就可以体会出中国古代人生哲学的境界。

(二)重践行

知行关系是中国古代哲学家特别关注的问题之一。中国古代哲学家十分重视践行尽性,履行实践,强调言行一致,知行统一。主张自己所讲的与自家身心的修炼必相符合。当然这里的践行并非人类的生产实践,而主要是指个人的道德实践。

(三)重道德

中国古代哲学具有浓厚的伦理道德色彩,从本质上看,可以说是一种道德哲学。先秦时代,诸子百家中儒、道、墨、法等诸家都以天道观为其伦理学说的理论依据。其后,不论是董仲舒的天人感应论,还是王弼的"名教出于自然"的主张,都围绕着道德阐述一定的道理。在宋明理学中,本体论,认识论与道德论的结合更为显著。张载以气为万物本源,宣扬"民吾同胞,物吾与也"的仁爱精神,二程和朱熹以理为本体,强调天理即是人伦的最高原则。在中国哲学中,认识论也往往和道德认识、道德修养相联系。孟子的"思诚",程朱的"格物致知",陆王的"发明本心"既是求知方法又是道德修养方法。

(四)重和谐

重和谐是中国古代哲学的主导思想。《易传》讲:"乾道变化,各正性命,保合太和,乃利贞",所谓"太和",就是至高无上的和谐,最好的和谐状态。张载提出:"太和所谓道,中涵浮沉、升降、动静相感之性,是生氤氲相荡胜负屈伸之始",即太和便是道,是最高的理想追求,即最佳的和谐状态。但这种和谐是包含着浮沉、升降、动静等矛盾和差别的和谐,因此这种和谐是整体和动态的和谐,是一种更高意义上的和谐。

与追求人与自然的和谐相一致,中国传统哲学也十分重视人与人之间的和谐,孟子的所谓"天时不如地利,地利不如人和",强调的就是要以和谐为最高原则来处理包括君臣、父子、夫妇乃至国家和民族的关系,从而达到"人和"的境界。儒家在此基础上进一步阐述了要实现"和"的理想,最根本的途径是"持中",并通过对持中原则的体认和践履,去实现人与自然、人与人、人与社会、人与天道之间的和谐与平衡,这就是"极高明而道中庸",因此中庸之道是中国古代哲学的基本精神之一。

(五)重直觉

中国古代哲学不重视形式上的推理论证,而注重生活的实证,或主体的直觉体验。中国哲学认为,经过较多的体验,就会有所感悟,疑惑就能够解开。正是在这样的思想指导下,中国的哲学思想多是哲学家们所得所悟的记录,因此,中国哲学著作少有西方哲学著作那样的严密论证和逻辑结构,而多是一些语言片断,如《论语》和《孟子》。

无论是影响深远的"天人合一"思想,或是孟子所讲的尽心、知性、知天、养"浩然之气",还是庄子讲的"天地与我并生,万物与我为一",或是魏晋玄学家讲"言不尽意""得意忘象",都是不能用语言进行准确描述而只能靠主体在经验范围内体悟的思想。中国禅宗更是把中国哲学重直觉的特点发挥得淋漓尽致,其所谓的明心见性,立地成佛全靠直觉与顿悟。中国古代哲学重直觉而忽视逻辑推理和概念分析的特点,是中国哲学知识论贫乏和道德哲学发达的根本原因。

三、中国古代哲学典籍

中国古代哲学经过两千多年的发展,形成了博大的思想体系,留下了一批影响深远的著作。其中,以《老子》为代表的道家著作和以《论语》《孟子》为代表的儒家著作不仅影响了中国文化的走向与发展,而且在全世界范围内也产生了广泛而深远的影响。

(一)《周易》

《周易》(图7-3-4)是中国周代的典籍,被尊为"群经之首,诸子百家之源",西方文明有《圣经》,东方文明有《周易》。周易文化是中华文化发展的根本与源头,对

图7-3-4 《周易》

中国后来历代的政治、经济、文化等诸多方面都产生巨大而又深远的影响,甚至影响到中国人的民族性格与民族精神。孔子读易、韦编三绝,就连《论语》中也多处引用《周易》的词句。

《周易》的哲学思想主要体现在以下两个方面:

1. 辩证法

《周易》是最能体现中国文化精神的经典,它认为世界万物是发展变化的,其变化的基本要素是阴和阳。《周易·系辞》中说:"一阴一阳之谓道。"世界上千姿百态的万物和万物的千变万化都是阴阳相互作用的结果。《周易》研究的对象是天、地、人三才,而以人为根本。三才又各具阴阳,所以《周易》六爻而成六十四卦。正如《说卦》:"立天之道曰阴与阳,立地之道曰柔与刚,立人之道曰仁与义。兼三才而两之,故《易》六画而成卦。分阴分阳,迭用刚柔,故《易》六位而成章。"乾为纯阳之卦,坤为纯阴之卦,乾坤是阴阳的总代表,也是阴阳的根本。《系辞》开篇即云:"天尊地卑,乾坤定矣。卑高以陈,贵贱位矣。动静有常,刚柔断矣。"《文言》是专门论述乾坤之卦德的传文,并将乾坤之德性引申发挥至人文道德范畴。说明乾、坤是《周易》中最重要的两卦,也是《周易》阴阳哲学的基础。

2. 关于宇宙万物的起源和发展

西方宗教提出上帝造物说。《圣经·创世纪》第二、三节记载,上帝创造了第一个男人亚当,又用亚当的肋骨造了女人夏娃,让他们共同居住在伊甸园里,上帝创造的动物当中蛇引诱他们吃了禁果……在西方宗教看来,宇宙万物发生、发展的根本动因是造物主神的作用。《周易》中没有造物主的概念,"生生之谓易",它直截了当的指出变易是宇宙万物的本性,所以为周易,即普遍变化的意思。《系辞》说:"易有太极,是生两仪"。太极是事物变化的本体,"太极动而生阳,静而生阴,一动一静互为其根"(周敦颐《太极图说》)。乾坤、阴阳才是万物发展变化的根源和动因。《周易》以乾坤等阴阳的相互作用概括了世界上的一切矛盾对应范畴,揭示了事物变化的普遍规律。

(二)《论语》

《论语》(图7-3-5)是儒家哲学的代表著作,其中全面记载了儒家代表人物孔子的哲学思想。孔子是中国古代最有影响的哲学家。虽然他自称"述而不作",而实际上他在诸子百家争鸣之前就开创性地建立了一个包括天道观、人道观、认识论、方法论等方面的哲学思想体系。孔子的哲学思想主要表现在以下几个方面:

1. 在天道观上,孔子很少讲天道问题

孔子对殷商周以来的宗教天命论,处于既敬重又存疑的矛盾状态。孔子所谓的"天",主要是指自然的天。他说:"天何言哉,四时行焉,百物生焉。"(《阳货》)关

图 7-3-5 《论语》

于"命",孔子是肯定的。他认为"不知命,无以为君子也"(《尧曰》),并自称"五十而知天命"(《为政》),不过孔子所说的"命",并不是指上天的绝对意志和命令,而是一种人力所无法挽回的历史必然性。孔子所谓"道之将行也与,命也;道之将废也与,命也"(《宪问》),即是指这种必然性。可是孔子又不认为人是无可作为的,相反,他主张人在"命"面前应持积极的态度。

2. 在人道观上,孔子主张立礼复礼,纳仁入礼,仁礼结合

"礼"在孔子思想体系中占有十分重要的地位。从修身来说,他认为首先要学礼,"不学礼,无以立"(《季氏》),并且要"约之以礼"(《雍也》)。从治国来说,他主张"齐之以礼"(《为政》),"为国以礼"(《先进》)。孔子独创性的贡献在于纳仁入礼,仁礼结合。他说:"人而不仁,如礼何?人而不仁,如乐何?"(《八佾》)虽然"仁"的概念古已有之,但是孔子赋予新的涵义。他不仅以"爱人"来释仁,而且提出了为"仁"之方法,即推己及人的忠恕之道。其原则是"己欲立而立人,己欲达而达人"、"己所不欲,勿施于人"(《颜渊》)。

3. 在认识论上,孔子强调"学而知之"的观点

孔子称自己"非生而知之者,好古,敏以求之者也"(《述而》)。他强调"好仁不好学,其蔽也愚;好知不好学,其蔽也荡。"(《阳货》)在认识过程中,孔子注重多闻、多见,认为知识靠"多闻"、"多见"来获得。对闻见得来的知识,不可都信以为真,必须细加观察。他说:"众恶之,必察焉;众好之,必察焉。"(《卫灵公》)他提出"视"、"观"、"察"三步递进的观察次序:"视其所以,观其所由,察其所安。"(《为政》)孔子还进一步提出相当于理性认识阶段的"思"。他强调学、思结合。他说:"学而不思则罔,思而不学则殆。"(《为政》)并提倡"再思"(《公冶长》)、"三思"(《荀子·法行》)与"九思"(《季氏》)。他在闻道、得道、传道上的"一以贯之"的境界,就是靠学、思结合而达到的。孔子还主张在"思"的过程中,运用"反"的方法,即不断进行类比,并加以演绎推理,以取得"举一反三"之效。他说:"举一隅,不以三隅反,则不复也。"

(《述而》)在认识过程中,孔子不以"思"为止,认为在思的基础上,还应不断地"习"、"行"。他说:"学而时习之,不亦乐乎!"(《学而》)

4. 在方法论问题上,孔子推出了"中庸"思想

"中庸"既是一种世界观,也是一种对待自然、社会、人生的基本方法。"中庸"作为方法论,主要强调两点:一是"叩其两端"。孔子认为凡事皆有两端,故把握事物必须"叩其两端"(《子罕》)。二是"过犹不及"。孔子认为超过事物一定的界限与未达到一定界限同样是错误的。孔子的中庸思想既含有承认事物对立面相互依存,在一定条件下相互转化的辩证法因素,又具有保持其限度以避免事物的转化的消极一面。

(三)《孟子》

《孟子》是全面记录儒家哲学代表人物孟子的言行和思想的著作。孟子是继孔子之后儒家学说的重要代表人物,其思想著作《孟子》后来被尊崇为"四书"之一,成为千年来儒家思想的经典。孟子的哲学思想主要体现在以下几个方面:

1. 人性善

在孔子"仁"的思想基础上,孟子建立了人性善的学说。性善的学说使孟子赢得了极高的声望。孟子所说的人性善,主要是指人性内有种种善的成分。孟子提出大量论据来支持性善说,他说:"人皆有不忍人之心。……今人乍见孺子将入于井,皆有怵惕恻隐之心。……由是观之,无恻隐之心,非人也;无羞恶之心,非人也;无辞让之心,非人也;无是非之心,非人也。恻隐之心,仁之端也;羞恶之心,义之端也;辞让之心,礼之端也;是非之心,智之端也。人之有是四端也,犹其有四体也。……凡有四端于我者,知皆扩而充之矣。若火之始然,泉之始达。苟能充之,足以保四海;苟不充之,不足以事父母。"(《孟子·公孙丑上》)孟子认为,一切人的本性中都有此"四端",若充分扩充,就变成四种"常德",即儒家极其强调的仁、义、礼、智。

2. 政治哲学

孟子说:"人之有道也,饱食暖衣,逸居而无教,则近于禽兽。圣人有忧之,使契为司徒,教以人伦:父子有亲,君臣有义,夫妇有别,长幼有序,朋友有信。"(《孟子·滕文公上》)人之所以异于禽兽,在于有人伦以及建立在人伦之上的道德原则,国家和社会起源于人伦。孟子像亚里士多德那样,主张"人是政治的动物",主张只有在国家和社会中,才能够充分发展这些人伦。国家是一个道德的组织,国家的元首必须是道德的领袖。因此儒家的政治哲学认为,只有圣人可以成为真正的王。如果圣人为王,他的治道就叫做王道。照孟子和后来的儒家说,有两种治道。一种是"王"道,另一种是"霸"道,它们是完全不同的种类。圣王的治道是通过道德指示和教育;霸主的治道是通过暴力的强迫。王道的作用在于德,霸道的作用在于力。在这一点上，孟子说："以力假仁者霸。……以德行仁者王。……以力服人者，非心服也，力不赡也。以德服人者，中心悦而诚服也，如七十子之服孔子也。"（《孟子·公孙丑上》）后来的中国政治哲学家一贯坚持王霸的区别。用现代的政治术语来说，民主政治就是王道，因为它代表着人民的自由；而法西斯政治就是霸道，因为它的统治是靠恐怖和暴力。

3. 人生哲学

关于做人，孟子推出了"浩然之气"说。《孟子·公孙丑上》记载：有一位弟子问孟子有什么特长，孟子回答说："我知言，我善养吾浩然之气。"这位弟子又问什么是浩然之气，孟子回答说："其为气也，至大至刚，以直养而无害，则塞于天地之间。其为气也，配义与道；无是，馁也。""浩然之气"是孟子独创的名词。"浩然之气"到底意指什么，连孟子也承认"难言也"（《孟子·公孙丑上》）。但是浩然之气则是关系到人和宇宙的东西，因而是一种超道德的价值，它是与宇宙同一的人的气概，所以孟子说它"塞于天地之间"。

养浩然之气的方法有两个方面。一个方面，可以叫做"知道"。道就是提高精神境界的道。另一方面，孟子叫做"集义"，就是经常做一个"天民"在宇宙中应当做的事。把这两方面结合起来，就是孟子说的"配义与道"。

一个人能够"知道"而且长期"集义"，浩然之气就自然而然地产生。丝毫的勉强也会坏事。就像孟子说的："无若宋人然。宋人有闵其苗之不长而揠之者。茫茫然归，谓其人曰：今日病矣，予助苗长矣。其子趋而往视之，苗则槁矣。"

（四）《老子》

在先秦诸子的众多著作中，《老子》（图7-3-6）堪称一部奇书。这部用韵文写的哲学诗，短短五千言，却蕴含着深邃丰富的思想，洋溢着玄远浪漫的情致，凝结着哲人的智慧，是中国文化的一枝硕果累累的哲学之花。《老子》不仅是先秦道学派的开山之作，而且为以后的中华文化创造提供了一个可以不断阐释、开出新意的"文本"，对中国文化的发展产生了巨大而深远的影响。

图7-3-6 《老子》

第七章 中国古代人文成就管窥

1. "道"为天地万物之根的学说

老子是道家创始人,第一个提出"道"作为哲学的最高范畴,构成其思想体系的核心。他主张绝圣弃智,清静无为,幻想倒退到"小国寡民"的远古社会。《老子》具有丰富的朴素辩证法思想,比较系统地揭示出事物的相互依存和转化规律,但又把事物变化看成是循环往复的,且忽视了转化的条件。

《老子》哲学思想的最显著的特点是第一次把"道"作为哲学的最高范畴加以系统地论证。全书饱含哲理,启人心智。"道"本来是一个极普通的概念,原来的意思是人们所走的道路。后来人们又用"道"来阐述自然界和人类世界一切事物的运动规律,如"天道"、"人道"等。《老子》一书将"道"提炼、升华,抽象为人生的最高境界。那么,《老子》所讲的"道"究竟是什么呢?老子思想中的"道"是用语言难以说清的。这就如同我们每个人心中都拥有的"情"很难用语言进行确切定义一样。"情"是什么?你能说得清楚吗?说不清不等于不存在,更不等于不可意会和不可描述。因为任何概念都是从具体的事物中抽象而来的。虽然我们说不清"情"是什么,但我们可以用心去感知、去体验,也就是说可以去"意会"。比如说,当你心爱的人过得不幸福时,你的内心很痛苦。这其中就是一个"情"字在起作用。

《老子》一书开篇的首句是"道可道,非常道"。这句话的意思是说:道如果能说得清楚,就不是永恒的道了。尽管"道"用语言难以说清,《老子》还是用五千多言竭力地去描述和说明。"道生一,一生二,二生三,三生万物,万物负阴而抱阳,冲气以为和"。从这句话我们可以意会:在老子的思想深处,"道"是天地万物之根,是天地万物之本源,是万物生灭的自然规律。

2. 处世哲学

老子说:"不自见,故明。不自是,故彰。不自伐,故有功。不自矜,故长。夫唯不争,故天下莫能与之争。"(第二十二章)"大成若缺,其用必弊。大盈若冲,其用不穷。大直若屈,大巧若拙,大辩若讷。"(第四十五章)"曲则全,枉则直,洼则盈,敝则新,少则得,多则惑。"(第四十四章)"知足不辱,知止不殆。"(第二十二章)这些论述是老子处世哲学的精华所在,其中心意思概括起来就是做人要宽容、忍让,谦虚谨慎,要知足、知止。

3. 辩证思想

《老子》又从"道"的高度来看待经验世界,对自然界和人类社会的矛盾运动作了哲学概括,阐发了丰富的朴素辩证法思想,特别是发展了古代的矛盾学说。《老子》认为,在自然界和人类社会中,矛盾是普遍存在的。它列举了一系列矛盾概念,诸如大小、高下、前后、生死、难易、进退、古今、始终、正反、长短、智愚、巧拙、美恶、正奇、强弱、刚柔、与夺、有无、损益、阴阳、祸福等,揭示了矛盾的客观性和普遍性。在《老子》看来,矛盾的双方都是相互依存的,任何一方都以对立的另一方作为自己存在的前提,共处于一个统一体中。《老子》又强调,矛盾的双方无不向相反的方面转化。这种现象,不仅在社会生活中普遍存在,如"祸兮,福之所倚;福兮,祸之所伏"(五十八章),而且在自然界中也普遍存在着,如"物壮则老"(五十五章),"木强则折"(七十六章),"草木之生也柔脆,其死也枯槁"(七十六章),无论是人生之祸与福,还是自然之壮与老、强与折、生与死、柔弱与坚强,无不处于转化之中。《老子》从这些现象中概括出一个普遍命题:"反者道之动"(四十章),强调事物向相反方面转化是合乎规律的运动。因此,"坚强处下,柔弱处上","坚强者死之徒,柔弱者生之徒"(七十六章),只有保持柔弱的地位才有前途。

《老子》的这些思想,在战国时期分别为庄周学派和稷下道家所继承和发挥。庄周继承发挥了《老子》之"道"的超经验性,突出了道家的超越精神。稷下道家则承继、发挥了《老子》之"道"的实在性,把"道"规定为物质性的"精气"。先秦道家思想,特别是老、庄思想,对先秦以后的中国哲学和中国文化产生了深远的影响。

(五)《庄子》

庄周是继老子之后的又一位重要道家学者。庄周的思想比较完整地保存在《庄子》一书中。《庄子》由庄周及其弟子所著。这是一部洋溢着超越精神和浪漫情趣的哲学论著,汪洋恣肆,仪态万方,多用文学的语言、寓言的形式、朦胧的诗意表达深刻的哲学思想。不论在中国哲学史上,还是在中国文学史上,《庄子》都有很高的价值。

《庄子》承继了《老子》的道论,也将世界一分为二:一是经验世界的"物";另一是超经验世界的"道"。何为"物"?《庄子》说:"凡有貌、象、色者,皆物也。"(《达生》)"物"就是有状态、有形象、有颜色的各种具体事物。何为"道"?《庄子》说:"道"是无形无象、不可感觉而又有信、可传、可得的存在,是产生天地、鬼神与上帝的根本。它弥漫宇内,无所不在;贯穿古今,无时不在。在《庄子》看来,"物物者非流","形形之不形"。(《知北游》)产生各种有形事物的"道",不能是"形"之"物",而只能是"不形"之"非物"。"道"是绝对的。"道"是绝对的"全",而从"道"中派生出来的万物总是不全的,也就是所谓的"偏"。

《庄周》指出,人们是立足于"物"的经验世界还是立足于"道"的超经验世界,其思想境界和认识结果是不大一样的,人如果立足于"物"看问题,即"以物观之"(《秋水》)。只会从具体事物的一偏之见出发,发现事物之间各有差异,整个世界充满矛盾,人生在世尽是痛苦。人如果能从"物"超越上去,立足于"道"看问题,即"以道观之"(《秋水》),在这里,细小的草茎与粗大的屋柱,丑陋的厉姬与美貌的西施,都可以通而为一,甚至事物的性质、差异能够完全颠倒。这是一种"天生与我并生,万物与我为一"(《齐物论》)的混然而崇高的境界,能给人以无限的满足。至于时代的困顿、人生的痛苦,当然也就算不了什么了。因此,《庄子》认为,人们只要立足于"道"的超经验世界看问题,就可以从现实的困顿和痛苦中解脱出来,获得自由。

在中国哲学史上,《庄子》第一次对自由与必然的关系问题作了较深入的理论探讨。《庄子》认为,人之所以不能达到"道"的境界,而陷入种种苦恼和不自由,其根本原因在于"有待"和"有己"。所谓"有待",指人的活动总是受到各种因素的制约,人要实现自己的理想和需求需要具备一定的条件。所谓"有己",是指人的自我意识。由于人具有自我意识,因而计较得失、苦乐、祸福,陷入种种苦闷烦恼。因此,人要达到"道"的境界,获得真正的自由,就要超越客观条件和自我意识的制约,达到"无待"、"无己"。所谓"无待",就是人的活动不依赖任何客观因素和条件,不受必然性的制约。人们如果能在天地之间驾驭元气的变化,遨游于无穷之境,就实现了"无待"。然而,要实现"无待",就必须实现"无己"。所谓"无己",就是摒弃了自我意识,而确立一种能真正"体道"的认识能力。只有依靠这种认识能力,人们才能"体道",与"道"合一,从而超越现实世界的制约,达到"道"的境界。

第四节 中国古代教育

中国古代教育的源头可以追溯到5000年前的炎黄时代。炎帝教民制作耒耜可以看作是中国教育的发端。到了距今4000年前的尧舜时代,中国历史上第一位农官教民稼穑也是中国教育历史悠久的一个例证。可以说,中国教育的历史与中华文明的历史一样悠久。中国古代教育不仅制度完善,而且教育思想独树一帜。

一、中国古代的教育制度

中国古代的教育制度比较完善,官办学校和私立学校长期并存,家庭教育、社会教育一直备受重视。

(一)官学

1. 中国古代最早的官学几乎是与国家同时产生的。据文献记载,早在夏商时期,就有了官办学校,这些学校开始传授语言文字、数学、天文、历法等方面的知识。到了西周,官办学校开始普及。西周官学分中央"国学"和地方"乡学"两级。西周国学的教学内容是礼、乐、射、御、书、数"六艺"。"六艺"之教包括了西周贵族所必须具备的文化修养及各种知识技能。在国学中传授"六艺"之学的教师由文官担任。据《礼记·周礼》记载,西周的教官主要有大司乐、大乐正、大师、小师、大胥、小胥、师、执礼者、典书者等,这些人中大多是不同等级的典司礼乐的职官。由于他们本人即拥有"六艺"的丰富知识和技能,故而能将其直接传授给前来学习的贵族子弟。

2. 汉代是中国封建社会官学制度的确立时期。自汉武帝创太学之后，官学制度开始走向完备。汉代官学也分为中央和地方两大类。中央官学中有大学程度的太学，还有专科学校性质的鸿都门学。地方官学则有学、校、庠、序等。汉代"独尊儒术"，各级官学的教学内容主要是儒家经典。太学的教师称博士，博士只须精通一经或一经中的某一家，实行分科施教。地方官学的教学内容也是儒家经学，由经师教学。

3. 唐代不仅在政治经济方面十分强盛，学校教育也十分发达，是中国官学制度最完备的时期。像汉代一样，唐代官学也分为中央官学和地方官学。但是，唐代官学的教学科目更丰富、学校种类也更多。如在中央官学中，有专修儒经的国子学、太学、四门学、广文馆学，还有律学、算学、书学等大学性质的专科学校。另还有关于医学、卜筮、天文历法、兽医、校书等职官性专科学校。地方官学除专修儒经的学校外，还有医学、玄学方面的专科学校。唐代官学的专职教师称博士、助教和直讲。在国子学、太学、四门学就学的学生，专修儒经；专科学校的学生则主要学习本专业的知识，兼修儒经。如专科学生得读《国语》《说文》《字林》《三苍》《尔雅》等书。

4. 宋明以来，官学制度又有进一步演变和发展。首先，学校的类型有了增加。宋代新增武学与画学。元代的地方官学增设阴阳学，分设天文、历算、三式、测验、漏刻、阴阳、司辰等科目，这对科技教育产生了积极的推动作用。元代所创的社学，对传播农业科技知识和其他文化知识也有积极作用。其次，官学的教学内容也有增加，南宋以后，"四书"成为更加重要的基本教材。另外，要求增读文史等内容，包括学习《通鉴》《史记》《汉书》及韩文、楚辞等。但是，宋明以后的官学也呈现衰败的局面，特别是明清以后，由于科举制度和各级官学传习八股文，使官学的名誉扫地，反而是原来作为私学兴起的书院有了蓬勃的发展。

官学系统成为中国古代最重要的教育教学的社会组织形式。在研究、传授各种知识技能，传播学术文化方面发挥了重要的历史作用。

(二)私学

中国古代的私学与官学相比较而言，不受政府的直接干预，故而可以获得相对独立的发展。它的教学内容更能够和社会学术思潮保持密切联系，在更新教学内容方面更具活力。私学没有官学那种衙门式的管理制度，这样，它就给了师生更多的自由度，教师可以自由讲学，可以不受政治等级的约束而自由聘请；学生亦可以择师而从，来去自由，这也能够给私学教育带来活力。唐宋以后出现了一种高级形态的私学——书院。它拥有一套相对完善的管理制度，这有利于教学的正规化和教学质量的提高。因此，书院成为中国封建社会后期一种最重要的教育组织。

就教育层次来说,古代私学也有大学和小学之分,前者如春秋战国的私学、汉代的精舍、宋明的书院,后者如汉代的书馆、宋元的乡校、家塾、冬学等,它们可合称之为蒙学。现分而论述。

1. **高等程度的私学**

私学的萌芽很早,但作为一种普遍化的教育制度的私学,则兴起于春秋战国时期。在孔子年轻时即出现"天子失官,学在四夷"的局面。可见当时西周的官学衰落,而私学已经初兴。春秋之末私学最盛者,则是儒、墨两家。孔子实行"有教无类"的方针,学生来源广泛,成为影响最大的一家私学。《史记·孔子世家》载:"孔子以诗、书、礼、乐教弟子,盖三千焉,身通六艺者七十有二人。"孔子死后,其弟子们继续创办私学讲学,如战国时期的儒家孟轲,其私学规模更大,达"后车数十乘,从者数百人,以传食于诸侯"。墨子所创私学也有很大规模和影响,在《墨子·公输》中,墨子自称有弟子300人,并且其组织性强,纪律严格,故也是当时一家重要的显学。据《汉书·艺文志》称"凡诸子百八十九家,四千三百二十四篇。诸子十家,其可观者,九家而已"。由于各派各家均有自己的私学,这就大大扩展了私学的教学内容,尤其促进了文化的繁荣发达。

汉代官学体制比较完备,但是私学仍然很兴盛,其原因在于私学有自己的长处。私学可以自由讲学、自由择师。其时虽然是儒家经学一统天下,但其中古文经学派在太学中并无地位,古文经学家们往往是退而创办私学讲学。汉代私学的主持者,许多是经学大师,故而门人诸生甚多。汉代私学的弟子有两种:一种是"及门弟子",学生须亲赴门下接受老师传授学问;一种是"著录弟子",只是将学生的名字录之于门生之列。由于名师手下门人太多,故常常采取由高业弟子转相传授的教学方法,及门弟子也并不一定能直接得到名师教授。董仲舒传授学术时,是弟子"次相授,或莫见其面"。至于著录弟子因不必亲来受业,没有什么限制,人数更多,时常能够多至数千或上万人。如东汉郑玄从教20余年,及门弟子达数千,著录弟子达上万人。这种传授儒经的私学,至东汉时期逐渐形成了一种比较稳定的教育组织,取名为"精舍"或"精庐"。东汉的许多学者均建"精舍"或"精庐"讲学。精舍有比较固定的讲学场地,往往也有一定的经济力量相资助,《后汉书·儒林传》载:"精庐暂建,赢粮动有千百,其著名高义开门授徒者,编牒不下万人。"那些经学大师在精舍中一边研究,一边传授,从而促进教育文化的发展与传播。

魏晋以后,私学作为古代教育体制的组成部分,在传播文化方面一直发挥着十分重要的作用。到了唐末宋初,又出现了一种制度化的私学——书院。

2. **蒙学程度的私学**

除了在中央官学专为宫廷所设的贵胄小学外,中国古代的地方官学,一般不包括蒙养教学。所以,历代的民间私学必须承担启蒙教学的任务,私学中有相当多即属于这种蒙学程度的私学。蒙学的基本任务大体一样,即给发蒙的幼童传授一些最基本的文化知识,但各个历史时期的蒙学在形式、教学内容方面,均有一些变化。

汉代蒙学场所称"书馆",老师称"书师"。书馆里有两种不同类型:一种是许多幼童就学,书馆设于公共场所或书师家中;一种是书师到家族中教学,故又称"家馆"。书馆虽为蒙学,但亦有程度的分别。较初级的蒙学以识字习字为主,兼习算术,采用的教材即为当时通用的字书,诸如《仓颉》《急就》《凡将》《元尚》等,还包括《九章算术》。较高一级的蒙学,则开始做经学入门的准备,以《孝经》《论语》为主要教材,这个阶段的蒙学常称"乡塾",其教师称"塾师"。

到了宋元时期,蒙学有了很大的发展,并日益完备。宋元时期的蒙学称乡校、家塾和冬学。由于文化教育的进一步普及,这段时期的蒙学十分普及,已达里巷。宋代的教育家们系统地总结了先人蒙学教育的经验,对蒙学提出了许多要求。如朱熹专门撰写了《童蒙须知》《训蒙规约》,对蒙生的生活、学习等方面均有严格的规定。他在《童蒙须知》中要求学生:"将书册整齐堆放,正身体对书册,详缓看字,仔细分明读之,须要读得字字响亮。不可误一字,不可少一字,不可多一字,不可倒一字。"宋代蒙学教育的最大进展,就是为蒙学儿童编出了一套十分流行通用的蒙学教材,其代表性的教材为"三、百、千、千",即《三字经》《百家姓》《千字文》《千家诗》。这些教材通俗易懂、易于记诵,故而受到了普遍的欢迎。

明清时期的蒙学又有新的发展。明清蒙学有三种类型:一种称"社学",由官办或私立;一种称"义学",一般由地方宗族公立;一种称"家塾",由家庭私立。社学初设于元朝,社学的任务是传授农耕技术和其它蒙学程度的文化知识。义学又称义塾,最先起于宋代,但当时均为宗族所设,并只招收本族的蒙学幼童。明清时期的义学往往是由家族或私人捐建,主要为民间的贫寒弟子而设立的教育机构。由于清政府的提倡,故而清代的义学广为设置。私塾是明清时期广泛设立于民间的私立学校。以上所述的社学、义学、私塾在办学形式、体制上略有区别,但他们均是蒙学,并在教学内容、教学方法上大同小异。

古代教育家们非常重视向学童传授基本的文化知识。所以将"小学"称之为"蒙学",是依据于"蒙以养正"或"养正于蒙"的教学原则,也就是在儿童智慧发蒙时施以正确的教育。在私家蒙学中接受教育者一般为庶民子弟,一旦蒙学教育结束后,他们中只有少数能进入到高等程度的学校中去,进一步接受高程度或更专门的学校教育,而大多数学生则是从事各行各业的平民百姓。

二、中国古代的教育思想

中国古代教育具有深刻而系统的教育思想。世界上第一部系统的教育学专著,就是产生于中国战国时期的《学记》。中国古代的教育思想十分丰富,几乎所有的大思想家、学者都曾谈到教育问题,并且提出了深刻的见解。

(一)德智统一

德与智是人类教育的两项最基本的要求,德与智的统一是古代教育的重要原则和理念。

首先,这一原则强调德、智是衡量人才的两条最重要标准,故而要求德育、智育能够同时得到发展。古代思想家、教育家很少单独论"智",而总是将它与"德"一起作为衡量人才的标准。孔子认为:"如有周公之才之美,使骄且吝,其余不足观也。"(《论语·泰伯》)他认为人的才能与德行应统一起来,否则就不足以作为人才来看。后代思想家均是以"德""才"两项标准去衡量与选择人才。

其次,德智统一的原则,就是主张德育能够促进智育的发展,智育也能够促进德育的发展。中国古代思想家、教育家相信,德育、智育不是割裂开来的两个方面,德育的实施也能够促进智育教学。如孔子就强调这一点,他说:"君子不重则不威,学则不固。"(《论语·学而》)"智及之,仁不能守之,虽得之,必失之。"(《论语·卫灵公》)这里,孔子认为道德上的庄重和仁厚,是巩固所学知识的根本条件。其所以如此,是因为那些仁者能够有开阔的视野、宽广的胸襟,能够杜绝许多为学的毛病。《论语·子罕》载:"子绝四:毋意、毋必、毋固、毋我。"显然,追求、拥有仁德者一般不会出现臆测、绝对化、固执、自以为是的毛病,而这些毛病恰恰是智育的大敌。所以,许多儒家学者总是首倡德育,因为他们认为解决了学者的品德问题,就能消除他的"私意""固陋"等为学之弊,有益于发展其智育。

另一方面,智育教学亦能促进德育的发展。汉儒董仲舒指出:"仁而不智,则爱而不别也;智而不仁,则智而不为也。故仁者,所以爱人类也;智者,所以除其害也。"(《春秋繁露·必仁且智》)他强调仁德与智慧是相互依赖、相互促进的,智慧要靠仁德确立目标,仁德要靠智慧才能够得以完成。

(二)学思结合

学思结合是从教学实践中总结出来的教育原则。学、思、辨、行是教育过程中的几个重要环节,它们构成了古代教学的完整过程,学思结合原则正反映了教学过程的基本规律和要求。这一原则要求充分调动学生在教学过程中的主观能动性,坚持让学生一直在教学过程中居于主体地位。

最早明确提出学思结合原则的是孔子。他在讲学时就明确提出:"学而不思则罔,思而不学则殆。"(《论语·为政》)他认为一个人如果只是学习、积累知识而不思考,就会受骗上当;一个人如果只是一味苦思冥想而不学习、积累知识,则会越想越疑惑。所以,孔子强调学思结合。他认为学思结合是十分重要的:一方面学习知识、积累经验是思考的前提条件,是教育的基础。孔子说:"吾尝终日不食,终夜不寝,以思,无益,不如学也。"(《论语·卫灵公》)那种在没有经验、知识积累的基础上的思考是一种没有意义的冥思苦想。战国时期荀子也表达过相同的思想,他说:"吾尝终日而思矣,不如须臾之所学也。"(《荀子·劝学》)这都是要求学者首先应以获取大量知识学问作为教育的起点,在此基础上再加以思考。另一方面,思考也是十分重要的,因为它能够使知识深化和系统化,所以孔子亦常常强调思考在教学中的地位问题。孔子提出"九思"说:"君子有九思:视思明,所思聪,色思温,貌思恭,言思忠,事思蔽,疑思问,忿思难,见得思义。"(《论语·季氏》)这是强调在日常生活中如何加强思考的问题。孔子的学生子夏曾论述思考对知识学习的重要性,他说:"博学而笃志,切问近思,仁在其中矣。"(《论语·子张》)可见,"博学"只是学习的一个方面,必须进一步通过"近思",才能有好的教学效果。

古代思想家们在论述如何将学思结合起来的问题时,有一个十分一致的观点,就是"存疑"与"解惑"。《中庸》最早提出这个主张,它将教学过程分为学、问、思、辨、行五个阶段。《礼记·学记》一文中,还将疑问作为教学中的重要方法。它指出:"善问者如攻坚木,先其易者,后其节目,及其久也,相说以解。不善问者反此。善待问者如撞钟,叩之以小者则小鸣,叩之大者则大鸣,待其从容,然后尽其声。此皆进学之道也。"《学记》认为"善问"是重要的"进学之道",因为善问者能够由浅及深地提出问题;而"善待问者"则能通过解答老师的提问而深入理解问题。这是在教学过程中通过问答的方式而促进学思结合。以后的教育家、思想家总是将"疑问"看作引起学者思考的重要方法和手段。

(三)知行统一

知行统一的原则,就是要求把教学活动与生活实践统一起来,从生活实践出发,去学习知识和道德,使间接经验的书本知识和直接经验的生活实践结合起来。儒家学者、教育家对此有较多的论述,他们所论述的知行统一的原则,主要包括下列思想:

第一,生活实践是知识的真正源泉,故而要求知行统一。教学所传授的那些道德、知识来自于学者本人的生活实践,许多思想家、教育家均肯定这一点。

王夫之主张一切真知均来源于行,他以下棋说明这一道理,他说:"格致在行者,如人学弈棋相似,但终止打谱,亦不能尽达杀活之机,必亦与人对弈,而后谱中谱外之理,皆有以悉喻其故。且方其进著心力去打谱,已早属力行矣。"(《四书正误》卷一)他由此要证明,一切知识道德,均来源于力行。颜元还以习行第一的观点,重新解释儒家传统的"格物致知",以证明一切知识道德均来源于行为实践,他将"格物"解释为"犯手实做其事",以证明一切知识、道德均来之于生活实践。他还强调,即使是学习那些书本上的间接经验和知识,也应该和习行结合起来,因为生活实践才是知识道德的最终来源。正如他所说:"读得书来,口会说,笔会做,都不济事,须是身上行出,才算学问。"(《习斋记余》卷四)

第二,中国古代教育家认为,生活实践的"行"不仅是知识道德的源泉,亦是知识道德的目的,因此,教学中传授的知识道德必须能够服务于生活实践,为生活实践所用,这才是合乎知行统一教育的原则。孔子论述到了这个问题,他说:"诵诗三百,授之以政,不达,使于四方,不能专对,虽多,亦奚以为?"(《论语·子路》)他认为《诗经》读得再多再熟,但是无独立的行事才干和能力,书读得多也无用处。

第三,古代教育家认为,学生要能在教学中获得真知,必须将知识学习与生活实践统一起来。古代的思想家、教育家认为,教学中的知识有深、浅之分,但是,只有和生活实践结合起来的知才是深刻明白的。朱熹说:"方其知之,而行未及之,则知尚浅。既亲历其域,则知之益明,非前日之意味。"(《性理精义》卷八)其次,知识也有真、假之分,只有能够付诸实践的才是真知。明学者王廷相说:"讲得一事,即行一事;行得一事,即知一事,所谓真知矣。徒讲而不行,遇事终有眩惑。"(《家藏集·与薛君采二首》)他们认为那种脱离实践的教学,学生从中所获总是浅显的,虚而不真的。因此一切教学活动,都应遵循知行统一的原则,这样才有可能获得真知,诚如王廷相说:"传经、讨业,致知固其先务矣,然必体察于事会而为知之真。"(《家藏集·石龙书院学辩》)

第四,古代教育家、思想家们还从教学中的"知"和"行"的相互促进,从而证明知行统一的必要性。在教学中,所以要求坚持知行统一的原则,还有一个最重要的理由,就是知和行是可以相互促进的:知可以促进行的笃实,行可以促进知的深化。

三、中国古代科举制度

科举是历代封建王朝通过考试选拔官吏的一种制度。由于采用分科取士的办法,所以叫做科举。科举制从隋朝大业元年(605年)开始实行,到清朝光绪三十一年(1905年)举行最后一科进士考试为止,经历了一千三百多年。科举制度作为封建社会选拔人才的途径,对隋唐以后1300多年的封建社会的教育有过重大的影响。

(一)中国古代科举制度概况

作为一个王朝,隋朝是短命的。但隋文帝进行的一系列改革,却对后世有极大的影响。譬如说,他以分科举人的办法,取代魏晋以来的九品官人制,无疑是石破天惊之事。开皇十八年(598年)文帝"令京官五品以上地方总管、刺史,以志行修谨(有德),清平干济(有才)二科举人"(《隋书》卷2《高祖纪》下)。显而易见,以察举为主的选官制已被科举制度取而代之。隋大业三年（607年），"炀帝嗣兴，又变前法，置进士等科"（《唐会要》卷76《制科举》）。考试科目由先帝的二科增至十科。创置进士科，标志着科举制的正式奠定。总之，隋以考试遴选官吏，是中国古代选官制度的一大分界线。

唐朝是中国古代空前统一的封建大帝国，他在完善封建专治制度方面也是空前的，为了满足专治政治的要求，在取士方面承隋制，全面推行了科举取士的办法，并在制度上得到了进一步的发展与完备。主要表现在三个方面：在应考者的资格手续方面，考查要经过"考核资叙郡县乡里名籍，父祖官名，内外族姻"，严禁"刑家之子，工贾殊类"应试。应试者的身资则可通过三种途径得之："生徒"——学校出身；"乡贡"——州县专送；"制举"——皇帝自诏（或"待非常之才"，或因帝王一时之兴，或因非常之需要）。

在考试的科目、方法和内容方面，唐代科举设科繁多，"有秀才、有明经、有俊士、有进士、有明法、有明字、有明算、有一史、有三史、有开元礼、有道举、有童子，而明经之别，有五经、有三经、有二经、有学究一经、有三礼、有三传、有史科，此岁举之常选也"（《新唐书》卷44《选举志》）。其实常设的科目也只有秀才、明经、进士、明法、明书、明算六科。秀才科因要求标准过高而于高宗初年停止，明法、明书、明算系专业性强的科目，得不到统治者的重视，故不常开。明经、进士乃唐代科举之常科。考试方法主要有：帖经、墨义、口试、策问、诗赋五种。科目多，各科内容各有特点，但差别不大，录取的主要是通经的儒士，如明经科多考五经义理的记忆和解释，兼及时务策问，以帖经为主；进士科主要考时务策问，也试经义，后加诗赋杂文。两科基本上都选拔的是通经治世之才。一代女皇武则天，为了文治武功的需要，不仅亲临殿试，而且还在科目上增设了武举，考试内容分长垛、马射、步射、平射、筒射、马枪、翘关、负重、身材等，中第者送兵部做武官候选人。在考试机构的设置、布点方面，唐代也有特点：乡试一般在各州县举行，省试由吏部考功员外郎主持。736年因一次考官与考生的冲突，改由礼部掌管，也有临时由皇帝委派中书舍人等官吏主考的；省试及第后参加吏部考试中举后，方可委以官职，制举在殿廷上进行。有时还由皇帝亲自主持，武举由兵部主持。从科举的发展史看，唐朝正式完成了从"九品中正制"到科举制的过渡，这是中国古代选官制度的一次深刻革命。

今有论史者以为，隋唐属科举制的早期，两宋当属科举制的中期。考察一千三百多年的科举史，宋朝尤其是北宋的科举确是如日中天。唐之科举虽趋于完型尚属草创阶段，仍有诸多弊端。一是带有旧荐举制的痕迹；二是择仕大权有旁落知贡举之手的现象；三是某些制度本身也给考者以舞弊的可乘之机。对此，宋统治者进行了一系列的改革、整顿，概括起来有三点：

第七章 中国古代人文成就管窥

1. 罢察举、重科举

宋太祖开宝八年(975年)下诏各州察举孝悌力田、奇才异行或有文武才干者740余人,太祖命翰林学士李昉等在礼部进行测试,结果均不可采,于是帝下诏即罢"公荐"之法,从而对荐举制进行了彻底扫荡。言其重科举理由有四:(1)录取名额增多。太宗即位初第一次贡举(977年)省试人数已5300人,取进士190人,诸科270人,十五举以上(即恩科)184人,开创了亘古未有的取士规模,真宗在位第一次贡举(998年),又增至近两万人,以后屡有增加。真正所谓"天下英雄入吾彀中"(《唐摭言》卷15)。(2)提高中第者的待遇。宋王朝从优任用进士合格者,凡中进士者立即授官,不须经吏部考试,便委以高官,"任宗三举,每次甲等3人,共39人,其后不至公卿者仅5人"(《文献通考》卷31引《容斋洪氏随笔》)。对于耿耿功名而屡试不第者,特设恩科,"量才于班引录用"(《宋会要·选举》卷15)。谓之"特奏名"这些人亦可得一官半职。(3)"殿试"成为定制。宋太祖时,落第者徐士廉等告考官李昉取士不公,请求"殿试",士廉所奏甚称其旨,遂被采纳。进士及第者直接成为"天子门生",时太祖不无喜色地说:"向者登科名级,多为势家所取,致塞孤寒之路,甚无谓也。今朕躬亲临试,以可否进退,尽革畴昔之弊矣。"(《续资治通鉴长编》卷16)。

2. 考试的科目、内容和方法

宋初考试科目设进士、九经、五经、开元礼、三史、三传、学究、明法凡九科,以进士科为要。制举、武举、童子科时设时废。王安石变法,仅存进士一科。宋初考试内容分诗赋、贴经、墨义,王安石变法曾取消诗赋等。考试的步骤为州县发解试→省试→殿试,三次考试的第一名分别为解元、省元、状元。"连中三元"即为科举制下读书人的美梦。

3. 宋代考试的新举措

与唐代比,宋朝科举改革最为彻底,所建立的科举条规更为严密。有"复试"制、"别头""锁院"制、"弥封""誊录"制和"三年大比"制。这些制度大多是对考试作弊的一种防范性措施,说具体些就是为加强对权贵子弟的限制,杜绝了考官与其亲戚、考官与考生(包括外界)共为不轨的可能,同时也使审阅人员排除姓氏籍贯及笔迹标记的干扰。这对严格选拔人才、公平竞争来说,无疑是炳彪千古的行为。

元、明、清三朝系我国古代科举制的晚期,基本上仿行宋朝,虽有革新,却难脱唐宋之窠臼。

(二)科举考试对古代教育的影响

科举考试对我国古代文化教育有着深刻的影响。科举考试把选才和育才的标准和要求统一了起来,它促使了学校教育和封建文化的发展。

1. 科举考试在内容上承继了两汉以儒学为正统文化的思想观念,隋以后的科举,内容代有更易,但经义(四书五经的主要内容)始终是测试主要科目,这使尚儒思想愈加巩固。

2. 由于科举可以求取功名,而一般生徒(包括寒门庶族子弟)均可参加科举,吸引着大批人士积极应举,从而促进了汉民族文化的普及、文字的规范及文学、史学、经学的发展。譬如唐以诗赋取士就促成诗歌发展高峰的到来。

3. 科举考试刺激了生徒们求取功名的热望,调动了更多人的读书积极性,形成了"五尺童子,耻不言文墨焉"的良好学风。这样一方面促进了学校的发展,另一方面也促进了学校教育内容的统一。

4. 唐宋时期科举科目的繁多,对当时教育上出现的偏差、陈规进行了冲击,重要的是,部分地促进了我国传统文化支流的发展,如礼学、算学、武学、法学等等。这是不可忽视的事实。

5. 科举在文化教育上的积极影响也吸引着日本、朝鲜等国家派遣留学生前来观光学习,并纷纷效仿之,从而促进了中外文化交流和中华民族文化的传播。就连妄自尊大的西方国家,其文官考核制度也吸取了许多合理因素。

当然,科举考试也对我国古代教育产生了一定的负面影响。如考试的内容和形式充满教条主义和形式主义,不利于选拔和培养社会所需要的各类人才。考生以求官为读书的唯一目的,"治国平天下"多流于口头,更多知识分子满腹经纶,却一无用处。考试的内容科目拘于经义,缺少科学技术、经济生产方面的内容,一定程度上阻滞社会生产力的发展。

第八章 中国古代科技成就

科学技术既是人类改造世界、优化自身生存环境能力的一个重要标志,又是人类创造精神的凝聚和体现。因此,科学技术是人类文化的重要元素。

中国是世界四大文明古国之一。在自然科学和技术领域,勤劳而富于智慧的中国人民为全人类做出了巨大贡献。中国古代在天文学、物理学、化学、地学、医药学以及建筑、纺织、陶瓷、造船、水利建设等方面的科技水平和成就都曾经居于世界领先地位。其中,举世闻名的造纸术、印刷术、指南针、火药四大发明在促进整个人类的文明和进步方面发挥了十分巨大的作用。

中国古代的科技文化在 16 世纪以前一直处于世界的领先地位,曾是世界科技文化史上光辉灿烂的一页。

第一节 从出土文物看中国古代的科技水平

由于近现代科学技术的相对落后,使很多人产生了一种错觉——中国的科技文化底子较差。事实上,古代中国不仅拥有人类世界最悠久的科技史,而且在历史上曾经拥有过人类科技同期的最大辉煌。近几十年来的考古发现和出土的文物已经证实了这一点。

一、悠久的科技史

中国科技大学博士生导师、贾湖遗址主要发掘者张居中教授与美国宾夕法尼亚大学著名教授、博士帕特里克·麦克戈温合作,通过对贾湖遗址出土陶器上的附着物进行研究,获得重大发现:早在 9000 年以前,贾湖人已经掌握了酒的酿造方法,所用原料包括大米、蜂蜜、葡萄和山楂等。目前,这一古配方已复制成功。这也就是说,中国的科技史至少可以追溯到 9000 年以前。

到了距今 8000 年的时候,中国的科学技术已经在多个领域远远领先于世界。如农作物栽培技术和制陶技术等。

在贾湖遗址内,发掘出了我国最早的碳化稻米及石磨盘、磨棒、石铲等实物资料,表明 8000 年前这里已有了人工栽培稻。此类发现还有,在距今 8000 年的大地湾一期文化内出土了炭化稷标本。

大地湾一期文化出土的三足钵等200多件彩陶,是我国迄今为止发现的时间最早的一批彩陶。这批距今约8000年的紫红色彩陶,图案虽还不太完整,但陶器制作技术已经相当成熟。这也就是说,早在八千年以前,中国的制陶技术已经成熟。

二、上古科技的辉煌

近几十年来的考古发现证明,中国的上古科技一直呈现出灿烂辉煌的景象。早在六七千年以前,中国南北方的农业技术已经呈现出全方位发展的局面。在河姆渡遗址的两次考古发掘中都发现了大量的稻谷、谷壳、稻叶等。稻谷出土时色泽金黄、颖脉清晰、芒刺挺直。经专家鉴定,这些稻谷属人工栽培稻的原始粳、籼混合种。这一发现证明,早在七千年以前,河姆渡人已经掌握了水稻栽培技术。在西安半坡遗址的发掘中,出土了粟和菜籽,这一发现证实,早在六千年以前渭河流域的人们已经开始人工种植粟等农作物。

在农作物栽培技术普遍得到发展的同时,粮食加工技术也得到相应发展。如图8-1-1是1978年出土于河南省新郑县裴李岗文化遗址的石磨盘和石磨棒。这是七千多年前的谷物加工工具。盘长68厘米,前宽37.5厘米,高6厘米。棒长58厘米,黄砂岩质,琢制。磨盘为履底形,正面坦平,底部凿有四矮柱足。磨棒近圆柱体,中间略细,两端略粗,盖碾磨日久所致。

图8-1-1 石磨盘和石磨棒

早在五六千年前,中国的建筑技术已经有了全方位的发展。各种建筑材料的加工制作技术均处于同期世界的领先地位。在河姆渡遗址出土了大量的建筑木构件,这些木构件显示,早在六千五百年以前,河姆渡人已经在杆栏式建筑上大量使用榫卯套接、企口对接和销钉套接等技术。

在北方,多个仰韶文化遗址都发现有陶质的烧制建筑材料。如图8-1-2是陕西蓝田新街仰韶文化遗址出土的距今7000—5000年的红陶砖,图8-1-3是出土于陕西宝鸡仰韶文化遗址距今5000年左右的红陶筒瓦。

图8-1-2 红陶砖

图8-1-3 红陶篮纹筒瓦

早在六千多年以前,中国南北方的手工业工艺水平普遍较高。各种手工制品做工十分精细,有的甚至可以与现今的手工制品相媲美。图8-1-4是半坡遗址出土的骨镞与骨鱼叉,制作工艺十分精细,特别是骨鱼叉的倒刺十分锋利。图8-1-5是半坡遗址出土的骨针,制作之精细确实让人惊叹。

图8-1-4 骨镞与骨鱼叉

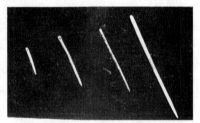
图8-1-5 骨针

三、古代科技水平的见证

近几十年来的考古发现和出土文物证实,中国从秦代开始一直到唐宋时期的科技水平均处于同期世界的领先地位。以秦代出土的文物为例——

1974年从秦始皇陵区的陶俑坑中出土了三把宝剑(图8-1-6),这三把宝剑直接埋在地下约五六米深的泥土中,水浸泥蚀长达两千多年,但出土时依然光亮如新,非常锋利,可以迎风断发。这几把秦代的宝剑是用铜和锡,加上少量的铅制成。经仪器反复检测,最后得知,宝剑不锈的秘密是表面镀了一层厚度仅十微米的铬。研究还发现,在这些剑中,剑身中锡的含量高于剑刃,所以刃口锋利,而整体坚韧。这样的剑是先浇铸出中间的芯条,再浇铸两边的刃而制成的"复合剑"。这几项技术诞生在两千年以前,确实令人惊叹。

又如秦代生产的青铜箭镞(图8-1-7)。秦兵马俑出土了二万件青铜箭镞。这些青铜箭镞为三棱流线形,即横剖面为正三角形,纵投影如现代的子弹头,其表面磨光如镜。据测量,每一箭镞三个面的宽度基本相等,误差不大于0.15mm。因

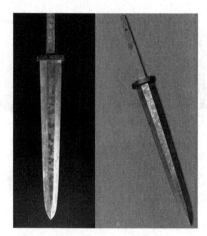

图 8-1-6 秦剑

为箭镞的三个面和三个棱都呈弧形,精磨和抛光都很难,即使在工业技术高度发展的今天,要确保两万只箭镞的精度完全控制在误差不大于 0.15mm 这一公差范围内,其难度都很大,而 2000 多年前的秦人却奇迹般地做到了。更为惊人的是,上述精加工好的青铜兵器在磨锋抛光之后,表面上加了一层黑铬薄膜。经分析测定,这些兵器经过铬盐氧化处理,极大地增加了防腐抗锈的性能。

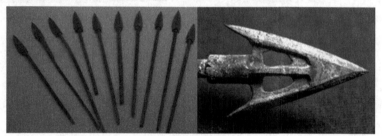

图 8-1-7 秦箭镞

考古事实证明:早在秦朝,我国的工业技术已经非常发达,并且实现了标准化、序列化和通用化。如制造的弩,原理和现代的步枪完全相同,甚至有些零件的形状也和步枪基本相像。并且其生产是完全标准化和通用化的,相同的零部件在任何一个器械上都能安装和互换。

不仅仅是秦代的出土文物见证了那个时代科技的辉煌。事实上,各个时代的出土文物都为我们提供了古代科技发展的重要信息。如出土的汉代铜镜反映出的金属打磨与抛光技术、唐代金银器反映出的金属塑型技术等。

第二节　中国科技创造的文化精神

中国古代科学技术源于生活，以满足人们的生活需要为根本，充分体现了中国文化的人本精神。与此同时，中国古代科技源于人们对自然的认识和改造实践，建立在"天人合一"的理念和崇尚自然的思想基础之上。概括起来讲，中国古代科技的文化精神主要体现在以下几个方面：

一、民生科技率先发展

中国古代科技是最能体现以民为本思想的文化元素之一。它以满足人们的生活需要为根本，积极探索改善人们生活条件、优化人们生存环境的路子，因此，民生科技得到了率先发展。具体表现为以解决衣食住行问题为根本的农耕技术、渔猎技术、建筑技术、纺织技术等遥遥领先于世界，以维护人类生命为根本的医药科技出现时间早，文化内涵极其丰富。

以古代建筑技术为例。从筑巢而居开始，人类就有了安居的梦想。也就是从那个时候开始，中华先民们就开始了筑屋技术的探索。

近几十年来的考古发掘中，凡是比较大的新石器时代遗址都发现了房屋的遗迹。如在贾湖遗址的7次研究性发掘中，先后发现了距今9000年左右的新石器时代的房址53处。在1984年以前的发掘中，大地湾新石器时代遗址出土房址238座，其中最早的房子建于距今8000年以前。以上发掘事实说明，早在9000年以前，中国古人类已经建筑房舍开始了群居生活。中国的建筑史可以上溯到距今9000年以前。

在经过了长达两千余年的实践探索之后，到了距今7000多年以前，中国的建筑技术已相当成熟。以浙江河姆渡遗址发现的干栏式建筑和西安半坡遗址发现的半地穴式建筑为例——

河姆渡遗址发现了大量干栏式建筑遗迹，特别是在距今7000-6500年第四文化层底部，分布面积最大，数量最多。建筑专家根据桩木排列和走向推算，第四文化层至少有6幢建筑，其中一幢建筑长23米以上，进深6.4米，檐下还有1.3米宽的走廊。这种长屋里面可能分隔成若干小房间，供一个大家庭居住。

特别值得关注的是，发掘清理出的构件有木桩、地板、柱、梁、枋等，有300多个构件上带有榫头和卯口，这说明榫卯技术在当时已经普遍应用。与此同时，在出土的地板上还发现了企口技术。

河姆渡遗址的建筑是以大小木桩为基础，其上架设大小梁，铺上地板，做成高于地面的基座,然后立柱架梁、构建人字坡屋顶,完成屋架部分的建筑,最后用苇席或树皮做成围护设施。其中立柱的方法也可能从地面开始,通过与桩木绑扎的办法树立的。这种底下架空,带长廊的长屋建筑古人称为干栏式建筑(图8-2-1)。

图8-2-1　河姆渡干栏式建筑复原图

从技术和文化的角度看,河姆渡干栏式建筑主要有以下几点值得关注:

一是这种建筑既可以防潮,也可以防止野兽的侵袭,还可以避免大暴雨后的水淹等,是南方地区潮湿多雨自然条件下最理想的建筑形式。它的发明体现了长江流域远古先民们的智慧。这一建筑形式不仅在中国南方地区流行长达7000余年,而且传到广大的东南亚地区。至今,在我国西南地区和东南亚国家的农村还可以见到此类建筑。

二是遗址中所发现的企口和销钉两种木构衔接法,既是同期世界上最先进的木构建筑技术,也是影响最为深远、生命力最强的两项木构技术。这两项技术至今仍在普遍使用。

三是建造庞大的干栏式建筑需要人们的相互配合,因此,它体现出了远古人类的协作精神。

西安半坡遗址已发掘出距今6000年以前的45座房屋的基址。有圆形、方形和长方形,有的是半地穴式建筑(图8-2-2),有的是地面建筑(图8-2-3)。每座房子在门道和居室之间都有泥土堆砌的门槛,房子中心有圆形或瓢形灶坑,周围有1～6个不等的柱洞。居住面和墙壁都用草拌泥涂抹,并经火烤以使坚固和防潮。圆形房子直径一般在4～6米,墙壁是用密集的小柱上编篱笆并涂以草拌泥作成。方形或长方形房子面积小的12～20平方米,中型的30～40平方米,最大的复原面积达160平方米。

第八章　中国古代科技成就

图8-2-2　半坡半地穴式房屋复原图　　图8-2-3　半坡地面式房屋复原图

从科技和文化的角度看,排除掉阴雨季节潮湿这一缺陷,对于西北黄土高原上的人们来讲,半坡半地穴式的房屋冬暖夏凉,十分宜居。与此同时,采用木骨涂泥的构筑方法构筑墙体不仅轻便,而且又可以有效地解决防风、保暖等问题,其中的科技含量是比较大的。

近几十年来的考古发掘结果显示,中国古代建筑科技一直是沿着一条不断探索、逐步完善的道路持续发展的。到了秦汉时期,中国的建筑科技水平和建筑文化内涵远远领先于世界。到了唐代,中国建筑的辉煌令世界惊叹。这一切都说明,与民生紧紧联系在一起的建筑科技和农耕技术、纺织技术和制陶技术同时在中国古代得到了率先发展。

二、科技创造被赋予人文内涵

上古神话传说中的道德楷模,都是为大众谋利益的英雄,他们身上所体现出来的一种重要美德就是积极探索解决人们衣食问题、维护人们健康的方法,传授人们制造生产工具和从事生产的经验,从而使人们更好地生存和生活。这一点具体而突出地表现为他们在科技方面的发明和创造。

《易·系辞》《世本·作篇》等多种文献都记载了黄帝时代的发明创造:一是他播百谷草木,大力发展和改进生产技术,如穿井、做杵臼、建造舟车、服牛乘马、驯养野兽为家畜等,这些创造大大改变了人们的生存状态,提高了人们的生活质量。二是他创造文字、始制衣冠、定算数、制音律等,使华夏民族走向了文明。三是他发明指南车、创医学、推算历法等,增强了人们的生存能力。正是他为中华民族做出了如此巨大的贡献,因此,他在中华儿女心中不仅是行为的巨人,而且是道德的巨人。

与黄帝并称为中华民族始祖的炎帝也是以巨大的科技奉献备受人们敬仰的。据各种文献记载,炎帝一生的发明和创造很多,主要表现在这几个方面:一是制耒耜(lěi sì),种五谷,开启了中国农耕文明史。二是教民织麻为布技术,解决民众的御寒之衣。三是教民制作陶器技术,改善人们的生活条件。四是遍尝百草,发明医药,为人类的健康事业做出了巨大贡献。《淮南子·修务训》说:"(炎帝)尝百草之滋味,水泉之甘苦,令民所避就。当此之时,一日而遇七十毒。"《通志·三皇记》载:"(神农)一日间而遇七十毒。或云神农尝百草之时,一日百死百生,其所得三百六十物。以应周天之数。"这些记载虽有夸张的成分,但神农尝百草历经艰险,九死一生,当是事实。炎帝为了"和药济人",救死扶伤,采药、尝药的足迹遍布大江南北。人们为了纪念炎帝发明医药的伟大贡献与献身精神,将我国出现的第一部药物学史著,称之为《神农本草经》。五是做五弦琴,以乐百姓。为了"通神明之德,合天地之和",使人们的身心宁静,性情温良,炎帝还发明了愉悦人们身心的乐器。据《世本·下篇》载,炎帝削桐为琴,结丝为弦。他发明的这种琴"长三尺六寸六分,上有五弦:宫、商、角、徵、羽"。这种琴发出的声音,能道天地之德,能调节人们的身心。六是发明"刀耕火种"技术。《左传·昭公十七年》记载:"炎帝氏以火纪,故为火师而火名。"他把火推广、应用到农业方面,用火烧荒,开垦土地,"刀耕火种",大大提高了农业生产效率。

总之,中国古代的科技创造都被视为发明者对人类的一种奉献,被赋予了丰富的人文内涵。这一点在世界科技史上是独树一帜的。

三、生活用品制作技术领先世界

由于中国科技从产生的那一天起就和民生紧紧地联系在一起,因此,除了与民生直接相关的农业科技、纺织技术、建筑技术等率先发展外,直接影响百姓生活质量的日用品制作技术也得到了长足的发展,并且在几千年的时间里一直领先于世界。以制陶技术为例——

中国的制陶技术产生于九千年以前的新石器时代早期,发展到距今六七千年以前的仰韶文化时代,器物类型及功用已经涵盖了百姓生活的全部内容,制作技术也趋于成熟。如图8-2-4至8-2-6是一组距今7000—5000年的新石器时代的陶灶。这些可移动的陶灶的发明,使人们可以随时随地地烧水、煮食而免受风向等自然因素的影响。与此同时,不论是野外劳作还是举家迁徙,基本的饮食需要起码能够得以保证。

第八章 中国古代科技成就

图 8-2-4 陕西洛川出土　　图 8-2-5 河南灵宝出土　　图 8-2-6 陕西高陵出土

除了满足基本的生活需要外，早在六千多年以前，中国的制陶工艺开始向方便人们的生活，使人们更好、更健康地生活的方向发展，产生了许多设计合理，使用方便而有利于人们健康的生活用品。

图 8-2-7　陶澄滤器　　　　　　图 8-2-8　陶甑

如图 8-2-7 这件陶制澄滤器不仅可以用于水中杂质的过滤，而且可以用于酿酒、酿醋的工艺流程，使酒和醋从原料中清澈的析出来，方便人们的饮用，保证人们的健康。图 8-2-8 这样的陶甑的发明使人们开始吃上了蒸制食物，饮食结构趋于多样化，更易于人们的健康。

除了制陶技术一直领先于世界外，与百姓生活密切相关的其他日用品制作技术也得到了长足的发展，如装饰品制作工艺、青铜生活器制作技术、金银日用器制作技术等在很长时间里都一直领先于世界。

四、天人理念与崇尚自然思想影响着科技发展

从古代的天文、医学、数学、农学等学科的发展及其成就来看,中国古代科技深受"天人合一"理念和崇尚自然等思想的影响,因此形成了研究和解决问题的整体观和方法论。例如中医学根据"天人合一"思想提出了"天气下降,地气上升",而人体则是"心火下降,肾水蒸腾",同时十分强调整体,主张从整体角度(包括对人体的整体考查以及人身生存环境考查)去治疗病症。中医学以阴阳五行学说说明人体器官和心态,将肝、心、脾、胃、肾人体五大器官,同喜、怒、哀、愁、惊五种情绪,以及酸、甜、苦、辣、咸五种味道,连同木、土、水、火、金对应起来,用以论述病因,并以此作为临床实践的基本思想。

五、"重实践,轻理论"的科技思想

中国古代科技注重实践效果,轻视理论阐释。如中国古代天文学十分先进,但大多都是为历法服务的。又如中国古代数学,从《九章算术》开始,历代的数学著作大多都是以解决现实问题为编写的指导思想,诸如如何计算分配物资和分派工役等。

在注重实用的同时,中国古代科技十分重视经验的总结,而在创新上面十分谨慎。在这一思想的影响下,崇尚经典之风融入到学术思想之中,各学科都选定了自己的经典著作,如数学以《九章算术》为经典,医学以《黄帝内经》为经典。这样做的好处是后人的研究建立在前人研究的基础之上,对前人的经验和成果进行再发掘、补充和完善,虽然创新和突破的幅度小一些,但可以避免走弯路。

第三节　中国古代科技亮点扫视

纵观人类的科技发展史,不难发现,古代中国在科学技术方面成就卓著,为加速人类的文明进程作出了巨大贡献。概括起来讲,中国古代的科技成就主要表现在天文、数学、中医、农学等几个方面。

一、中国古代的天文历法

中国古代的天文学起源很早。根据甲骨文记载,早在殷商时代,已经有了关于日食、月食的记录,并且出现了原始历法——阴阳历。

春秋时期,二十八宿理论已经建立。二十八宿是古人在观测日月星辰及五星运动时,将黄道和天赤道附近的天区划分为二十八个区域。二十八宿的建立为观

测提供了一个较为准确的量度标志。在对异常天象的观测方面，除了多次记录了日、月食现象外，《春秋·文公十四年》中还有关于哈雷彗星的记载："秋七月，有星孛入于北斗。"这里记载的是公元前613年哈雷彗星出现的事。这是世界上公认的关于哈雷彗星的首次确切记录，这一记录比欧洲早六百多年。

春秋战国时期采用的"四分历"，集中体现了我国古人的聪明才智和天文历法水平。该历法取周年长度为365又1/4天，采用19年7闰的方法。这比西方相同历法的出现要早160年。

战国时期，出现了世界上最早的天文学著作《甘石星经》。战国时期，随着生产的发展，天文学也有很多成就。"鲁有梓慎，晋有卜偃，郑有裨湛，宋有了韦，齐（一说是楚或鲁）有甘德，楚有唐昧，赵有尹皋，魏有石申夫皆掌著天文，各论图经。"（《晋书·天文志上》）甘德和石申夫各自在其本国进行天文观测，并各有著作刊行于世。甘德的著作名为《天文星占》，石申夫的著作名为《天文》，都是八卷。汉朝时，这两部著作还是各自刊行的。后人把这两部著作合并，并定名为《甘石星经》。甘德和石申夫当时曾系统地观察了金、木、水、火、土五大行星的运行，初步掌握了这些行星的运行规律，记录了800个恒星的名字，其中测定了121颗恒星的方位，发现了金、木、水、火、土五大行星的运动规律。后人把甘德和石申夫测定恒星的记录称之为《甘石星表》（又称《甘石星经》）。它是世界上最早的恒星表，比希腊天文学家伊巴谷在公元前二世纪测编的欧洲第一个恒星表还早约200年。

在我国历法中占有重要地位的二十四节气经过逐步的发展，到战国时已完备，二十四节气是把周年平分为立春、雨水、惊蛰、春分、清明、谷雨、立夏、小满、芒种、夏至、小暑、大暑、立秋、处暑、白露、秋分、寒露、霜降、立冬、小雪、大雪、冬至、小寒、大寒。它的建立不仅具有天文意义，而且还对古代农业生产有指导作用。

秦汉时期，中国的天文学成就很多。首先是对天象的观测和记录更为精确。如《汉书·五行志》中记载："河平元年已末，日出黄，有黑气，大扣钱，居日中央。"这段话对太阳黑子出现的时间、位置、形状作出了准确的记录。这一关于太阳黑子的记录，被世界公认为是有关太阳黑子的最早记录。其次是历法。汉武帝时，天文学家制订出中国第一部较完整的历书《太初历》，开始以正月为岁首。东汉时刘洪经过多年研究，完成了乾象历，至此，中国古代历法体系趋于成熟。再次是天文学理论和观测仪器的出现。如东汉时，张衡从日、月、地球所处的不同位置，对月食作了最早的科学解释。张衡发明制作的地动仪（图8-3-1），可以遥测千里外地震发生的方向，这要比欧洲早1700多年。

魏晋时期，东晋虞喜最早发现了岁差现象，即春分点（或冬至点）在恒星间的位置逐年西移。北齐张子信发现了太阳、五星运动的不均匀性。孙吴时葛衡制成了大于人体的空心圆形浑天仪，非常利于人们的观察。

图8-3-1 地动仪复原模型

在历法编制上,南北朝时期的祖冲之把岁差应用于历法中。他编制的大明历取一周年长度为365.24231481天,这和近代科学测定的数值相差仅50余秒,同时改过去的19年7闰为391年144闰。

隋唐时期,唐朝天文学家僧一行制定的《大衍历》比较准确地反映了太阳运行的规律,系统周密,标志着中国古代历法体系的成熟。僧一行还是世界上用科学方法实测地球子午线长度的创始人。在实测中他认识到,在小范围有限的空间里得到的认识,不能任意向大范围甚至无际的空间推演,这是我国科学思想史上的一大进步。僧一行还发现了恒星位置移动现象,比英国人哈雷提出恒星自行早了一千多年。

宋元时代,古天文学发展到了顶峰。北宋科学家沈括把四季二十四节气和十二个月完全统一起来的"十二气历"更加简便,有利于农事安排。元朝杰出天文学家郭守敬,提出"历之本在于测验,而测验之器莫先仪表"的正确主张,创制了简仪和高表等近20件天文观测仪器,主持了全国范围的天文测量。他还在前人的基础上,运用先进的数学成果,于1280年完成了中国古代登峰造极的历法——授时历,以365.2425日为一年,这和当今通用的格里历(即现行公历)数值是一样的。授时历比现行公历的问世要早300年。

二、中国古代的数学

中国古代数学成就斐然,出现了许多影响世界数学科学发展的理论。如中国人很早就掌握了数的概念,并且采用了十进位制,这是最先进、最科学的记数法,是中国对人类作出的不可磨灭的重大贡献。正如李约瑟在《中国科学技术史》数学卷中所说:"商代的数字系统是比古巴比伦和古埃及同一时代的字体更为先进、更为科学的","如果没有这种十进位制,就几乎不可能出现我们现在这个统一化的世界了。"

(一)中国古代数学的主要成就

早在殷商时期,我国已经有了四则运算。春秋战国时,正整数乘法口诀"九九歌"已形成,并从此时开始成为普及数学知识的重要口诀延用至今。

两汉时代,《九章算术》问世,这部世界数学名著总结了我国公元前的全部数学成果,其中许多成就在世界上处于领先地位。16世纪前的中国数学著作大多遵循了《九章算术》的体例,我国古代的数学教育也一直以它作为基本教材之一。全书共分九章,以问题集的形式,收录了246个应用题,共分为九章,即方田、粟米、衰分、少广、商功、均输、盈不足、方程和勾股。此书既注重理论,更注重实际问题的解决,这种思想对后代数学研究产生了重大影响。在《九章算术》的影响下,中国古代数学注重计算和实际问题的解决,轻视逻辑推理。

魏晋南北朝时期有两大领先于世界的数学研究成果。一是魏晋时期的数学家刘徽运用极限理论,提出了计算圆周率的科学方法。刘徽运用割圆术求圆周度,他认为无限增加圆内接正多边形的边数,其周长就逼近圆周长,"割之弥细,所失弥小"。这种方法就是极限理论的运用,十分科学。他运用这种方法,求得圆周率 $\pi = 3927/1250$,即 $\pi = 3.1416$。二是南朝的祖冲之精确地计算出圆周率在 $3.1415926 \sim 3.1415927$ 之间,这一研究成果比外国早将近一千年。

唐代在数学上作出较大贡献的学者是王孝通和一行和尚。王孝通是唐朝初年的历算家。他曾奉唐高祖之命校勘和修订历法,研究过《九章算术》和《缀术》等书。在用于解决实际问题时,他发现过去的算法有缺陷,于是创造了一些新的方法,写成《辑古算经》一书(约626年)。《辑古算经》共包括20道题,大体分为四类:第一类是天文问题,只有1题;第二类是土木工程中的数学问题,有6题;第三类是地窖和仓库的容积问题,有7题;第四类是勾股问题,有6题。每道题都有答案和解题步骤,并有自注。一行和尚在编制《大衍历》时,因为计算的需要,他把隋代刘焯(544-610)创立的"等间距二次内插公式"推广到不等间距的情形,数学史上称为"张遂内插法公式"。

宋元时期,中国古代数学在很多领域都达到了当时世界数学的巅峰。如高次方程数值解法、剩余定理、高次内插法和高阶等差级数求和等。

(二)中国古代重要的数学著作

随着数学知识的不断丰富和数学理论研究的不断深入,古代出现了一些数学研究著作,这些著作记载了历代数学的成就。其中最具代表性的是下面两部。

1.《周髀算经》

《周髀算经》是我国最早的一部算学和天文学著作,大约产生于公元前2世纪。该书总结了春秋战国时代的数学成就,其中提到的大禹治水时所应用的数学知识,成为现存文献中记载的最早使用勾股定理的例子。比古希腊毕达歌拉斯发现勾股定理早了五百多年。

《周髀算经》记载:"故折矩以为句三,股四,径隅五。既方其外,半之一矩,环而共盘,得三、四、五。两矩共长二十有五,是谓积矩。故禹之所以治天下者,此数之所由生也。"这段话的意思是:将矩的两直角边加以折算成一定的比例,短直角边长(句)3,长直角边长(股)4,弦就等于5,得成3、4、5。句(即勾)、股平方之和为25,这称为积矩。大禹所用的治天下(指治水)的方法,就是从这些数学知识发展出来的。《周髀算经》所记大禹治水时用"勾股定理"这个事实证明了我国古代数学家独立发现并应用了勾股定理,要比外国早得多。

2.《九章算术》

《九章算术》是中国古代第一部数学专著,产生于西汉,最终成于东汉。该书系统总结了战国、秦、汉时期的数学成就。书中的很多理论在同期世界数学领域处于领先地位。例如分数四则运算、今有术(西方称三率法)、开平方与开立方(包括二次方程数值解法)、盈不足术(西方称双设法)、各种面积和体积公式、线性方程组解法、正负数运算的加减法则、勾股形解法(特别是勾股定理和求勾股数的方法)等,水平都是很高的。其中方程组解法和正负数加减法在世界数学发展上是遥遥领先的。

《九章算术》有几个显著的特点:一是采用按类分章的数学问题集的形式;二是算式都是从筹算记数法发展起来的;三是以算术、代数为主,很少涉及图形性质;四是重视应用,缺乏理论阐述等。就其特点来说,它形成了一个以筹算为中心、与古希腊数学完全不同的独立体系。

《九章算术》确定了中国古代数学的框架,以计算为中心的特点,密切联系实际,以解决人们生产、生活中的数学问题为根本目的。

三、中国古代医药科技

中国医药科技是我国人民长期同疾病作斗争的经验总结,是我国古代灿烂文化的重要组成部分。中国中医药科技经过几千年的发展,积累了丰富的医药理论知识和大量的实践经验,形成了数量可观的中医药文献。

(一)中国古代医药科技发展概况

从殷墟出土的商代甲骨文中可以看到,早在公元前13世纪,我国已有了关于蛊(腹内寄生虫病)、龋(蛀齿)等一些病症的记载,并且有了按照体表部位对于病症初步分类的概念。

春秋战国时期的名医扁鹊创造了望、闻、问、切的诊断方法,奠定了中医临床诊断和治疗方法的基础。扁鹊精于内、外、妇、儿、五官等科,应用砭刺、针灸、按摩、汤液、热熨等法治疗疾病,被尊为医祖。

1973年长沙马王堆三号汉墓出土的帛书中,保存了春秋战国时期的《五十二病方》《足臂十一脉灸经》《阴阳十一脉灸经》等医方和有关针灸、经脉的著作,这些都是我国最早的医学文献。

两汉时期的中国医药科技有这几个亮点:一是战国问世、西汉编定的《黄帝内经》。二是东汉产生的中国第一部完整的药物学著作《神农本草经》。三是东汉末年擅长外科手术、被人誉为"神医"的华佗发明了麻沸散,这一发明比西方早1600多年。四是东汉末年被称为"医圣"的张仲景的著作《伤寒杂病论》。

《黄帝内经》(简称《内经》),是我国现存医学文献中最早的一部经典著作。《内经》在朴素的唯物主义观点指导下,以论述中医基础理论为重点,兼述卫生保健、临床病症、方药、针灸等多方面内容,为祖国医学的学术理论体系奠定了广泛的基础。《神农本草经》是我国现存最早的医药学专著,收录了365种药物。张仲景的《伤寒杂病论》用传统的四诊法,总结出了汗、吐、下、和、温、清、补、消等八法。针对伤寒一类病症,作者采用了"六经辨证"的方法。张仲景的医学思想和治疗方法,为中医临床的辨证施治奠定了基础。

魏晋南北朝时期,中医的研究主要集中于对前代的整理、总结,这一时期出现了王叔和的《脉经》,这是我国现存最早的脉学专著。皇甫谧的《针灸甲乙经》是我国现有最早的针灸学专著。葛洪的《肘后救卒方》,是一部急救手册,保存了许多民间验方,有很强的实用性。

隋唐时期的医药学有两大亮点:一是唐高宗时期编修的《唐本草》,是世界上最早的由国家颁行的药点。该药典收录了844种药物,详细记载了对中药的选择、炮制、煎制、服用等方法。唐朝杰出的医学家孙思邈的《千金方》,在全面总结历代和当时的医药学成果的基础上,融入了作者的许多创见,是一部实用的临床百科全书。此书载方5300个,对后世有很大影响,孙思邈被后人称为"药王"。此外,孙思邈曾绘制大型针灸挂图,明确地标出了人体十二经脉的位置。

宋元时期,药物学新著不断出现。其中北宋唐慎微所著的《经史证类备急本草》收录药物1700多种,是《本草纲目》问世前人们公认的本草学范本。北宋王惟一修编了《铜人俞穴针灸图说》,还制成了模仿人体的针灸铜人(图8-3-2)供学习、练习针灸使用。

明清时期,李时珍的药物学巨著《本草纲目》问世。共52卷,190万字,收录了药物1892种,其中新增加300多种,并附有1109幅图画。书中对药物的名称、性能、用途、制作过程有详细的说明,而且还纠正了前代的一些错误。被誉为"东方医药巨典"。在治疗传染病方面,明代出现了接种牛痘以预防天花的方法。明末吴有

图8-3-2 针灸铜人

性的《温疫论》首创温病学说,进一步丰富了中医药学体系。清代的温病学说形成完整的理论体系,其中有名的医家有叶天士、王士雄等人。

总之,中国中医药学历经数千年的发展,积累了极其丰富的医药学知识和宝贵的实践经验,为全人类的健康作出了巨大贡献。今天,中国中医药科技成果已经被越来越多的国家所重视,世界许多国家都选派留学生到中国来学习中医药技术。

(二)中国传统医学四大经典

我国医药学文献,浩如烟海。据不完全统计,我国现存各种中医药文献上万种。包括医学理论专著,有关生理、病理的著作,诊断学,本草学,针灸学,方书,各科临床的专著等。其中以中国传统医学四大经典著作——《黄帝内经》《难经》《伤寒杂病论》《神农本草经》影响最深远。

1. 《黄帝内经》

《黄帝内经》是我国现存最早一部医学理论和临床实践相结合的古典医学著作。这部著作集中反映了我国古代的医学成就,创立了中医学的理论体系,奠定了中医学的发展基础。该书分《灵枢》和《素问》两部分,以黄帝、岐伯、雷公对话、问答的形式阐述病机病理,主张不治已病,而治未病,同时主张养生、摄生、益寿、延年。

它是研究人的生理学、病理学、诊断学、治疗原则和药物学的医学巨著。在理论上建立了中医学上的"阴阳五行学说"、"脉象学说"、"藏象学说"等。其中,最重要的是阴阳学说和脏腑、经络学说。

(1)阴阳学说

阴阳学说是一种朴素的唯物辩证法思想。这一思想贯穿于《黄帝内经》全书,用以说明人体组织结构、生理、病理、疾病的发生发展规律,并指导临床诊断和治疗。阴阳学说从事物正反两个方面相互依存、相互消长、相互转化的关系出发,认为人体阴阳的相对平衡和协调是维持正常生理活动的必备条件。换句话说就是,如果人体失掉了这种相对的平衡和协调,就会产生疾病。这种辩证思想是中医诊疗和分析病症的主要思想方法之一。

(2)脏腑、经络学说

脏腑、经络学说是中医学用以说明生理、病理的重要理论。《黄帝内经》关于脏腑、经络的论述,比较系统和全面。《素问·经脉别论》提到饮食经过胃和消化系的吸收,其中水谷精微之气,散之于肝;精气的浓浊部分,上至于心,由心脏输送精气滋养血脉,血脉中的水谷精气,汇流于肺,所谓"肺朝百脉";由肺(通过心)再把精气转输到全身,包括体表皮毛和体内脏腑等组织。这是对人体体循环和肺循环概况的大致正确的论述。《素问》还提出"心主身之血脉"和"经脉流行不止,环周不休"的理论,提出了心脏和血脉的关系以及血液循环理论。

在诊断方面,《内经》对以往切脉结合望诊诊断疾病的经验予以归纳和总结,并有所补充和发展。《内经》谈切脉,除目前仍然沿用的两手腕部的桡动脉外,还记载了头面部的颞颥动脉和下肢的胫前动脉,作为人体体表三个切脉的部位。至于望诊,经验更加丰富,内容趋于完善。书中特别强调在诊病中切脉和望诊的结合运用,以防止诊断中的片面性。

关于临床病症,《内经》叙述了四十四类共三百一十一种病候,包括各科常见病症,如:伤寒,温病,暑病,疟疾,咳嗽,气喘,泄泻,痢疾,霍乱,寄生虫病,肾炎,黄疸型肝炎,肝硬化腹水,糖尿病,流行性腮腺炎,多种胃肠病症,衄血、呕血、便血、尿血等出血性病症,贫血,心绞痛,脑血管意外,风湿性关节炎,神经衰弱,精神病,癫痫,麻风,疔毒,痔疮,血栓闭塞性脉管炎,颈淋巴结核,食管肿瘤,疝气,以及一些妇科、五官科、口齿病症等。书中对一些病症的病因、症候、治法等有不少生动的描述和卓越的见解。《内经》对于病症的论析,为后世深入研究提供了富有价值的临床参考资料。

在治疗方面,《内经》强调"治未病"。所谓"治未病",一是指未病前先采取预防措施。《素问·四气调神大论》用带有启发性的比喻阐明了这个问题:如果一个人的病乱已成,再吃药治疗,就好像是口渴了才想起打口井。那不是晚了吗?二是指得病后防止疾病的传变。提出应该在疾病的早期就给予有效的治疗；所谓"上工救其萌芽"(《素问·八正神明论》)，就是这个意思。至于怎样治病？书中精辟地分析了"治病必求于本"(《素问·阴阳别论》)的道理，以及临床上怎样掌握治本、治标的问题。关于具体治疗，《内经》运用了内服(包括药物和饮食治疗)、外治、针灸、按摩、导引等多种治法。其中值得一提的是，当时已有腹腔穿刺术治疗腹水病症的详细记录。此外，《灵枢·痈疽篇》记载，当脱疽(相当于血栓闭塞性脉管炎)的病情不能控制时，采用手术截除的应急手术，以防止它向肢体上端蔓延发展。由此可见，《内经》一书不仅具备辩证的、科学的防治观点，并且已经积累了相当丰富的实际治疗经验，直接影响了后世医学的发展。

2.《伤寒杂病论》

《伤寒杂病论》是东汉张仲景(150—219)编写的。后人把本书分别整理成《伤寒论》和《金匮要略方论》(简称《金匮要略》)二书。《伤寒杂病论》比较系统地总结了汉代以前对伤寒(急性热病)和杂病(以内科病症为主，也有一些其他科的病症)在诊断和治疗方面的丰富经验。作者张仲景以严谨的治学态度，重视继承前人的医学成就，"精究方术"，广泛搜集古今治病的有效方药。同时，通过反复的实践验证，总结和创用验方。从而使本书成为在临床医学中具有广泛影响的重要著作。

在诊断辨证方面，《伤寒杂病论》中运用四诊(指望诊、闻诊、问诊、切诊)分析病情。对于伤寒，把各种类型和不同的病程阶段，区分为太阳病、阳明病、少阳病、太阴病、少阴病、厥阴病六大症候群，每一症候群用一组突出的临床症状作为辨证依据。并且从具体病症的传变过程中，辨识病理变化，掌握病候的实质，这就是"六经辨证"。这种辨证的思想原则和方法，有助于进一步分析病症的属性，病位的深浅，病情的不同表现，以及人体的抗病能力，使诊治者由此对疾病获得纲领性的认识。

这部书从临床实际出发，结合古今医学的成就，把《内经》以来的病因、脏腑经络学说，同四诊、八纲等辨证方法加以有机地联系，从伤寒和杂病的各类病症中总结出多种治疗大法。后人把它归纳为"八法"，就是汗、吐、下、和、温、清、补、消。它的治疗原则是：邪在肌表用汗法，邪壅于上用吐法，邪实于里用下法，邪在半表半里用和法，寒症用温法，热症用清法，虚症用补法，属于积滞、肿块一类病症用消法。这些治疗法则，概括性强，实用价值高，可以根据不同的病情，或单独使用，或相互配合应用。诊疗疾病或分析病症，讲究理、法、方、药(就是有关辨证的理论、治疗法则、处方和用药)相契合。张仲景的学术思想和有关病症的论述，成为中医辨证论治的规范。

《伤寒杂病论》共收药方三百多个，这些方剂的药物配伍比较精炼，主治明确。有的医家尊称《伤寒杂病论》方是"众方之祖"，或称它是"经方"。实践证明，其中大部分方剂确有比较高的临床疗效，如麻黄汤、桂枝汤、柴胡汤、白虎汤、青龙汤、麻杏石甘汤、承气汤、理中汤、四逆汤、肾气丸、茵陈蒿汤、白头翁汤、大黄牡丹皮汤等等。这些著名验方,经过千百年临床实践的考验,为中医方剂学提供了变化和发展的依据。

3.《神农本草经》

《神农本草经》简称《本草经》或《本经》,是中国现存最早的药物学专著。《神农本草经》成书于东汉,并非出自一时一人之手,而是秦汉时期众多医学家总结、搜集、整理当时药物学经验成果的专著,是对中国中草药的第一次系统总结。其中规定的大部分药物学理论和配伍规则以及提出的"七情合和"原则在几千年的用药实践中发挥了巨大作用,被誉为中药学经典著作。因此很长一段历史时期内,它是医生和药师学习中药学的教科书,也是医学工作者案头必备的工具书之一。

4.《难经》

《难经》,原名《黄帝八十一难经》,传说为战国时秦越人(扁鹊)所作。本书以问答解释疑难的形式编撰而成。内容包括脉诊、经络、脏腑、阴阳、病因、病理、营卫、俞穴、针刺等基础理论,同时也列述了一些病症。该书以基础理论为主,结合部分临床医学,在基础理论中更以脉诊、脏腑、经脉、俞穴为重点。书中对命门和三焦的学术见解以及所论七冲门(消化道的7个冲要部位)和八会(脏、腑、筋、髓、血、骨、脉、气等精气会合处)等名目,丰富和发展了中医学的理论体系。该书还明确提出"伤寒有五"(包括中风、伤寒、湿温、热病、温病),并对五脏之积,泄痢等病多有阐发,为后世医家所重视。全书内容简扼,辨析精微,在中医学典籍中常与《内经》并提,被认为是最重要的古典医籍之一。

四、中国古代农学

中国古代农业起源早,各种农业技术持续发展。近几十年来,河南新郑裴李岗遗址、浙江余姚河姆渡遗址和西安半坡遗址都出土了大量的农作物种子,以及生产工具、生活用具等文物。这些发现证明,早在七千年前,中国古代先民们就已经在黄河流域种植粟等农作物,在长江流域肥沃的土地上开田种植水稻。

三千多年前的殷代甲骨文中,已经有稻、禾、稷、粟、麦、来(大麦)等表示农作物名称的汉字,还有畴、疆、甽、井、圃等有关农业生产和土地整治的文字。我国第一部诗歌总集——《诗经》中有十多篇专门叙述农事的诗,这说明周代的农业已经达到相当高的水平了。

(一)中国古代农业技术发展概况

中国的原始农业从刀耕火种和火耕水耨开始,这些技术在数千年的时间里都有使用。所谓刀耕火种,就是人们对于长满荒草和蒺藜等的"荒地"先用刀斧进行砍刈整治,等到砍下的草木干燥再采用火烧的办法进行清理,然后在上面种上作物种子,等待收获。在这一耕作过程中,火的作用很关键,它不仅清除了杂草和病虫害,同时还给作物提供了天然的肥料:草木灰。这种办法在今天看来是破坏环境的,但在上古大地一片荒芜的情况下还是比较好的办法,因为火烧产生的大量的二氧化碳又为植物提供了生长的"养分"。

火耕水耨的耕作方法主要应用于长江流域。所谓"火耕水耨"就是先用火把田中的杂草烧掉,然后再种上稻种。当稻苗长出的时候,杂草也同时跟着长出来,这时候再来对付杂草,已经不能火攻,而是用水淹,因为在淹水的条件下,稻还能正常生长,而杂草却难以生存。这种稻作技术虽然原始,但却巧妙地运用了水稻不怕水淹的这一特性。所以尽管到唐宋代以后,以"耕、耙、耖"和耘田、烤田为核心的稻作技术得以普及,但还经常使用火耕水耨的办法。

农业生产工具是农业技术发展状况的一种标志,因此,考古发掘中出土的古代农业生产工具可以见证其产生时代的农业技术状况。

浙江河姆渡遗址出土了大批距今七千年前的农业生产工具,其中有代表性的农具是翻耕土地的骨耜(图8-3-3),仅河姆渡一处就出土上百件。此外,还出土了很少的木耜。这一生产工具的发现证明,早在七千年以前的新石器时代,长江流域已经进入到了耜耕时代。

图 8-3-3　河姆渡骨耜和木耜

因为耒耜是用来翻土的工具,因此,耒耜的使用,疏松了土壤,改善了地力,使谷物产量大大增加。耒耜的使用,标志着真正意义上的"耕"和耕播农业的产生。

西安半坡遗址出土的石锄(图8-3-4)证明,早在六千多年以前,黄河流域的人们已经完成了由"刀耕火种"向发达锄耕的进化。因为锄这一工具不仅可以疏松土壤,而且可以用于点播和除草等,因此,锄耕技术的出现使土地的利用率较以前大大提高。值得注意的是,锄这一工具虽经历了石制、骨制、玉制、铜制和铁制等不同的发展阶段,但一直使用了六千多年,至今还作为一种重要的生产工具普遍使用。

第八章 中国古代科技成就

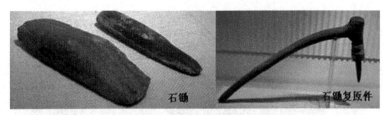

图 8-3-4 半坡出土的石锄及其复原件

到了五千年左右的炎黄时代,不仅锄耕和耜耕技术得到了进一步的发展,而且人们通过长时间的种植实践已经总结了土壤学和栽培学方面的知识并应用于耕种实践。《易经·系辞》说,神农"斫木为耜,揉木为耒,耒耜之利,以教天下"。《礼·含文嘉》说,神农"始作耒耜,教民耕种。"这两种文献中都讲到炎帝神农教授民众制作耒耜的技术,这说明当时的耒耜使用已经相当普遍。

《白虎通》载,神农"因天之时,分地之利",《杨泉理论》说:"神农始治农功,正气节,审寒温,以为早晚之期,故立历日"。这些记载表明,早在五千年前,我国农业生产的科学化成分已经很多,不仅依据节气、土壤条件适时播种,而且根据土壤特点选择不同的种植品种。与此同时,人们已经掌握了一定的农作物栽培知识。

到了大约四千年前的后稷时代,中国农业技术已有了长足的发展,土壤学、栽培学等农学知识已开始普及。《史记·周本纪》记载:"弃为儿时,屹如巨人之志。其游戏,好种树麻、菽,麻、菽美。及为成人,遂好耕农,相地之宜,宜谷者稼穑焉,民皆法则之。"从这段文字看,后稷是一位卓越的农艺师。他潜心研究各种农作物的生长习性、生长规律,因地制宜地播种五谷。与此同时,他还对时令、节气等进行深入的研究,总结出了春种秋收等一系列农业生产的规律。然后,不遗余力地将获得的知识和技能教给百姓,促进了农业技术的发展。

到了商周时期,青铜农具大量产生并应用于农业生产,使农业生产能力增强、农业技术迅速提高。近年来,考古工作者在商代遗址中发现了铸造青铜镢的作坊,这说明青铜镢已批量生产。镢头是一种翻土农具,用于开垦荒地,挖除根株,这是出现最早的青铜农具。另外,其他类的青铜农具也已经产生并广泛使用,如用青铜制作的斧(图8-3-5)、铲、锄、镰等。

在生产工具大大改进的同时,西周时期耦(ǒu)耕技术得到了推广和应用,即二人为一组,合力而耕。采用这种耕作方式,既省力,又能提高劳动效率。与此同时,耦耕方式的应用在土地深翻方面发挥了重要作用,可以改良土壤,提高地力。关于耦耕,古书中多有记载。如《诗经》中"千耦其耘"的诗句,反映了成百上千的人大规模耦耕的景象。《国语·吴语》说:"譬如农夫作耦,以刈杀四方之蓬蒿。"这些记载说明耦耕方式在西周时期被广泛采用。

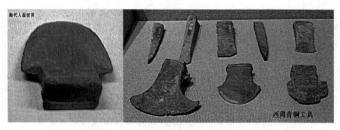

图 8-3-5　商周时期的青铜工具

除了以上两大亮点外,西周农耕技术的发展几乎是全方位的。在这一时期,从事农耕的奴隶们积累了丰富的农业生产知识,他们不仅注重良种选育、施肥除草、消灭病虫害,抗旱排涝,而且还大量使用绿肥和制造堆肥。《诗经·周颂·良耜》:"荼蓼朽止,黍稷茂止"。这两句诗讲的就是把田间耨锄的荼蓼和杂草沤作绿肥,使黍稷等作物生长得更为茂盛。

春秋战国时期,由于农耕经济既是社会财富的主要来源,又是社会秩序稳定的重要保障,同时也是养兵的先决条件,因此,为了富国强兵,满足争霸战争的需要,各诸侯国竞相推行耕战政策。与此同时,随着冶铁技术的成熟,战国时期的铁农具迅速普及,农业生产力迅速提升,农耕文化随之有了前所未有的发展。近年来,秦咸阳城遗址相继出土了一批战国时期的铁制农具,这批铁制农具有铁锸、铁铲、铁犁、铁铧等。其中,青铜犁(图 8-3-6)、铁犁、铁铧一类铁制农具的出现,必然伴随着耕牛的使用,这就进一步提高了农业生产效率。

图 8-3-6　战国青铜犁头

在大量的青铜农具和铁制农具产生的同时,原有的农业生产工具也得到了大大的改进。如耒耜这种已经使用了几千年的农具,被广泛地安装上金属刃套,刃部加宽,器肩能供踏足之用,原来用以踏足的横木已被取消,耒耜就发展为锸,这也就是直到现在还在使用的铁锹的雏形。把耒耜上下运动的启土方式改变为水平运动的启土方式,耒耜就逐步发展为犁。看得出来,犁也是从耒耜发展而来的,在相当长的时期内,还沿袭着旧名。如唐代陆龟蒙所著的《耒耜经》,实际上就是讲犁耕的。由此可见,在青铜器和铁器相继出现后,耒耜并没有退出历史舞台,而是积极转变自己的形式,继续在农业生产中发挥重大的作用。

秦汉时期农耕技术的发展,主要表现在牛耕更加普遍,铁农具进一步推广,水利工程的大量兴建,耕作技术有了显著的改进。在近年来出土的大量秦汉时期的铁制农具中,由耒耜发展而来的铁锸、铁犁头、铁铧等数量很多,如图8-3-7至图8-3-9。此外,出土的一些汉代画像砖、画像石上经常可以看到"牛耕图",这说明牛耕在汉代已经十分普遍。

图8-3-7 秦代铁锸　　图8-3-8 汉代铁锸头　　图8-3-9 西汉铁铧

在农业耕作技术方面,汉武帝末年,都尉赵过总结了西北地区抗旱的经验,推广了"代田法"。所谓"代田",就是把田地翻耕整平后,开挖出沟和垄。播种于沟中,幼苗长在沟里,既减少叶面因风吹水分蒸发,又减少沟中水分损失,能促进庄稼健壮生长。以后则结合中耕除草,逐步将垄土锄下培壅根,等到作物长成,垄土全部培于根脚。庄稼根深秆壮,就能经受风旱,获得丰收,它比不开沟垄的"漫田"每亩可增产一石到二石。次年便在垄处开沟,沟处留垄,轮番使用地力,不必休闲而可起到休耕的作用。所谓"代",就是指空和沟的交错代换,这样既能保证地力的恢复,又充分利用了土地,的确是千种连年稳产高产的耕作方法。

到成帝时,氾胜之又总结了一种新耕作方法——"区种法"。这是一种园艺式耕作技术,把土地划成许多小区,集中使用水肥,精耕细作,提高了单位面积产量。《氾胜之书》第一次记述了区田,以后历代都有试种者,尤其到明、清盛极一时,先后有二十处以上。区田的技术要点是集中施用水、肥,保证作物能够生长良好,获得丰产。

到三国、两晋、南北朝时期,由于手工业的发达,铁农具不仅种类大大增加,而且制作十分精良。仅《齐民要术》中记载的农具有20余种。

这一时期的农学理论也有了进一步的发展。特别是轮作种植技术的产生有效减少了庄稼的病虫害,提高了农作物的产量。"谷田必须岁易"、"菾多而收薄"等记载说明当时人们已经认识到合理轮作的必要性。这一时期我国已经从野生绿肥作物的利用发展到有意识栽种绿肥作物,并且将绿肥作物纳入轮作体系,开创了绿肥作物轮作制。《齐民要术》记述了谷、瓜、葵、葱等多种作物与绿肥作物的轮作复种,称之为"美田之法"。与此同时，这一时期还出现了专门的"种子田"，进行良种繁育。单种单收、精心管理、防止混杂，奠定了我国传统选种和良种繁育的基础。据《齐民要术》记载，当时粟的品种有86个、水稻品种有24个。

唐代农业技术的最大亮点是农田水利灌溉。据史载，在唐前期130多年中，兴修的水利工程达160多项，分布于全国广大地区，这些灌溉工程对农业生产起了重要作用。随着水利的发展，唐代的灌溉工具也有相应的进步。当时，除了以前已有的桔槔(jiégāo)、辘轳、翻车还在普遍使用外，人们又创造了连筒、桶车、筒车和水轮等灌溉新工具，都大大提高了灌溉效率。

宋元时期农具的发展在历史上是空前的。这主要表现在新农具的大量涌现和农具所具备的各种特点上。可以说，传统农具到这时已基本完备且趋于定型。

在农作物栽培技术方面，宋元时代多熟制迅速发展，双季稻种植面积扩大。农业内部生产结构也有了新的变化，主要作物种植范围扩大。麦在南方长足发展，成为稻田的主要冬季农作物。大豆种植日渐普遍，以至王祯《农书》称之为"济世之谷"。棉花的发展突出。北宋时期中棉栽培仅限于两广和闽滇地区，非洲棉也多在新疆和陕西栽培。但宋末元初，中棉已扩展至江淮流域。因植棉比之蚕桑，"无采养之劳，有必收之效"；比之种麻，"免绩缉之功，得御寒之益"，备受人们喜爱，种植范围不断扩大。

这一时期，在土壤肥料理论与技术方面创立了"地力常新"理论。肥源进一步扩大，肥料积制方法不断改进，施肥技术有了明显的提高。

明朝时期，徐光启的《农政全书》综合介绍了我国传统农学成就，建立了一个比较完整的农学体系。书中还引入了《泰西水法》，介绍了欧洲先进的水利技术和工具。明代宋应星的《天工开物》，总结了明代农业、手工业的生产技术。

(二) 中国古代水利工程

伟人毛泽东曾经说过："水利是农业的命脉。"水利科学是农业科学的重要组成部分。中国古代的水利技术在世界上是首屈一指的，曾经创造了都江堰、灵渠等世界水利工程奇迹。这些工程堪称全人类水利科学技术实际应用的范本。现仅举两例简介如下。

1. 都江堰

都江堰是全世界至今为止，年代最久、唯一留存、以无坝引水为特征的宏大水利工程。2200多年来，它一直惠泽着巴蜀大地的民众，至今仍发挥巨大效益。

古时的成都平原是一个水旱灾害十分严重的地方。其原因有二：一是岷江(长江上游的一大支流)所流经的四川盆地西部是一个多雨的地区。岷江大小90余条支流的主要水源来自山势险峻之处，水流湍急。每到雨季，岷江之水暴涨，且来势凶猛,极易泛滥成灾。二是岷江源出岷山山脉,从成都平原西侧向南流去,对整个成都平原来讲,是地道的地上"悬江",而且"悬"得十分利害——成都平原的整个地势从岷江出山口玉垒山,向东南倾斜,坡度很大,都江堰距成都50公里,而落差竟达273米。因此,古时候,每当岷江洪水泛滥,成都平原就是一片汪洋;而一遇旱灾,又是赤地千里,颗粒无收。

公元前256年,李冰和他的儿子吸取前人的治水经验,率领当地人民,历经八年的艰苦努力,建成了著名的都江堰水利工程。都江堰的建成,使得长期以来一直水旱成灾的成都平原一跃成为"天府之国"。正如《史记》所说:都江堰建成,使成都平原"水旱从人,不知饥馑,时无荒年,天下谓之'天府'也"。

都江堰的创建,以不破坏自然资源,充分利用自然资源为人类服务为前提,变害为利,使人、地、水三者高度协调统一。

都江堰水利工程在水利技术方面给后世留下了重要的启示:一是综合治理,设计科学,功能完善。德国地理学家李希霍芬(1833—1905)曾于1872年在《李希霍芬男爵书简》中称赞"都江堰灌溉方法之完善,世界各地无与伦比"。都江堰工程设计科学,功能完善,鱼嘴分水堤、飞沙堰泄洪道、宝瓶口引水口三大主体工程相互依赖,功能互补,巧妙配合,联合发挥分流分沙、泄洪排沙、引水疏沙的重要作用,科学地解决了江水自动分流、自动排沙、控制进水流量等问题,使其枯水不缺,洪水不淹,兴利而除弊。二是宝贵的治水经验。都江堰水利工程针对岷江为成都平原上的"悬江"特点,充分发挥水体自调、避高就下、弯道环流特性,"乘势利导、因时制宜",变水害为水利,为后世提供了宝贵的治水经验。这些经验包括"乘势利导、因时制宜"的治水"八字格言"、"岁必一修"的管理制度,"遇弯截角、逢正抽心"的治河原则,以及"砌鱼嘴、立湃阙、深淘滩、低作堰"的引水、防沙、泄洪和治堰准则。

2. 郑国渠

公元前246年(秦王政元年),秦王采纳韩国人郑国的建议,由郑国主持修建大型"引泾"水利工程,此工程历时十年完成,人称郑国渠。郑国渠是以泾水为水源的大型水利工程。《史记·河渠书》《汉书·沟洫志》都说它的渠首工程东起中山,西到瓠口。中山、瓠口后来分别称为仲山、谷口,都在泾阳县西北。郑国渠西引泾水,东注洛水,流经今天陕西省的泾阳、三原、高陵、临潼、闫良等县区,长达300余里,灌溉面积四万多公顷。

郑国渠建成后,使土地贫瘠、"十年九旱"的关中东部平原成为沃野良田,粮食产量大增,由此,关中成为全国最富庶的地区。与此同时,郑国渠的建成,大大改善了生态环境——由于有了水,树木、花草增多,植被增加,裸露的土地减少,年降雨量增加了,气候湿润了,地下水得到了有效的补充,为灌区民众饮用水提供了良好的条件。此外,郑国渠的修建还推动了水利技术的应用,为以后的引泾灌溉提供了借鉴和参考。

郑国渠的修建,在水利科学技术方面为后世积累了宝贵的经验。主要表现为这么几点:一是郑国渠充分利用了关中平原西北高、东南低的地形特点,在礼泉县东北的谷口开始修干渠,使干渠沿北面山脚向东伸展,很自然地把干渠分布在灌溉区最高地带,不仅最大限度地控制灌溉面积,而且形成了全部自流灌溉系统,可灌田四万余顷。这一设计将干渠布置在最高的位置上,便于穿凿支渠南下,灌溉南面的大片农田。二是郑国渠巧妙连通泾河、洛水,取之于水,用之于地,又归之于水。在今天看来,这样的设计也可谓巧夺天工。同时,面对泾河水量暴涨暴落的实际,深通谋略的郑国采取了在渠水沿线接纳北山诸多河流以扩充水源的办法,将冶峪、清峪、浊峪、沮漆(今石川河)等水巧妙地引入渠中。三是郑国渠建设过程中,在修建引水渠的同时,还修筑有一条退水渠。退水渠的宽度与引水渠基本相同。通常,泾河的水由引水渠直接输送到灌溉总干渠;而水量增大时,退水渠开启,分流一部分多余的水量,它相当于都江堰工程中的溢洪道。四是"用注填阏之水溉泽卤之地"。泽卤之地即盐碱地,填阏之水即高含沙量的河水,"用注填阏之水溉泽卤之地",就是淤灌技术。泾水含有大量的细颗粒泥沙(据统计,泾水多年平均含沙量高达每立方米 10.1 公斤),这种从陇东高原带下来的含有大量有机质的泥沙,随着灌溉水一起输送到农田里,就可以起到改良盐碱地的作用,并大大提高土壤的肥力。郑国渠引泾水灌溉,具有改良盐碱地、施肥和灌水一举三得的好处。

从郑国渠来看,早在秦代,我国的测量技术、开渠技术、筑坝技术、引水技术、分水技术、灌溉技术和渠道的维修技术都达到了相当高的水平。

(三)中国古代农学著作

中国农业的历史悠久,发展的持续性强。在长期的农业实践中,古人们不仅积累了丰富的农业技术知识和农业生产经验,而且留下了大量的农业历史文献。其中,下面几部农学著作曾经对中国农业技术的发展产生了重要的影响。

1.《吕氏春秋》中的农业技术篇

关于先秦时期的农业政策和农业技术,现存的文献只有战国晚期《吕氏春秋》中的《上农》《任地》《辨土》和《审时》四篇。《上农》是中国现存最早的关于农业政策的论文之一。《任地》《辨土》和《审时》三篇是关于农业技术方面的论文。《任地》主要讲土壤耕作的原则和方法。文章一开始就提出有关农业生产技术的十个问题,其中六个问题是围绕着为农作物创造良好的生长发育条件而提出的技术要求。后四个问题提出农业生产的基本目标,既要产量高,也要质量好。《辨土》论述土壤条件和栽培技术。《审时》主要论述适时播种和收获等农事操作的重要性,还列举了六种主要的粮食作物耕作和收获及时不及时对收成好坏的影响。三篇大体构成一个整体，带有农作物耕作栽培技术通论的性质。这几篇著作第一次对农业中的天、地、人三者之间的关系作了科学的分析，成为中国古代农业精耕细作思想的理论支柱。它们是以前农学技术的总结，又是以后传统农学的理论基础。

2. 氾胜之书

《氾胜之书》是西汉晚期的一部重要农学著作，一般认为是我国最早的一部农书。《氾胜之书》的主要内容包括耕作总原则，耕作的具体方法，12种作物的栽培方法，诸如选种、播种、栽培、收藏等各个细节。此处，还有溲种和区种两项新内容。

《氾胜之书》说："凡耕之本，在于趣时，和土，务粪泽，早锄早获。""耕之本"即耕作的基本法则。"趣时"，即不误农时，要求选择最佳的耕作时期，这个要求贯穿于耕作栽培的每个环节。"和土"，即利用耕、锄、平摩、蔺践等方法，消灭土块，使"强土而弱之"、"弱土而强之"，以保持土壤松软细密。"务粪泽"，即施肥和灌溉，保持土壤的肥沃与水分。在灌溉方面，《氾胜之书》记述了作物的灌溉次数和用水量。

《氾胜之书》列有12种作物的栽培技术。这12种作物中，粮食有黍、谷、宿麦（冬小麦）、旋麦（春小麦）、水稻、小豆、大豆；油料有苴麻和荏（油苏子）；纤维有麻和桑树；蔬菜有瓜、瓠、芋等。每种作物都记载了具体的栽培方法，这些技术又都贯彻了"趣时，和土，务粪泽，早锄，早获"的原则。如《氾胜之书》对于作物的播种期、播种量、播种方法、播种密度、播种深度、覆土厚度等都依据作物种类、土壤肥瘠和气候条件（主要是雨水）等作了明确的规定。此外，还提出了麦、禾、瓠的选种方法，禾、黍的防霜露方法，瓠的嫁接方法等。

《氾胜之书》中最引人注目的是区种法和溲种法。区种法，又叫区田法，其基本原理就是"深挖作区"，在区内集中使用人力物力，加强管理，合理密植，保证充分供应作物生长所必需的肥水条件，发挥作物最大的生产能力，提高单位面积产量，同时扩大耕地面积，把耕地扩展到不易开垦的山丘坡地。溲种法将兽骨骨汁、缲蛹汁、蚕粪、兽粪、附子、水或雪汁，按一定比例，和成稠粥状，用以淘洗种子，经过淘洗的种子看上去像麦饭粒，然后再播种。氾胜之认为，溲种可以防虫、抗旱、施肥，保证丰收。实验表明溲种可以起到种肥的作用，以供应幼苗期根系生长所急需的养分，促进根系发达，提高抗旱能力。

3. 齐民要术

《齐民要术》是北魏时期的中国杰出农学家贾思勰所著的一部综合性农书，也是世界农学史上最早的专著之一。是中国现存的最完整的农书。《齐民要术》共十卷，着重介绍了农、林、牧、副、渔各项技术知识，书中一些关于农学和生物学的知识在世界上保持领先地位达一千多年。

4. 《农政全书》

《农政全书》由明代徐光启所著。《农政全书》共60卷，内容宏富，计有农本、田制、农事、水利、农器、树艺、蚕桑、蚕桑广类、种植、牧养、制造、荒政等12目。全书既大量考证收录前代有关农业的文献，又有徐氏自己在农业和水利方面的科研成果和译述，堪称为当时祖国农业科学遗产的总汇。

第四节 四大发明及其对人类进步的意义

四大发明是指中国古代对人类文明和进步产生了很大影响的四项重大科技成就，即造纸术、指南针、火药和活字印刷术。这四项发明影响了整个世界文明的进程，在人类文明史上具有极其重要的地位。四大发明不仅是中国人民智慧的体现，也是中国作为文明古国的一个重要标志。

一、指南针

指南针是用以判别方位的一种简单仪器。其前身是战国时期发明的司南。如图8-4-1，司南是我国古代辨别方向用的一种仪器。用天然磁铁矿石琢成一个勺形的东西，放在一个光滑的盘上，盘上刻着方位，利用磁铁指南的作用，可以辨别方向。

图8-4-1 司南

指南针的主要组成部分是一根装在轴上可以自由转动的磁针（俗称吸铁石）。磁针在地磁场作用下能保持在磁子午线的切线方向上。磁针的北极指向地理的南极，利用这一性能可以辨别方向。常用于航海、大地测量、旅行及军事等方面。

地球也是一个大磁体，它的两个极分别在接近地理南极和地理北极的地方。因此，地球表面实际上是一个大磁场，具有一定的磁力。当处于地球表面的小磁体可以自由转动时，就会与地球磁力发生同性相斥、异性相吸的现象，从而指示出南北方向。这就是指南针的科学原理。早在春秋战国时期,中国人就发现了这一科学原理,并发明了指南的仪器——司南。这在《韩非子·有度篇》中和《鬼谷子》一书中都有记载。《鬼谷子》中记载说,郑国人到深山密林中去采集玉石时,为了不迷失方向,身上就带着"司南"。

"指南"的概念是张衡在《东京赋》中第一次提出来的,后经魏晋、南北朝、隋、唐,一直到宋代最终确立下来。宋代杰出的科学家沈括在《梦溪笔谈》中,对指南针发展的状况作了详尽的论述。沈括总结了劳动人民在实践中创造的四种指南针的装置方法。第一种是水浮法,将磁针浮于水面进行指南,虽然比较平稳,但容易动荡不定。第二种是指甲旋定法,将磁针置于指甲上,转动灵活,也容易滑落。第三种是碗唇旋定法,将磁针置于碗口边上,转动较灵活,但易滑落。第四种是缕旋法,用蚕丝将磁针悬挂起来,可达到转动灵活而又稳定。他还记载了人工授磁方法即"以磁石磨针锋,则能指南"。此外,还曾制出过"指南鱼"、"旱针"、"水针"。旱针、水针这两种指南针,为近代指南针(罗盘针)的基本结构原理奠定了基础。沈括在研究指南针的过程中,还总结和发现了地磁有偏角存在。也就是说,指南针指示的方向,"常微偏东,不全南也"。这也是我国对地磁学作出的伟大贡献。

指南针不但最早为中国发明,并随后演变成罗盘并应用于航海事业上。北宋朱彧所著《坪洲可谈》一书中,最早记载了航海中使用指南针的情况,"舟师识地理,夜则观星,昼则观日,隐晦观指南针"。其后,南宋福建路市舶司(当时管理对外贸易的政府机关)提举赵汝适在所著《诸蕃志》中提到,"舟舶来往,惟以指南针为则,昼夜守视惟谨,毫厘之差,胜似系焉"。就在这一时期(北宋末南宋初,约为1180年左右),中国的指南针(或者说罗盘)通过阿拉伯商人传入欧洲。此后,罗盘在世界航海事业上被广泛应用,因此,才有了15世纪-16世纪欧洲人的世界地理大发现。

二、造纸术

关于造纸术的起源,在很长时间里以史学家范晔在《后汉书·蔡伦传》中的说法为准,认为纸是东汉时代宦官蔡伦于汉和帝元兴元年(105年)发明的。其实,在蔡伦'发明'纸之前,已经有人在使用纸张。《后汉书·贾逵传》提到,建初元年(76年)汉章帝命贾逵选择成绩优秀的太学生2000人,奖给"简、纸、经传各一通"。这说明当时已用纸抄写书籍,这个时间早于蔡伦造纸近30年。20世纪以来,由于西汉古纸的发现,蔡伦发明纸的说法被否定。实际上,蔡伦是造纸技术的革新者和推广者。

从迄今为止的考古发现来看,中国古代造纸术的发明最晚产生于西汉初年。

最早出土的西汉古纸是1933年在新疆罗布淖尔古烽燧亭中发现的,年代不晚于公元前49年。1958年5月在陕西省西安市灞桥出土的古纸经过科学分析鉴定,为西汉麻纸,年代不晚于公元前118年。1973年在甘肃居延肩水金关发现了不晚于公元前52年的两块西汉时期的麻纸,如图8-4-2,暗黄色,质地较粗糙。1978年在陕西扶风中延村出土了西汉宣帝时期(前73—49年)的三张麻纸。从上述西汉纸出土的地理分布来看,西汉初年不仅造纸技术已基本成熟,而且纸的应用已经很普遍。

图8-4-2 西汉麻纸

东汉时期,蔡伦认真总结了前人的造纸经验,改进造纸技术,首先使用树皮造纸。元兴元年(105年)蔡伦把他制造出来的一批优质纸张献给汉和帝刘肇。汉和帝很称赞他的才能,马上通令天下采用。这样,蔡伦的造纸方法很快传遍各地。公元114年,蔡伦被封为"龙亭侯",民间便把他制作的那种纸称为"蔡侯纸"。

蔡伦献纸之后,造纸技术和纸张广为流传。东汉末年,东莱人左伯也是一位造纸能手。他造的纸,比蔡侯纸更为白洁细腻。赵歧著的《三辅决录》中,提到左伯的纸、张艺的笔、韦诞的墨,说它们都是名贵的书写工具。笔、墨和纸并列,说明纸已是当时常用的书写材料。到了三、四世纪,纸就基本上取代了简帛,成为唯一的书写材料,有力地促进了科学文化的发展。

中国的造纸术在历代都有所改进和发展。西晋时以藤和竹子为原料生产藤纸和竹纸,唐宋时期宣州府泾县所产的以檀树皮为原料的宣纸,洁白细密,吸水力强,深受文人墨客的喜爱;清代宣纸的生产有了很大的提高,所产宣纸久折不断,有"纸寿千年"的称誉。中国的造纸术大约在公元7世纪传到越南、朝鲜,公元610年传入日本,公元751年传入阿拉伯,以后渐渐传入世界各地。

造纸术的发明和推广,对于世界科学、文化的传播产生了深刻的影响,对于人类的进步和发展起着重大的作用。

三、火药

火药的研究始于古代道家的炼丹术。唐初的名医兼炼丹家孙思邈在"丹经内伏硫磺法"中记载：硫磺、硝石各二两，研成粉末，放在销银锅或砂罐子里。掘一地坑，放锅子在坑里和地平，四面都用土填实。把没有被虫蛀过的三个皂角逐一点着，然后夹入锅里，把硫磺和硝石起烧焰火。等到烧不起焰火了，再拿木炭来炒，炒到木碳消去三分之一，就退火，趁还没冷却，取入混合物，这就伏火了。唐朝中期有个名叫清虚子的，在"伏火矾法"中提出了一个伏火的方子："硫二两，硝二两，马兜铃三钱半。右为末，拌匀。掘坑，入药于罐内与地平。将熟火一块，弹子大，下放里内，烟渐起。"这说明唐代的炼丹者已经掌握了一个很重要的经验，就是硫、硝、碳三种物质可以构成一种极易燃烧的药，这种药被称为"着火的药"，即火药。由于火药的发明来自制丹配药的过程中，在火药发明之后，曾被当做药类。《本草纲目》中就提到火药能治疮癣、杀虫，辟湿气、瘟疫。

火药并不能解决长生不老的问题。然而，火药的配方由炼丹家转到军事家手里，就成为中国古代四大发明之一的黑色火药。

四、印刷术

中国古代的印刷术经历了雕版印刷和活字印刷两个阶段。雕版印刷产生于隋唐之际，刻版采用优质、细密的木材，上面刻出阳文反字，然后涂以墨汁复印纸上。这种方法优于手抄百倍，但是，雕版印刷也存在着不足，刻板需很长的时间，存放刻版又要占据大量空间，如果一部书不再重印的话，刻版便成了废物。

活字印刷术的出现弥补了雕版印刷的不足。活字印刷是在北宋庆历年间由平民毕昇发明的。据《梦溪笔谈》的记载，毕昇以胶泥刻字，一字一枚，火烧使之坚硬，存于木格之中。印刷时，以一铁板，上面敷以松脂、蜡、纸灰等物，用铁框框住，然后照书稿将一个个活字拣好排于铁框之中，放置火上加热，待铁板上的混和物稍熔，以平板压平，冷却后便可印刷。这种方法省时、省料，把印刷术推进到了一个新的阶段。

古代的印刷术大约于公元8世纪传入朝鲜，以后又传入日本等地，经丝绸之路传入伊朗、阿拉伯，后传入欧洲。

五、四大发明的世界影响力

中国古代的四大发明对加速世界文明的进程做出了突出贡献，尤其对欧洲的影响更为显著。这一点已经得到了全世界的认可。

英国哲学家弗兰西斯·培根指出，印刷术、火药、指南针、造纸术"这四种发明已经在世界范围内把事物的全部面貌和情况都改变了：第一种和第四种是在学术方面，第二种是在战事方面，第三种是在航行方面。由此又引起难以数计的变化来：竟至任何教派、任何帝国、任何星辰对人类事务的影响都无过于这些机械性的发现了。"

英国汉学家麦都思指出："中国人的发明天才，很早就表现在多方面。中国人的三大发明（航海罗盘，印刷术，火药），对欧洲文明的发展，提供异乎寻常的推动力。"

以上两人的论述中都只提到了三大发明。汉学家艾约瑟最先在上述三大发明中加入造纸术。他在对日本和中国进行比较时指出："我们必须永远记住，他们（指日本）没有如同印刷术、造纸、指南针和火药那种卓越的发明。"

主要参考文献

1. 黄高才. 中国文化概论[M]. 西安:西安交通大学出版社,2009.
2. 黄高才. 咸阳文化解读[M]. 北京:北京大学出版社,2011.
3. 刘会芹,黄高才. 试论汉语的特点及其优越性[J]. 商洛学院学报,2010(6):5-7.
4. 黄高才. 国学概论[M]. 北京:中国人民大学出版社,2014.
5. 黄高才,刘会芹. 艺术欣赏[M]. 北京:中国人民大学出版社,2012.
6. 黄高才. 中国文化概论[M]. 北京:北京大学出版社,2011.
7. 黄高才. 陕西文化概观[M]. 北京:北京大学出版社,2012.
8. 黄高才. 艺术欣赏简明教程[M]. 北京:高等教育出版社,2014.
9. 刘会芹,黄高才. 书法基础教程[M]. 北京:北京大学出版社,2014.
10. 万丽华,蓝旭(译注). 孟子[M]. 北京:中华书局,2006.
11. 左传·吕氏春秋·战国策[M]. 北京:北京出版社,2006.
12. 老子·庄子[M]. 北京:北京出版社,2006.